シリーズ・グローバルヒストリー③

工藤晶人——[著]

両岸の旅人

イスマイル・ユルバンと地中海の近代

東京大学出版会

GH
Global History

Voyagers between Both Shores:
Ismayl Urbain and the Modern Mediterranean
(Series Global History Vol.3)

Akihito KUDO

University of Tokyo Press, 2022
ISBN978-4-13-025173-0

シリーズ刊行にあたって

グローバルヒストリーの方法を用いて、これまで知られていなかった人類の過去に迫り、世界史の新しい見方を提示すること、これが本シリーズの目指すところである。グローバルヒストリーという歴史があるのではない。グローバルヒストリーは、新しい角度から人類の過去を調査し、読み解き、理解するための方法である。グローバルヒストリーの研究成果を積み重ねることで、新たな世界史が構築されるはずだ。

海賊、奴隷から古着、茶、会社や仲買人、一個人、聖地など多彩なテーマを扱う本シリーズでは、グローバルヒストリーの様々な方法が試みられる。それらは各巻で著者によって具体的に説明されるだろう。ただし、二つの基本的な方法だけはどの巻にも共通している。

一つ目は、過去の事象を解釈し説明する際に、人類社会全体を意識するということである。ある主題をどのような枠組みで語るかによって、問題の所在、論点の置き方や文脈は変わってくる。本シリーズでは、国や地域などの限定された空間に関わる主題であっても、その背後の人類社会、すなわち世界全体を意識して検討が進められる。それによって、閉じた一国史や一地域史の中での従来の説明や理解とは異なる斬新な結論が導き出されるだろう。これまで見逃されていた事象に光があたりそこに新たな意味が付与されるかもしれない。世界の様々な部分が相互に影響を与え合い、直接、あるいは間接につながっていたこと、ときにはそれらが統合された全体を構成していたことが説得的に示される場合もあるだろう。逆に、世界のある部分が他の部分とはまったく異なる動きを示していたということが明らかになるかもしれない。

もう一つは、著者が自らの立ち位置を明確に意識した叙述を行うということである。本シリーズは日本語で刊行される。読者は日本語による知と教養を身につけた人々であり、その多くは日本人だろう。その意味で、本シリーズは、日本語による知と教養の多様化・高度化と日本人の世界観・歴史観の刷新に貢献するはずだ。しかし、グローバル化の進む現代においては、日本人に向けて世界史を語っているだけでは十分ではない。本シリーズの著者たちは、地球上の住民すべてにとって意味があり、理解されうる世界史とはどのようなものかを数年に亘って議論してきた。シリーズの各巻で、地球上のすべての住民を読者とする世界史の実現を目指して、工夫を凝らした説明と叙述が行われている。読者が本シリーズ各巻のメッセージを受け止め、地球の住民としての視点から建設的に検証・批判して下さることを願っている。

羽田　正

両岸の旅人／目次

シリーズ刊行にあたって（羽田　正）

序章　地中海革命の時代 …… 1
1　イスマイル・ユルバンとレオン・ロシュ　1
2　一九世紀のとらえ方　8
3　「文明」論のその先へ　15

第1章　奴隷制の黄昏――カイエンヌ、一八一二年 …… 25
1　カリブ海域の辺境　25
2　植民地貿易とフランス　30
3　有色自由人と肌色の階層　34
4　トマ＝ユルバンの生い立ち　44
5　帰郷と旅立ち　48

第2章　サン＝シモン主義の夢――パリ、一八三二年 …… 57
1　転換期のフランス　57
2　サン＝シモンからアンファンタンへ　62
3　地中海の東西　67

4　メニルモンタン街の交わり　72

第3章　イスラームとの出会い――ディムヤート、一八三五年……81
1　地中海革命の第一の波　81
2　エジプトへの旅　88
3　私の名はイスマイル　94
4　新しい信仰　101

第4章　通訳の結婚――コンスタンティーヌ、一八四〇年……109
1　アルジェリアと海　109
2　マグリブ人と環地中海的な自由主義の兆し　119
3　レオン・ロシュの豪胆　127
4　改宗、人種、結婚　136

第5章　輻輳するオリエンタリズム――アンボワーズ、一八五一年……147
1　征服と暴力　147
2　サン＝シモン主義者と入植事業　155
3　アンボワーズ城のアブドゥルカーディル　161
4　言説の生まれる場所で　171

第6章　アラブ王国の幻影――アルジェ、一八六五年……………………185
1　地中海革命の第二の波　185
2　ナポレオン三世の気まぐれ　196
3　『アルジェリア人のためのアルジェリア』　203
4　土地制度の革命　213

終章　両岸の旅人、あるいは未発のポストコロニアル……………………225
1　伝えられたことば　225
2　境界者の思想　235
3　短い一九世紀の終わり　249

注　261

あとがき　301

図版一覧　12

略年表　10

索　引　1

序章　地中海革命の時代

1　イスマイル・ユルバンとレオン・ロシュ

「敗者」の地中海史

交通と通信が発達し、人と物と情報が駆け巡っても、移動を制する国家の力は現代ほど強くはなかった時代。地球上の各地には、複数の文化がたがいに干渉し重なりあう場が広がっていた。いいかえれば文化の境域である。そのなかを移ろい生きた人々について、歴史は多くを語らない。だが忘却の淵に沈められた声を聞き、脇役か黒衣のようにみなされてきた存在に光をあてることができれば、彼らが主役となるもうひとつの世界史がみえてくる。

国民国家の時代といわれる一九世紀にも、国家、言語、宗教の境界を超えてゆく人々がいた。時勢から外れたという意味で、彼らを近代史の異端者、あるいは「敗者」と呼ぶこともできよう。しかし「敗者」のまなざしが社会の内実をとらえ、その葛藤が時代を越えて現代と響きあう例は少なくない。だからこそ、そうした人々の忘れられた足跡をたどり、思想を再現することは歴史学の課題でありつづけている。探索の舞台は、今から一世紀以上前の地中海である。

地中海の長い歴史のなかでも一九世紀という時代に着目するわけを、現代の出来事から説きおこしてみよう。二〇一〇年代の難民危機とよばれた数年間に、一〇〇万人以上の人々が地中海を北へむかった。命を賭して漕ぎだす姿や岸にそって歩む姿の映像が巷にあふれ、海を越える移動はそれ自体が新しい現象であるかのように報じられた。一方で、両岸の住人たちが古くから海を行き交い、海によって結びつけられてきたことを指摘する意見はほとんどなかった。

一連の経緯に象徴されるように、海の両側は想像力の壁によってへだてられている。理由のひとつは、歴史意識の断絶である。今日、両岸に暮らす人々のあいだにも、外側から地中海をみる人々のあいだにも、この海域・地域がひとつの過去を共有しているという意識は薄い。それに対して一群の歴史家たちは、地中海史を全体としてとらえる視座を確立しようとこころみてきた[1]。だがそうしたこころみには、ほぼ手つかずの領域が残されている。

海の役割を重くみた先駆者ピレンヌとブローデル以来[2]、古代から中世、近世までの研究は豊かな成果を生み出してきた。ところが近代以降、つまり一八世紀後半以降となると、海を主題とした歴史はなかなか明確な像をむすばない。ある炯眼の学者はかつて、一八世紀より後の地中海史を「走り書で（ママ）すませることができる」と記した[3]。近代以降にかんして地中海史という枠組みは意味を失うという見方は現在も根強い。つまり右に述べた歴史意識の断絶は、歴史家の側の責任でもある。

もちろん、通説的な見方にも相当の根拠がある。一八世紀前後を境目として、東方キリスト教、西方キリスト教、イスラームの三つの宗教圏の重なりあいと均衡が崩れ、ヨーロッパの一部の国々が覇権を握り、オスマン帝国が解体していく。遠い過去にはひとつの地中海世界と呼びうるまとまりがあったが、しだいに複数の世界、地域、国家へと分裂が強まっていく。このような傾向は、大局として否定しがたい[4]。だがその一方では、近代になっても、いや近代にこそ多くの人々が海を行き交ってきた事実がある[5]。かといって、出会いと交流を強調するだけで時代の特質に届くわけではないだろう。交流と分断、均衡と不均衡の両面をふまえて、走り書きではない地中海の近代史をどのように書くべきか。この問いに対して、今日もなお十分な答えが得られているとはいいがたい。

要するにそこには歴史記述のミッシング・リンクがある。それをつなぐ手がかりとなるのが、移動者の歴史である[6]。近代の国民国家の背景には、陸地とむすびついた単一帰属の思想があった。人は生まれた土地に根ざした民族として連帯意識をもち、ひとつの国家に所属する、あるいは国家を建設すべきという考え方である。こうした特徴をもつ近代のナショナリズムは、一八世紀後半から一九世紀にかけてあらわれ、磁力のような強い力をもって人類社会を変えてきた[7]。

地中海の歴史もこの流れと無縁ではないが、そこだけにとらわれては歴史の機微を見失うことになる。国民国家の思想が引力を強めていく時代に海をわたった人々は、個々人のなかにある多様性と国家・民族という型枠とのあいだに緊張が生じる状況を生きた。彼らは、複数の世界のはざまで生きようとした。ただし、外からみればはざまのようにみえる場所は、当事者にとって世界の中心である。たんなる境界線ではなく、多彩な活動を支える広がりをもった領域である。そこに焦点をあわせれば、流動の時代の様相がみえてくる。一九世紀は、現代へとつながる大規模な人口移動がはじまった時代であった[8]。地中海では現在とは逆に北から南への移動が多数を占めている。地中海の現象は地球規模で加速した現象の一部であり、移動する一人一人は、それぞれに個性的な越境を経験した。イスマイル・ユルバンは、そのような時代の証言者である。

イスマイル・ユルバンの環世界

イスマイル・ユルバン（一八一二―一八八四、肖像は八九頁と一八九頁を参照）は、大西洋の西岸に生まれ、地中海の南岸で没した。生地は南米の仏領植民地ギアナ、出生届に記された名はトマ＝ユルバン・アポリーヌ。アフリカ系奴隷の血を引く母と、フランスから来た商人の父のあいだに生まれたとされる。八歳のときフランスにわたって教育を受け、サン＝シモン主義という思想運動に情熱を燃やし、二二歳のときエジプトでイスラームに入信した。その後は終生イスマイル・ユルバンと名乗り、仏領アルジェリアで官吏となって、地中海の両岸を往復しながら壮年期をすごした。一時は皇帝ナポレオン三世に直に進言するほどに栄進したが、失脚し、没後はアルジェのキリスト教徒墓地に葬られた。

彼の道程は大西洋と地中海というふたつの海にまたがり、そのうえには近代史上の大問題がいくつも重なりあっている。すなわち、ヨーロッパの植民地支配、キリスト教圏とイスラーム圏の相克、そして、奴隷制と人種主義である。ユルバンが生きた年代は、ヨーロッパの時代区分でいえばナポレオン戦争からベル・エポックにいたる時代にかさなる。同時期の西アジアと北アフリカでは、西欧の圧迫のもとで改革がすすむ一方で、一部の地域が植民地化されていった。日本では、文化・文政年間から明治時代の前半にあたる。地球上の各地で、それぞれの近代が動き出していた。

イスマイル・ユルバンは、そのような時代を代表する英雄ではない[9]。東洋と西洋の合一という青年期の理想をくじかれ、失意のうちに亡くなり、没後すぐに忘れ去られていった人物である。二〇世紀半ば頃から歴史家のあいだで注目されるようになったが、その名を知るのは一部の専門家にかぎられている[10]。一方で彼は、名も無き民衆を代表するわけでもない。ユルバンは国家権力の中枢に近いところで働き、多くのことばを書き残した。

現代へとつながる大規模な人の移動がはじまっていたといっても、一九世紀に生きた人のなかでこれほど複雑な横顔をもつ例はめずらしい。白人と黒人奴隷を先祖にもち、イスラーム教徒の通名をもってフランスの植民地官僚となり、キリスト教徒墓地に葬られたユルバンは、何人、何教徒という分類からはみだしている。かりに混血の改宗者と呼ぶとしても、それだけで人物像を描くことはむずかしい。複数のアイデンティティのあいだで引き裂かれた人といった予断をもつことは、かえって結論を曇らせる[11]。

既存の範疇にあてはめることができないとすれば、問い方を変えてみよう。一九世紀は、人の平等をもとめる思想（人権思想と民主主義）と、他者を排斥し搾取する思想（人種思想と植民地主義）とが複雑にからみあう時代である[12]。そして、西洋と東洋という二項対立の世界観が強い力をもった時代である。トクヴィル（一八〇五年生まれ）やマルクス（一八一八年生まれ）、あるいはタフターウィー（一八〇一年生まれ）と同じ時代に生きたユルバンは、そうした状況に条件づけられながら、時代の外へとふみだしていた。だとすればその思想と行動にはどのような個性があったのか。彼が知覚し、経験した「環世界」とは、どのようなものであったのか[13]。

冒険者レオン・ロシュ

右の問いを原点におくとして、主人公の個性を理解する方法のひとつに他の人々との比較がある。そのために本書では、ユルバンとかかわりをもったり、すれちがったりした同時代人の群像が描かれる。登場する人物には、フランス皇帝ナポレオン三世のような著名人もいれば、歴史家のあいだでもほとんど知られていない人々もいる。なかでもたびたび言及することになる名をあげておこう。

それは、レオン・ロシュ（一八〇九—一九〇〇）である。日本では幕末外交史の文脈でその名を知られる。一部の読者は、イギリスと対立しながら幕府支援の術策をめぐらせたフランスの外交使節という横顔を記憶しているかもしれない。そのような人物に言及することは、唐突な印象をあたえるだろうか。ユルバンとロシュ、同世代の二人にはいくつかの共通点があった。ロシュは、東アジアに来るまでの職歴の大半を地中海ですごした。アルジェリアに進駐したフランス軍の通訳となり、外交官に転じてモロッコ、リビア、チュニジアなどに駐在し、ときには密偵として、ときには表舞台に立つ外交官として、現地の宗教運動、開国、立憲改革などさまざまな出来事を目撃した。ユルバンと共通するのは、アラビア語通訳であったこと、イスラームに改宗した経験を自称したこと、職歴の大半を北アフリカですごしたこと、ほぼ同じ時期に失脚して引退したこと、晩年に自伝を残したことなどである。ロシュの旅路は、地中海と東アジアの近代史をつなぐ細い糸のひとつといえる。

ロシュもユルバンと同じく、ふたつ以上の文化圏を旅した。(14) だが二人の旅の内実は異なっている。冒険と名声を求めつづけたロシュと、舞台裏の人であったユルバンとは、多くの点で対極に位置していた。両者をならべて論じる意味は、むしろその対照の鮮やかさにある。第4章以下でみるように、かれらの行路は何度か交錯した。二人はたがいのことを知ってはいたが、友人として交際することはなかった。日本の研究者の一部には、ロシュをユルバンと同じサン＝シモン主義の系譜につらねる見方もあるが、これは牽強付会の説である。根拠は本論であらためて述べる。

伝記とグローバルヒストリー

一九世紀の人々が地中海を旅した理由はさまざまであった。挿話としてふれる例をふくめて登場する人物をさらにあげよう。たとえばムスリムの側では、リビアに生まれ見聞を広めるために西欧にわたり、英仏語で言論活動をおこなった男性がいた。フランス軍との戦いに敗れアルジェリアからコルシカに流刑となり、その体験を詩にうたった男性もいた。キリスト教徒の例としては、フランスから単身アルジェリアに移住してムスリムを対象とした教育にとりくんだ女性がいた[15]。いずれも周縁的な存在と思われるかもしれないが、それぞれ時代の鏡といえる人々である。

歴史家デイヴィスが強調するように、グローバル化がいわれる現代だからこそローカルな事例をとりあげ、仄暗い過去のなかに埋もれた人々の声を探ることとの意義がある[16]。なかでもイスマイル・ユルバンの立ち位置は独特である。彼は一面において支配者の側に立ち、他面では周縁者でありつづけた。南米にはじまり地中海へとむかう旅路の背後には、奴隷制と人種主義、植民地主義、キリスト教圏とイスラーム圏の対立という間大陸的な現象があった。一人の旅人を視野の中央にすえて時代をみることで、さまざまな地域のあいだの意外なつながりが浮かびあがる[17]。そのような意味において、伝記はグローバルヒストリーの可能性を広げていく[18]。

ユルバンの旅の前半の舞台となるのは、奴隷制がつづいていた時代のギアナと、近代化の変動のなかにあったフランスとエジプトである。後半では、フランスによる植民地化がはじまる一九世紀中頃のアルジェリアが背景となる。地中海のイスラーム圏のなかで、アルジェリアは一世紀以上にわたる例外的に長い植民地支配を受けた。フランスの側からみても、アルジェリアは「本国の延長」と呼ばれる特異な位置づけをあたえられた領域であった。両地域のかかわりは、地中海の南北の歴史が近代においても重なりあい、交差していることを象徴する(19)。

重なりあう歴史を書くためには、西洋史と東洋史という伝統的な区分を問い直し、時代に共通するものをみていく必要がある。そのための準備として以下では、一九世紀のとらえ方、ポストコロニアリズムとオリエンタリズムにかんする問題提起、思想史上のイスマイル・ユルバンの位置づけなどの論点について述べていく。やや抽象的な説明がつづくので、具体的な出来事とともに主人公の足跡をたどりたいという読者は、先を急いで第1章の冒頭から読み始めていただいてもよいだろう。

2　一九世紀のとらえ方

長い一九世紀

時代のとらえ方にかんして、歴史学の諸説のなかから「長い一九世紀」「輪切りの百年」「短い一九世紀」の三つの見方をとりあげよう。

はじめに「長い一九世紀」である。歴史家ホブズボームの名とともに有名な学説で、近代を包括する時代区分として、一八世紀末から第一次世界大戦の開戦（一九一四年）までを一時代としてとらえる立場である。[20]あらましを要約すれば、以下のようになる。

長い一九世紀の始まりを告げたのは、政治と経済の両面におよぶ変革、いわゆる二重革命であった。イギリス産業革命と、アメリカ独立革命とフランス革命（または、ラテンアメリカをふくめて大西洋革命）である。二重の革命をつうじて、経済の面では資本主義が確立し、工業化が進んだ。政治社会の面では国民国家の仕組みが成立した。この時代に、一国を構成する住民は共通の血統、言語、文化、宗教などをよりどころとして同胞意識をもつ集団（ネーション、いいかえれば民族または国民）であるという考え方が明確になる。国家はひとつのネーションを基礎として、均質な国民によって構成され、確固とした領土をもち、政府は国民の意思を代表するという原則が、ヨーロッパをはじめとする各地の社会に受け入れられていった。

欧米を震源とする大転換は、アジア、アフリカの国々にも波及した。国民国家のなかで工業化が進展するにしたがい、原料供給地や市場として海外の植民地が必要とされるようになる。一九世紀半ばに主流となった政策は、政治的な支配よりも経済的な影響力を優先する政策、いわゆる自由貿易帝国主義であった。一八四〇年のアヘン戦争は、こうした文脈のなかに位置づけられる。だが一八七〇年代の世界的な大不況以降、領土・勢力圏の獲得と直接的な支配が重視されるようになった。そのあらわれが、一八八〇年代のアフリカ分割である。

列強による植民地支配を支えていたのは、軍事力と経済力だけではない。国民国家と植民地帝国という、一見矛盾するふたつの原理を共存させる仕組みがあった。思想の面では、「文明」の高みにある民族のみが独立して国際社会の一員となる資格があるという考え方が、異民族に対する支配を正当化した。法制度の面では、本国と帝国を別々の空間（法域）として位置づけることで異質な空間が接合された(21)。一方で、「野蛮」とみなされた側の人々が無策であったわけではない。植民地化または半植民地化された地域では、外来の勢力に対する抵抗がつづいた。独立をたもった国々では、西洋を模範として近代化をはかるか、技術、思想をとりいれながら独自の道を探るかが課題となった。

右の説明を簡潔にまとめれば、近代とは西洋諸国（北西ヨーロッパと北アメリカの国々）が震源となって世界中に変化がおよんだ時代であり、政治と経済の革新を西洋が先導し、ほかの地域が対応をせまられる時代ということになる(22)。産業化と国民国家の形成を動因とする近代史のとらえ方は、歴史学の標準学説として受け入れられてきた。

輪切りの百年

しかし歴史研究の現在地からみたとき、以上のような構図は揺らぎ、反省とともに再考されるようになってきている。

歴史家チャクラバルティが指摘したように、近代へといたる経路は単一ではない。ヨーロッパもまたひとつの「地方」にすぎない(23)。西洋が最初に動きほかの地域が追従するという語り方をくりかえすことで、多くのことが見落とされてきたのではないか。地球上の事象はたがいに影響をあたえながら、同時多発的に展開してきた。プレートの複雑な動きによって地殻変動が起きるように、全体の動きが連鎖していた。

同時性を強調する見方の例として、羽田正は、一七〇〇年、一八〇〇年、一九〇〇年の三つの年代を「輪切り」にした世界をつぎのように描く。[24] ここでの一世紀ごとの区切りは、それ自体が時代の転換点を意味するものではなく、便宜としておかれた道標のようなものである。

一七〇〇年から一八〇〇年にかけては、ゆるやかな変化の時代だった。ユーラシアの大部分は帝国の支配下にあった。清、ロシア、ムガル、サファヴィー、オスマン、ハプスブルクの各帝国が、それぞれ広大な領域を統治し、言語や宗教の異なるさまざまな集団を包みこんでいた。一世紀をつうじて、古い帝国の統治と社会の構造はおおむね安定していた。一方、同時期のヨーロッパでは、イギリス、フランスなど一部の王国が国内の宗教、言語を統一し、統治の集権化を進めていた。これらの王国は、一八〇〇年前後に国民国家へと変質を始める。

一八〇〇年から一九〇〇年の一世紀は、急速な変化の時代である。古い帝国では国内の民族集団が独立をめざす動きが強まり、政治秩序を再構築する必要が生じた。他方で、イギリス、フランスなど早くに国民国家の体制を整えた国々は、本国外で広大な領土を支配するようになった。征服の過程では、各地で数十万人以上の現地人が命を落としている。そのような犠牲のうえに築かれたのが、国民国家と一体となった新しい帝国だった。

この見方にしたがえば、一九世紀とは、古い帝国から新しい帝国への重心移動の時代であった。[25] 帝国のなかでは、支配する側の人々と支配される側の人々の活動が交錯し、一方通行ではない人、物、思想の循環が生じる。多元的な古い帝国が領域を縮小させていった一方で、国民国家と一体となった新しい帝国が拡大したとすれば、両者のちがいはどこにあったのか。この点を羽田は、スクランブルエッグと目玉焼きという比喩で説明する。古い帝国においては、中心と周辺という区別があいまいであるのに対して、新しい帝国においては、中心にある国民国家の範囲と、周辺にある植民地の範囲がはっきりとわかれている。つまり両者は、編成原理が異なっていたというのである。

短い一九世紀

二種類の卵料理による比喩は、古い帝国と新しい帝国のちがいを強調する。だが、両者の区別については一定の留保も必要である。

「目玉焼き」の帝国は、はじめから明確な同心円を描いていたわけではなかった。右の説明では、一八〇〇年頃までにヨーロッパの主要な国々で宗教、言語、統治の統一がすすんだという見方を紹介した。だが近年の研究においては、近世ヨーロッパの国家は時代をくだっても複合的な構造を保ちつづけたという側面が強調される[26]。いいかえれば、近世と近代という時代をまたぐ連続性と、本国と植民地という空間の重なりあいが問われるようになってきている[27]。

国民国家と帝国の共存という現象にかんして、フランスを例とする異説を紹介しよう。一般に、フランスは国民国家のモデルといわれる。一七八九年の革命を転換点として、領土内の住民が一体性をもった市民として統合されるという原則が確立し、その原則が一九世紀をつうじて実現されていったという見方が定説となっている。

しかしそのような定説とは異なる見方もある。世界各地に広がるフランス領の中核には、「フランスの延長」と呼ばれたアルジェリアがあった。他の植民地と区別され、行政上は本国と同等の「県」

として内務省の管轄下におかれた領土である。地理からみても、ヨーロッパ側から蒸気船で二日とかからない距離にある。ふたたび比喩をもちいれば、地中海の両岸にまたがる領土は「目玉焼き」の中心部を構成する。その南半分にあたるアルジェリアには、数十万の入植者と数百万人のイスラーム教徒（ムスリム）が暮らしていた。ムスリムは、フランスの国民として扱われるが市民としての権利をもたない。国制のうえでひとつづきであるはずの領域内に、二種類の身分に分けられる住民が暮らしていた。そのような状態から脱却してフランスが領土と市民権の範囲が一致する国家となるためには、アルジェリアの領有を断念せねばならなかった。だとすれば、フランスは他国にさきがけて国民国家を建設したとはいえない。むしろ、フランスが典型的な国民国家となったのはアルジェリア独立戦争が終結した一九六二年以降であると論じることも可能であろう。以上は、アフリカ史家クーパーによる問題提起である。論争的ではあるが、もっともな指摘といえる(28)。

この例からもわかるように、世界史の時間軸は複線化して考える必要がある。そうした立場を代表する歴史家オスターハンメルは、さまざまな側面を考慮した大局的な時期区分として、「長い一九世紀」を修正した以下のようなとらえ方を提案している。①一七六〇／七〇年代から一八三〇年代にかけての「はざま期」、②それにつづく「本来の一九世紀」（またはヴィクトリアニズム）の時代、③一八八〇年頃から一九二〇年代頃までつづく「世紀末期」である(29)。本書では、この三つの時代区分の二番目に位置する一八三〇―八〇年代前後の時期を、短い一九世紀と呼ぶことにしよう(30)。それは偶然にも、本書の主人公ユルバンが成年に達してから没するまでの半世紀と重なる。

地中海革命

「短い一九世紀」に、地中海周辺の人々は政治、経済、文化の大きな変化を経験した。それは社会をささえる構造そのものの変容だった。

すでに述べたように、歴史学の伝統のなかでは、一九世紀ヨーロッパの歴史は政治と経済の「革命」によって動かされる時代として表象されてきた。それに対して隣接する地域の歴史は、オスマン帝国に代表されるように、対策としての「改革」の時代として描かれてきた。だがこうした用語の使い分け自体が、ヨーロッパで起きたことを革新と進歩の典型とみなし、その他の地域での変革は不十分なものであるという図式を補強してきたといえる。だがどの地域、時代においても、変化は一直線にすすむことはない。新しいものが生じるとともに古いものは再定義され、再活性化されて生き続ける。近代化とは一方的な「西洋の衝撃」ではなく、「東」と「西」の相互作用としてとらえなおされるべきだろう(31)。

近年の研究によって、かつては近代ヨーロッパに固有のものと考えられてきた政治、経済、社会の変容はオスマン帝国領をはじめとする隣接地域にもみいだせることがあきらかになってきた(32)。他方でヨーロッパ史の文脈においても、一九世紀を革命よりも「改革」の時代としてとらえる立場がある(33)。宗教と社会のかかわりが思想的、政治的課題となったことも、地中海の南岸、北岸に共通する。ヨーロッパでは宗教が後退し、イスラーム圏では宗教が活性化したという対比は単純すぎる。近代とは、ヨーロッパだけでなく複数の大陸にまたがる共時的な経験である。ヨーロッパとイスラーム、帝国と国民国家、独立国と植民地といった断層が連なる地中海には、たがいに結びつけられた複数の近代が共存していた。歴史家ベイリは、遠隔地における同時多発的な現象の連関として近代の訪れを描いたが、地中海においてはそれらが近接している(34)。

地中海のなかにあるそれぞれの文化圏は、たとえてみれば、差動装置でつながれた車輪のようなものである。個々の車輪はたがいに異なる速度で回転しながら、ひとつの車体が走っている。政治体制、経済構造、社会のしくみ、そして心性の変化は、それぞれに固有のリズムにしたがって徐々にすすんだ。だが時代の始まりと終わりをくらべてみれば、巨大な変化が起きていた。それらを全体として把握するために、本書では、地中海革命という用語をもちいる。

3 「文明」論のその先へ

文明、人種、植民地

地中海革命の時代の植民地を舞台として書かれる伝記は、どのような意味で歴史の常識に挑戦するのだろうか。論点の一部を先取りして述べておこう。

世界史の同時性を強調する立場を右に述べたが、かといって西洋というものが他の地域におよぼした影響の巨大さを軽視することはできない。西洋史の骨格として伝統的に教えられてきたのは、自由と平等がより多くの人へ広まり、普遍化していく歴史という側面であった。それに対して二〇世紀の終わりごろからは、西洋の歴史は植民地主義と切り離せないという面が強調されるようになった。植民地主義は、人間のあいだに支配するものと支配されるものという非対称な関係を押し広げようとする。それはいわば、逆向きの普遍化の企てである。[35] 西洋の思潮のなかに人の解放と疎外の二重の流れを読みとることは、今日の人文学に共有された認識といってよい。

この二重の流れをつなぐ鍵としてしばしばもちだされるのが、「文明」の概念である。ヨーロッパの人々がみずからを「文明」と意識し、他の地域の人々を「野蛮」とみなしたことについてはすでにふれた。この線引きによって、人類の平等という原則に例外が設けられる。そして、異民族を「文明化」するという大義名分が、征服と植民地支配を一種の恩恵として正当化する。「文明化の使命」とよばれる考え方である。西欧の一九世紀は、そうした思想がもっとも強固であった時代とみなされてきた。たとえば『レ・ミゼラブル』の作者ユゴーによる以下のような発言がある。

われわれの征服は偉大で幸福な事業です。野蛮に対する文明の前進です。啓蒙された民族が闇の中にいる民族を発見するのです。われわれは世界のギリシア人として、世界を照らし出すのです。[36]

これは、ユゴーが一八四一年にアルジェリア征服について述べたとされることばである。つぎに、一八八五年にフランスの政治家フェリーがおこなった演説の一節を紹介しよう。

実際、次のように率直に述べねばならないでしょう。……優等人種は劣等人種に対してある権利をもっているのです。なぜなら彼らには義務があるからです。優等人種には劣等人種を文明化する義務があるのです。[37]

ふたつの発言を組み合わせれば、文明論、人種主義、植民地主義という三角形を描くことができる[38]。人類の進歩をとなえた詩人・作家ユゴー、教育の普及につとめた政治家フェリーは、それぞれ近代フランスの精神を代表するともいえる人々である。彼らのことばのなかには、ヨーロッパ文明は他に優越するという自意識と、自国をヨーロッパの中心におくナショナリズムとが溶けあっている[39]。そうした意識をもって彼らは、臆面もなく植民地拡大を支持した。ここまでは、比較的よく知られた説明といってよいだろう。

通説によれば、一九世紀はこうした文明論が植民地主義と強力にむすびついた時代であった[40]。後述するオリエンタリズムの最盛期であり、文明と野蛮の図式は世紀をつうじて確固としていた。一般に、そのような思想に対する本格的な批判がはじまり、異文化を尊重する思想が出現するのは世紀末から二〇世紀初頭以降のこととされる。さらに時代がくだって二〇世紀半ば以降にポストコロニアルの思想があらわれると、支配する者とされる者を分かつ二項対立の認識そのものが支配者側によって創りだされたものであると論じられるようになった。そして、現実を写すものとしてことばがあるのではなく、言説の力が現実を構築しているという側面が強調されるようになった。言説と現実の関係をめぐる逆転の構造が、二〇世紀の思想によって発見されたのである[41]。

本書は、このように一本の線として描かれてきた思想史を問い直す。ポストコロニアリズムの理論は、右に述べた逆転を発見したという点において現代の知は一九世紀以前の知と断絶しているという前提に立つ。だがそのような前提から導かれる考察は、ややもすると、過去を平板にとらえがちである。「短い一九世紀」の思潮は、通説でいわれるほど単調ではなかった。文明の優越という論調がすべてを覆いつくしていたわけではなく、疑いや批判がさまざまなかたちで表明されていた。そのなかには、言説の役割に気づいている人々もいた。表現の矛盾を承知のうえで書くとすれば、一九世紀の思想状況はすでにポストコロニアル的であった。

イスマイル・ユルバンは、そうした両義性を代表する。彼は時代の思潮にしたがう一方で、その外へとふみだしていた。ユルバンは植民地支配そのものを否定することはない。だが練達の実務家として、植民地の政策論がつくりごとであることを知り尽くしていた。現代的な語彙におきかえれば、言説による構築があることを理解していた。短い一九世紀の思想は混沌としている。そのなかでもユルバンの姿勢にはラディカルなものがあった。ラディカルというのは、主張が急進的であったということではない。常識を疑い、根底にある構造を見抜く鋭さをもっていたという意味である。その一例として、オリエンタリズムにかかわる主張がある。

オリエンタリズムの裏面

オリエンタリズムとは、西欧の学者、芸術家が生み出した東洋学と東洋趣味、それに連なる一群の言説と思考様式をさす概念である。そこでいわれる「東洋」には、東アジアから西アジア、そして地中海沿岸の北アフリカまでがふくまれている。たとえば前述のロシュが著した回想録では、北アフリカからアラビア半島にまたがる地域が「東洋」と総称され、冒険譚の舞台となる。ことばは体系となり、「東洋」の異質さと退廃とを強調する心性を裏打ちし、「西洋」による帝国支配を正当化する。そこには文化と政治の共犯関係がある。以上のように比較文学者サイードが論じてから数十年、西欧の人々による他者表象について、さまざまな考察がつみかさねられてきた[42]。

しかしこれまでの研究のほとんどが無視してきたことがある。それは、オリエンタリズムの鋳型を創りだしたとされる一九世紀フランスにおいても、「東洋」と「西洋」の壁を越えようとする発想がきざしていた事実である。植民地主義、オリエンタリズム、人種主義は一枚岩のイデオロギーであったと考えられがちである。だがじっさいには、それらが一九世紀の初めから確固たる体系となっていたわけではない。数多くの矛盾や裂け目があった。そうした境界域に位置するユルバンは、つぎのような発言を残している。

進歩することが人類の法則であるとすれば、信仰ゆえに一つの人種、民族、生者の集合がそうした一般法則の例外におかれるなどということがあろうか。近代哲学の素晴らしい理論がフランス人、ヨーロッパ人、キリスト教徒だけにあてはまるということはないだろう。アラブ人、東洋人、イスラーム教徒も同じ法則にしたがうはずである。われわれと同じく彼らも向上し、進歩する。この点に異論の余地はない[43]。

いずれかの国民や宗教が、模範や進歩の典型を自認するとしたら、それは傲慢というべきであろう。わが政治、社会制度、風習が人類進歩の最終形態であり、わが足跡を追って共に歩まぬ者は過ちと野蛮と停滞に陥るだろうなどとは誰にも言えないのだ[44]。

ひとつめの引用では、西洋は進歩し東洋は停滞するという図式が否定される。文明と野蛮の対立を強調する通念は、軽々と乗り越えられている。つぎの引用では、ヨーロッパはかならずしも進歩の模範ではないとする相対主義の立場が明確にされている。これらは歴史哲学を論じた思想家のことばでも、創作の源泉として「東洋」に魅了された芸術家のことばでもない。植民地支配の現場にいた実務家の発言である。そのような立場ゆえにユルバンは、支配された人々のまなざしも意識していた。

原住民はつぎのようにわれわれに問う権利がある。「あなたたちは、私をあなたたちに似たものにしたいという。父祖を否定し、信仰と風習と個性を一朝一夕に変えて、私自身を否定させようとする。だが、私があなたたちを追ってそのような道を歩むことはないだろう。弟子が師に似ているような関係になるのは結構だが、私は私自身でありつづけたい。私はみずからの過去を守りたいし、生き方を乱暴に変えたくはない。別の場所から出発した私たちは、共通の未来において出会うかもしれないが、私があなたたちのなかに吸収されることはない(45)」。

引用文中の「原住民」は、アルジェリアのムスリムのことをさしている。ここに表現されているのは、いわゆる同化主義に対する批判、つまり、文明の普遍性のもとに異文化を否定しようとする思想への批判である。しかもそれが、支配された人々の側に立った異議として書かれている。

一連の引用は、ユルバンが一八六〇年代に発表した政策論の一部である。当時の西欧では、一九世紀の文明論を代表する著作のひとつであるバックル『英国文明史』が刊行され、フランス語訳も出版されていた。(46) 同じ頃の日本では、福澤諭吉が civilization の概念を「文明」と訳して紹介し(『西洋事情』)、約十年後にはバックルの論を援用して「西洋の文明を目的とする事」を説いている(『文明論之概略』)。(47) そのような時代にユルバンは、ヨーロッパだけを進歩の物差しとして未来を語ることに異論をとなえた。そして彼の言論は、当時の為政者にまで影響をあたえた。この一事だけをとりあげても、一九世紀の植民地思想は二〇世紀のそれよりも単純だったという先入観は退けられるはずである。後世にあらわれる批判は、一部ではあるが、帝国の形成期から体制のなかに組み込まれていた。

イスマイル・ユルバンはいわば、体制のなかの異端者、インサイダーとなったアウトサイダーである。(48) 彼は独特の鋭敏さで未来を構想したが、その目標に達することはなかった。独創、矛盾、挫折がないまぜとなった生涯は、サン＝シモンとサン＝シモン主義者に共通する特徴である。(49) 彼の思想と行動には幾重にもあいまいさがつきまとい、それゆえ歴史家の評価は毀誉褒貶が相半ばする。一方には、当然ながら、フランスの植民地主義にとりこまれた人物という位置づけがある。他方では脱植民地化の思想史と結びつけようとする立場もあり、たとえば「黒人性」をよりどころとした文学運動ネグリチュードと比較する見方や、ポストコロニアル思想の原点であるフランツ・ファノンの先駆とする異説すらある。(50)

ファノンは植民地支配を痛烈に批判する理論を打ち立て、脱植民地化の政治運動に身を投じた。ユルバンは植民地体制の内部に生きた。二人を並べることには、一見して無理があると思われるだろう。さはさりながら、一人の人物についてこれほど幅のある見方が共存していることには理由があるはずである。それを読み解いていく本書が意図するのは、ユルバンの先駆性を讃えたり、植民地支配について弁明を許したりすることではない。また逆に、現在の視点からみて一概に非難することでもない。歴史家ブロックにならっていえば、裁くことよりも理解することを本旨とする。(51)

自伝について

主役となるユルバンについて、現存する史料は多い。彼は多彩な文章を残した。若い頃には詩や劇にあこがれ、文筆で身を立てようとした。官吏となってからも、新聞、雑誌で時局と政策を論じつづけた。書簡や手記など私文書も現存する。なかでも以下の諸節でたびたび参照するものとして、彼が晩年に残したふたつの回想録がある。

ひとつめは、ユルバンが五八歳のときに書かれた「自叙」と題された文章。前年に生まれた息子に宛てられたもので、自らの誕生から書きおこされ、執筆直前までの出来事を綴る。つぎに、彼が七二歳頃に書かれた「年譜」。こちらは、生涯の友人ギュスターヴ・デシュタルから依頼された回顧録で、やはり誕生から執筆時までの体験を編年体で記す。ふたつの回想録はどちらも、推敲をへた手稿として残された。(52)

これらの文書を、本書では自伝と呼ぶことにする。(53)自伝は、事実の記録という形式のもとで作者が自己を再構成しようとした作業の結果である。作者の自我《エゴ》を映し出す透明な窓とはかぎらない。回顧録の書き手と書かれることとは時間によってへだてられている。自伝のなかに複数の声が共存することも珍しくない。人生の後半に書かれ、手稿として残されたユルバンの自伝は、その典型である。自伝の書き手は想定される読者にあわせて、それが家族、友人といった近しい者であればなおのこと、さまざまな配慮をする。[54] 特定の事実の強調、沈黙、ときには虚偽もふくまれるかもしれない。つまりすべての自伝は、程度の差はあれ、「信頼できない語り手」による作品である。[55] それらを手がかりとして人物とその背後にある時代、社会を考えるためには、ユルバンには見えなかったもの、彼が見ようとしなかったものについて目を配る必要がある。出身、信仰、ジェンダーの異なるさまざまな人々の視点を借りることも重要だろう。自伝の語り手の沈黙をおぎないながら「短い一九世紀」に分け入っていけば、境域からみた世界の布置がみえてくる。その手始めとして、主人公が生まれた土地の歴史をまず繙かねばならない。

第1章　奴隷制の黄昏——カイエンヌ、一八一二年

1　カリブ海域の辺境

回想するイスマイル・ユルバン

わが愛し子よ、昨日、私は遺言状をしたため、不慮の死にそなえて遺志を定めた。お前の大切な母の身上を保証するためにできるだけの手立てを整え、私の考えと別れの言葉を明らかにした今、つぎはお前に対する義務を果たし、私の人生のさまざまな出来事について、心ない人々の言葉にお前がさらされないようにしなければと思い至った。(1)

これは、イスマイル・ユルバンが五八歳のときに書かれた自伝の冒頭である。「自叙」と題された文章には一八七一年の日付がある。その前年、彼は仏領アルジェリアで長く勤めた公職を離れ、南フランスの農村に引き籠もっていた。そこで彼は半生をふりかえり、息子が成人に達したときに読ませるためにと、数十頁におよぶ回想を書き上げた。自分の人生を他人の口から語らせたくないとあるの

には理由があった。晩年のユルバンは、周囲からの非難にさらされていた。彼は植民地行政の高官という地位にありながら、ヨーロッパ人の入植に歯止めをかけようとした。そのために裏切り者として指弾されていたのである。その経緯については、本書の後半であらためてふれる。

「自叙」によれば、書き手は西暦一八一二年一二月三一日に仏領ギアナ（ギュイアンヌ）の首府カイエンヌで生まれた(2)。南フランスから来た父のこと、黒人奴隷の血を引く母のこと、二人のあいだの私生子として生まれた自身と兄弟姉妹のこと。家族の構成から説きおこされ、波瀾に富んだ生涯が年代順に綴られている。ユルバンが残したもうひとつの自伝である「年譜」も、構成はほぼ同じである。冒頭で家族の来歴が説明される一方で、幼少期をすごした場所について、くわしい記述はない。

じっさい、ユルバンが生地ギアナですごした時間はみじかい。八歳のときに父とともにフランスに渡ってからは、一八歳のときに数ヶ月間戻ったきり、二度と南米大陸の土を踏むことはなかった。とはいえ、ヨーロッパの外に暮らす家族とのつながりはずっと後まで保たれていたし、そしてなにより、この土地の過去は彼の存在そのものを規定していた。自伝の沈黙をおぎなうために、ギアナとカイエンヌの歴史をしばしさかのぼってみよう。

カリブ人のギアナ

ギアナは、カリブ海から東側に位置する南米大陸沿岸、アマゾン川とオリノコ川の巨大水系にはさまれた一帯にあたえられた名である（地図1）。生態のうえではアマゾン川流域と重なりあう性格をもつが、一般には環カリブの文化圏に含められることが多い。地勢は高地と低地において対照的である。

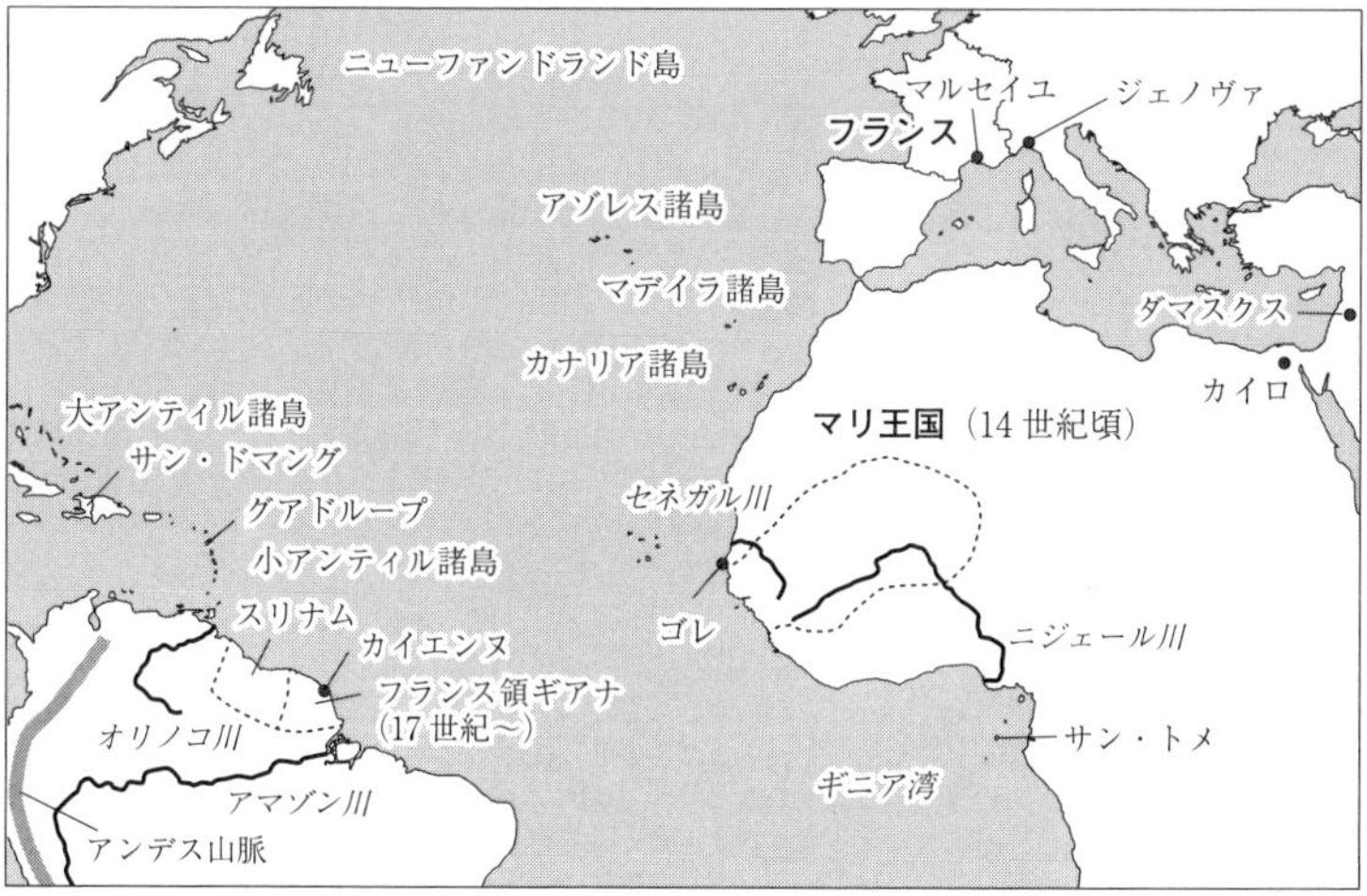

地図 1　第 1 章に登場するおもな地名

高地には急崖に囲まれた卓状地がそそり立ち、沿岸の低地はマングローブ湿地と熱帯林に覆われる。沿岸の沖積地のところどころには、太古の陸塊が露出する。そうした地盤の一角に、二つの河口が交わる三角州を利用して築かれた入植地が、ユルバンの故郷カイエンヌであった。ギアナのなかでも東端に近く、アマゾン川の河口から北西に五〇〇キロメートルほどに位置する。

ギアナには、言語のうえでカリブ、アラワク、トゥピ＝グアラニーという三系統にわけられる多様な民族集団が居住していた。のちに仏領となる地域で多数を占めていたのは、カリブ系の人々と考えられている。[3] 以下では便宜的に、先住民を総称してカリブ人と呼ぶことにしよう。カリブ人の起源については諸説あるが、オリノコ川流域を原住地としてギアナと小アンティル諸島へと移動したとするのが古典的な説とされてきた。

考古学の教えるところによれば、ギアナ一帯では、キャッサバなどの農耕と、狩猟、漁撈、採集とをくみあわせた多様な生活形態があった。森を切り開いて盛り土をした大規模な集落が発掘され、巨石をもちいた遺跡も少数ながら発見される。動物のモチーフを特徴とする多彩な陶器が出土し、その様式にあらわれる変遷は、オリノコ川とアマゾン川の流域、カリブ海の島嶼部、そして遠くアンデス高地との交流を示唆する。(4) 広大な密林に、いくつもの文化が盛衰した。ただ現代人にとって、それを知る術がかぎられているにすぎない。ゆるやかな歴史の流れはとぎれることなくつづいた。外来者との遭遇が始まる一五―一六世紀頃、アンティル諸島からギアナ一帯には、アステカやインカのように広大な領域を統べる国家はなく、首長にひきいられた大小の集団が暮らしていた。

侵入者との接触

一四九二年のクリストフォロ・コロンボ（コロンブス）の航海をきっかけとして、カリブ海域にスペインの支配がおよぶ。過酷な労役とヨーロッパ由来の伝染病は各地で破局的な人口減をもたらした。はじめに大アンティル諸島で、ついでメソアメリカ、アンデス方面で、先住民社会は壊滅的な影響を受けた。その空白を埋めるように、ヨーロッパから入植者が定着し、アフリカから奴隷が輸送され、独特の社会が築かれていった。

ただし、一四九二年の断絶を強調する常識は、環カリブ海のすべての場所にあてはまるわけではない。カリブ海東部の小さな島々からなる小アンティル諸島と、そのさらに東側に連なる大陸部のギアナは、その後もしばらくのあいだ直接の災厄を逃れていた。

ギアナ海岸では、コロンブスの部下による探索の後、スペイン人による探検が数度にわたっておこなわれた。およそ一世紀後には、イングランドの航海者ウォルター・ローリがオリノコ川流域を遡上した(5)。しかしそうした事柄は、先住民の側からみたときに、住民たちの日常をただちに転覆させるような事件ではなかったともいえる。まして彼らにとって、ローリが女王エリザベス一世の寵臣で黄金郷の探検という手柄を吹聴したことなど、あずかり知らぬことであっただろう。

征服者たちの活動が大陸側のギアナへと近づき、ひんぱんな訪れがみられるようになるのは、一七世紀以降のことである。ヨーロッパからやってきた外来者たちは、「新世界」を発見する主体としてふるまった。だが彼らは、見られている客体でもあった。先住民たちは、新参者たちを観察し、ときには交流し、ときには抵抗した。たとえばスペイン人がオリノコ川河口に築いた拠点の周囲では、一部の集団がスペイン人の居住を受け入れ、交易の機会を提供した。別の集団は戦いを挑み、敗れてギアナの方面へと逃れた。カリブ人の大規模な抵抗は少なくなった。交易をつうじて、あるいは、軍事と治安維持に協力して、入植者の近くで生きることを選ぶ人々がいた。交流をさけて、内陸を移動する者たちもいた(6)。環カリブ海域のほかの土地とおなじように、ギアナもまた大西洋奴隷貿易にもとづく植民地経営に組み込まれていった。

2　植民地貿易とフランス

異境への視線

ここで、視点を大西洋の東側に移してみる。新大陸への展望は、コロンブスの航海によって突如として開かれたわけではなかった。ヴァイキングの北米到達はひとまず措くとして、地中海に伝わる逸話を紹介しよう。

時代は一四世紀の初め、ダマスクス生まれの歴史家ウマリーの記すところによれば、その頃アフリカ西部にあったマリ王国の王が、大海の果てを見極めるために二〇〇艘の船を送り出した。遠征から帰還した者はただ一人。海のかなたに大河をみつけたと報告した。それを聞いた王は、みずから二〇〇〇艘の船団を率いて船出して、二度と戻ることはなかったという(7)。

これは、消息を絶った王の跡継ぎマンサー・ムーサーが、マリからメッカへの巡礼途上のカイロで伝えたとされる物語である。マンサー・ムーサーはイスラーム教徒だった。先代の王のもとで発見されたという大河が、かりにアマゾンであったと仮定してみよう。そうなれば、コロンブス以前にアフリカ人が大西洋を横断していたことになる。じっさいには、この伝承を大西洋横断の証拠として解釈する人は少なく、先代の王の失踪にまつわる奇談、というのが大方の見方となっている(8)。ともあれ、マリ王国の勢力はじっさいに、ニジェール川、セネガル川の流域を含んで大西洋岸へとおよんでいた。イスラームによって結ばれたアフリカ北西部から地中海南岸の人々のあいだに、大洋のかなたへの想像力が共有されていた。

さはさりながら、とぎれない事業をつうじて技術を蓄積し、大陸をむすぶ航路を確立したのは、イスラーム教徒が「フランク人」と呼んだ人々、つまり、地中海の北側の西方キリスト教圏の住人たちであったと言わねばならない。ここからは便宜上、ヨーロッパ人と呼ぶことにしよう。

右に述べたマリ王国の名は、サハラの隊商によって地中海方面へともたらされる金の産地として、ヨーロッパに届いていた。アフリカ西岸をつたってそこへと至ろうとするこころみは、一三世紀のジェノヴァ人、一四世紀のマヨルカ人による航海が知られる。そうした前例に学びつつ、一五世紀にはポルトガル王国が航路を確立した。イタリア系の航海者と各国王権の協力によって開かれた探検の躍進は、旺盛な投資欲とすぐれた航海技術によってもたらされた。それはまた、東地中海がオスマン帝国の勢力圏となっていくことに対する対抗策でもあった。いわゆる大航海時代のはじまりは、地中海の海事史につながっている(9)。

ポルトガル船の航路は、現在のモロッコ、セネガルを越えてギニア湾まで到達し、さらに、ブラジルとインド洋の二方面に分岐する。それに対して、カナリア諸島から貿易風を利用してカリブ海へと到達したのが、スペインの航路であった。ヨーロッパ人は、行き先の人々と商品を取引するようになった。洋上の島々の開発も進み、ポルトガル領となったマデイラ諸島、アゾレス諸島、サン・トメなどでアフリカ人奴隷を使役した砂糖生産がはじまった。これが、のちの大西洋奴隷貿易の原型となる。

ただし、こうした国名を主語としてなされる説明の裏には複雑な実態があったことに注意しよう。探検航海は、商人と船乗りたちの私的な企業心と、事業を支援した王たちの野心の結びつきであった。

事業はほぼかならずといってよいほど、国境を越えて準備される。たとえば、コロンブスと同じジェノヴァ生まれの航海者カボットは、イングランド王の勅許と、同国内のイタリア系銀行家の資金を得て、北アメリカ沿岸のニューファンドランド島に到達した(10)。近世ヨーロッパの社会と経済は、国家の利害を越えて広がる宗派、地縁、企業の活動によって支えられている。国家という存在を至上のものとみなす、いわゆる主権国家体制が確立するのはしばらく後のことである。

植民地獲得競争とフランス

以上をふまえて、ギアナ史の転換点となった一七世紀前後の状況を整理しよう。

ギアナの西では、スペイン人たちがアステカとインカという大国を滅ぼし、広大な陸地を支配するようになっていた。スペインの征服はいわば、レコンキスタの延長である。冒険者たちの野心と王権とがむすびつき、金銀の採掘から得られる富をもとめて、多くの入植者が送り込まれた。

ギアナの東、アマゾン川流域には、ポルトガルが進出した。「海の帝国」と呼ばれるポルトガルではスペインとくらべて海外移住者は少なかったと説明されることもあるが、じっさいにはポルトガルも数十万人の移住者を送り出している。南米で求められた代表的な商材はブラジルボクである。貴金属とくらべて地味に思われるかもしれないが、紅色染料として高値で取引される商品だった。現代に生きる私たちは石造りの建築に目を奪われがちだが、近世までのヨーロッパは一面において「木の文明」である。

一七世紀の半ば頃から、スペインとポルトガルの独占はしだいにほころびをみせはじめる。かわって侵入したのはオランダ、イギリス、そしてフランスである。三国はそれぞれに拠点となる島をもち、大陸に進出をこころみ、勢力圏を築いていった。領土の奪いあいのなかで砂糖生産の技術が流出し、大西洋の島々からブラジルへ、つぎに、ブラジルを追われたオランダ人とポルトガル系ユダヤ人によってアンティル諸島へと伝えられた。この技術はやがて、一八世紀のカリブ海域を世界最大の砂糖生産地にする。

フランスは、カリブ海域における植民地獲得競争にやや遅れて参入した。一七世紀に本格化する植民事業は、個人の企業心と王権の政策とのいわば合作である。主役となったのは、大西洋岸の都市の商人たちと、ルイ一三世とルイ一四世の時代に国政をになったリシュリュー、マザラン、コルベールといった重臣たちであった。リシュリュー時代のサン・クリストフ会社（一六二六年創設）、コルベール時代の東インド会社（一六六四年創設）など、特権商事会社とよばれる組織が作られた。それらに出資した商人たちは、人員と設備を用意する代わりに開拓と貿易の独占などの特権を認められ、事業に乗り出していった(11)。

一七世紀から一八世紀にかけて、王国の植民地経営は、船舶の建造と艤装、農作物の生産、加工、輸送、そして奴隷の調達、輸送、売却といったさまざまな部門をふくむ複合事業となっていった。最大の拠点となったのはサン・ドマング（現在のハイチ）である。植民地開拓と維持のために国費が投じられ、砂糖、コーヒー、タバコといった嗜好品がヨーロッパにもたらされ、一部の商人と貴族たちが巨利を得た。出資者となった人々は、フランスと西欧諸国をあわせて数千人ほどであったといわれる。

植民地貿易は、ヨーロッパ諸国の資本蓄積にどれほど寄与したのか。経済史の長い議論を要約すれば、全体に占める割合はかならずしも大きくなかったかもしれないが、近代ヨーロッパの劇的な経済成長に欠かすことのできない影響をあたえた、というのがひとまずの結論といってよいだろう[12]。

その土台にはもちろん、奴隷の搾取があった。フランス船による奴隷貿易の記録は、一六世紀にさかのぼる。当初は奴隷貿易に消極的であった王権は、一七世紀半ばにこれを許可し、ナントをはじめとする特定の貿易港と商事会社にアフリカ沿岸の貿易独占権をあたえた。黒人奴隷の身分にかかわる諸規定を集めた王令集、いわゆる「黒人法典」が成立するのは一六八五年のことである。一六世紀から一八世紀の末までに南北アメリカに到着した奴隷の数は約七〇〇万人。仏領植民地には一〇〇万人以上が上陸し、その四分の三はサン・ドマングに運ばれたと考えられている[13]。一八世紀半ばには、サン・ドマング一島の砂糖生産高は英領カリブ海植民地の合計に匹敵するほどになった[14]。

3　有色自由人と肌色の階層

密林の世界

環カリブ海の仏領のなかで最大の拠点がサン・ドマングであったとすれば、もっとも辺境に位置していたのがギアナである。ギアナでフランス王権の支援をうけた拠点建設がはじまったのは一六〇四年のことで、数度の撤退がくりかえされた後に、一六六四年、コルベールが派遣した遠征軍がカイエンヌを奪い、英蘭両国との争いをへて一六七六年にフランスの支配が確立した。このときから、ポルトガルによる短期間の占領をのぞいて、カイエンヌを中心としたフランス領ギアナの歴史が始まる。フランス王国が領有を主張した範囲は海岸線にそって約四〇〇キロメートルにおよんだ。入植活動は沿岸の低地にほぼかぎられ、内陸にはほとんど探索がおよんでいない。

密林には、カリブ系の人々を中心とする先住民が暮らしていた。一八世紀のフランス領内にいた人口は、おおよそ数千人から一万数千人と推定されている(15)。密林にはまた、プランテーションから逃れた逃亡奴隷も暮らしていた。逃亡奴隷といえば、ヴォルテールの小説『カンディード』（一七五九年）に、傷ついた逃亡奴隷が主人公にむかってつぎのように語る場面がある。

おれを改宗させたオランダの牧師は日曜日にはいつも、白人でも黒人でもおまえたちはみんなアダムの子だと言う。おれは系譜学者ではないが、しかしあの説教師たちの言うことが本当なら、おれたちはみんな同じ血筋だということになる。ところで、正直に言ってどうです、人は自分の身内にこれ以上ひどい仕打ちができるもんですかい(16)。

物語の主人公カンディードは、師から教えられた「楽天主義」の限界を悟る。ヨーロッパの享楽と植民地の惨状を対比し、物語の転換点となる有名な一節である。その舞台として言及される蘭領植民地スリナムは、仏領ギアナの西隣にあった(17)。奴隷制の悲惨を諷刺したヴォルテールは、しかし、逃亡奴隷たちが密林の支配者となるという側面まで描いていない。逃亡奴隷の多くは密林に逃れた。ギアナでは、ボニといわれる集団が一八世紀後半から一九世紀にかけて蘭領スリナムと仏領ギアナの境界地域に勢力をきずいた。口承によれば、先住民と逃亡奴隷のあいだには交流と対立があり、暴力的な衝突に至ることもあった[18]。

カイエンヌ

そうした森の世界と接しながらまるで小島のように点在するのが、プランテーションの世界である。入植拠点と農場からなるプランテーションを支えていたのは、大西洋とのつながりである。プランテーションはいわば、陸と海の界面であった。

カイエンヌはギアナの中心地であり、ほぼ唯一の大規模な入植地だった。一八世紀後半の地図には、防備を施された都市を中心として、周囲約二〇から三〇キロメートルの範囲に農場が点在して描かれている。面積としては相当な規模だが、人口はかぎられていた。ギアナの入植地の人口は、一八世紀のはじめに約三〇〇〇人、世紀末には約一万人を超え、一九世紀初頭には一万三〇〇〇人ほどになった。そのうち先住民は、もっとも多く見積もっても数百人程度で、黒人奴隷が全体の九割程度を占めていた[19]。

一八世紀の人口増は、黒人奴隷の増加を反映している。フランス植民地に送られた奴隷の出身地は、一八世紀をつうじて大陸西部（セネガル）と大陸中央部（コンゴ）が多かったが、世紀末にはイギリスの勢力圏であったギニア湾東部や、ポルトガルの勢力圏であるインド洋側にまで広がった。ギアナの史料からも、アフリカ人たちは出身地ごとに呼び分けられ、コンゴ、セネガル、黄金海岸のコロマンタン、アボメーのアラダ、などと記録されていた[20]。植民地では奴隷の死亡率が出生率を恒常的に上回

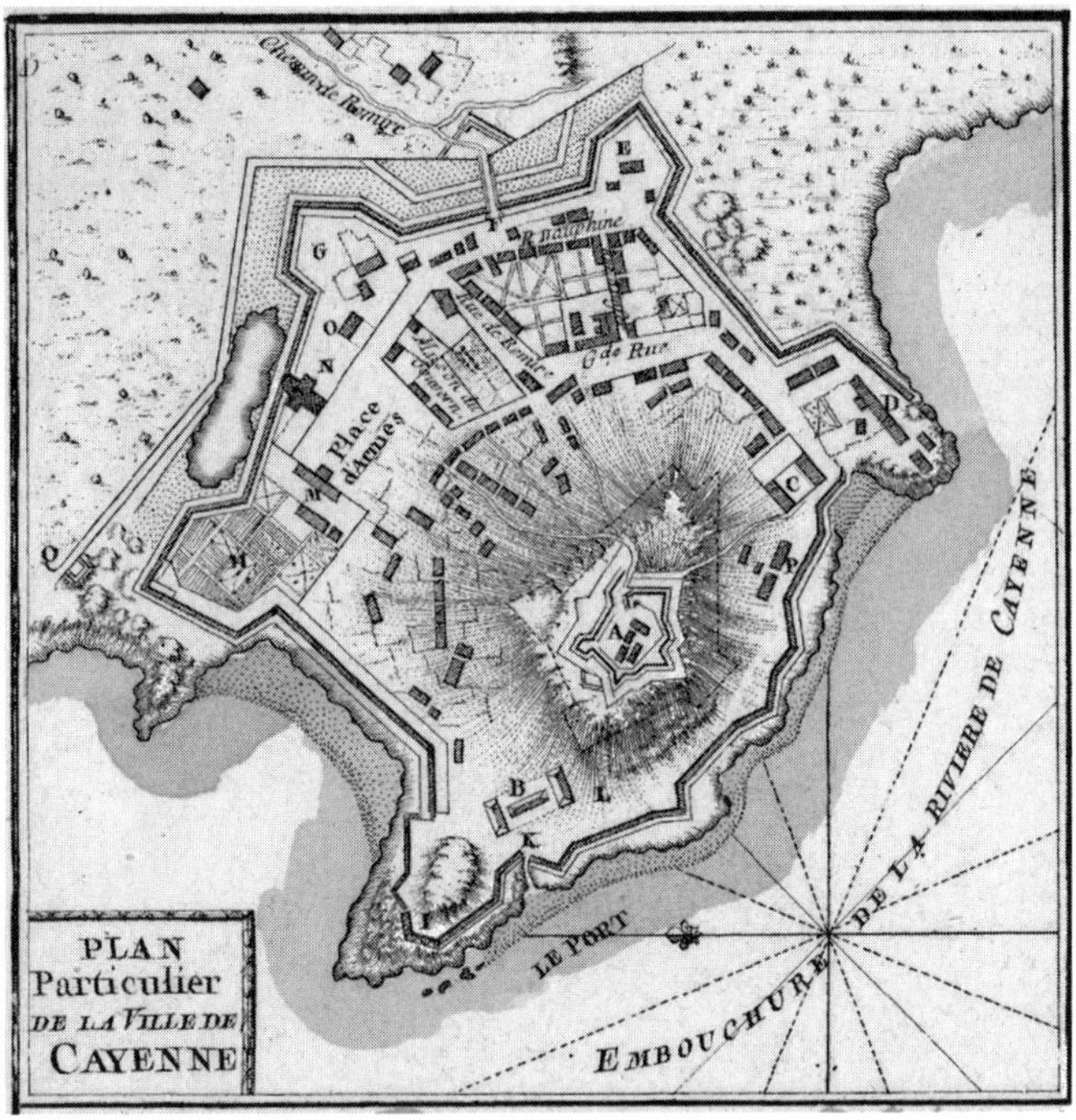

図1　18世紀後半のカイエンヌ

っており、まして辺境の植民地ギアナでは奴隷は不足がちで、搾取される奴隷たちの境遇は過酷なものとなった[21]。

対照的に、白人の人口は停滞した。入植が推進されなかったというわけではない。なかでも有名なのが、イギリスとの七年戦争（一七五六―一七六三年）でフランスが北米植民地を喪失したあとにおこなわれた入植である。一万を超える人々を一度に送り込むという例のないこころみは大失敗に終わり、半数以上が数年のうちに風土病などで死亡し、残りのほとんどが退却した。ギアナの白人人口は一八世紀末以降に漸減し、一九世紀前半になっても一〇〇〇人程度にとどまっていた。

有色自由人とは何か

植民地の住民のなかには、白人と黒人だけでなく、有色自由人と呼ばれる身分の人々がいた。その名が示しているように、非白人の血を引く肌の色をもち、奴隷とは違うさまざまな権利をもつ集団である。有色自由人のなかでカリブ系の子孫は非常に少なく、ほとんどがアフリカ系の血を引く人々だった。ギアナでこの身分をもつ人々は、一八世紀初頭には数十人にすぎなかったが、一九世紀に一五〇〇人を超え、白人を上回る数となる。このあと述べるように、本書の主人公も、有色自由人の身分に生まれた一人であった。

白人と黒人のあいだに生まれた子の境遇というと、いわゆるワンドロップ・ルール（世代をさかのぼって一人でも黒人の先祖をもつ人は黒人であるとする考え方）を思い浮かべる読者もいるだろう。だが、白人と黒人という範疇のどちらかに人を分ける二元論が徹底されたのは、北米の英領植民地とアメリカ合衆国に独特の歴史であった。環カリブ海における混血者の位置づけははるかにあいまいで、仏領、英領、スペイン領いずれにおいても、白人でも黒人でもない身分が広く認められていた[22]。

仏領のなかでも早くから入植がすすんだサン・ドマングやグアドループでは、白人男性がカリブ人やアフリカ人の女性たちを伴侶とした例が少なくなかった。内縁関係ではなく正式な結婚も可能で、白人女性と「有色人」男性の婚姻も皆無ではなかった。生まれた子には、多くの場合、白人としての権利があたえられた[23]。一六八五年の王令集（「黒人法典」）は、そうした実態を追認し、主人と結婚した奴隷、内縁関係から生まれた子、また、主人の存命中の意思または遺言によって奴隷身分から解放された者などが自由人の身分を得ると定めた(24)。

さまざまな方法で奴隷身分から解放された混血者はしだいに増加した。植民地に何世代も住みつづける「白人」プランテーション経営者のなかには、じっさいには「黒人」の血を引く者が少なくなかった。だが、そうした家系の記憶はおそらく意図的に忘却されていった。そして時代が下るにつれて、肌の色にもとづく階層差別もしだいに強まっていく。一七世紀の終わり頃から、内縁関係から生まれた混血児については解放の手続がないかぎり奴隷としてあつかわれるようになった。一方では一八世紀をつうじて、自由人の身分を有してはいても肌の色によって権利の制限を受ける人々が、「有色自由人」あるいは、「自由有色人」という別個の身分とされる慣習が確立されていった(25)。

肌色の階層

有色自由人のなかには、奴隷と同様の苦役に従事する人もいれば、男女にかかわらず小規模とはいえ土地を所有して農業をいとなむ人々や、商人や職人として自立する人々もいた。一八世紀の後半には、カリブ海の仏領の自由人の一割から三割が、有色自由人であったと考えられている。ギアナではその比率はさらに高く、一九世紀初頭に白人人口を上回った。

解放された奴隷の多くは、主人との内縁関係や血縁関係があった。そのほかには、軍役によって自由人となったり、みずから財産をつくって自由人としての身分を買い取ったりした例もあった。有色自由人の増加は、入植者たちと本国の政府双方の懸念をまねいた。植民地の白人たちは混血者によってみずからの特権的立場がおびやかされることを恐れ、本国政府は、白人と有色自由人の団結を危惧した。

カイエンヌでは、一七四二年に白人と非白人の結婚が禁止された。カリブ海の仏領をみわたしてみても、奴隷解放の手続はしだいに複雑化し、高額の手続料が必要とされるようになっていった。一八世紀をつうじて、有色自由人の日常生活にかかわる禁止事項も増えていった。主人と同じ姓を名乗ること、医業につくこと、帯剣、フリーメイソン会所への入館、敬称の使用などである(26)。禁令の増加は、心性の変化ともむすびついていた。それを象徴するかのように、先祖の何分の一が黒人であるかによって有色人を細かに呼び分ける風習も生まれた。いわば、肌色の階層の出現である。

ところでギアナの有色自由人のなかには、西アフリカのセネガルから直接に移住してきた人々もいた。セネガルの大西洋岸にはフランスの商業拠点が複数あり、そのひとつゴレでは現地人、多くは混血住民の一部が王の臣民として処遇されていた。単純にいえば、自由なフランス人とほぼ同様の権利をあたえられていた。七年戦争（一七五六―一七六三年）の時期にセネガルがイギリスに占領されると、そうした住民の一部が行政官のとりはからいによってギアナに移住した。この移住の前後の統計を比較すると、数十人しかいなかったギアナの有色自由人の人数は約三倍に増加している。

ゴレからギアナに移住した人々は、アフリカにいた頃と同じように、王の臣民としての処遇をもとめた。彼らの請願に対して、フランスの当局者の意見は分かれた。アフリカ系住民を差別する根拠は、奴隷の血をひいているという血統なのか、肌が黒いという身体的特徴なのか。さまざまな議論のすえに本国からしめされた見解は、ゴレに居住していたときから自由人の身分をもっていた移住者については、彼らの肌が黒いということをもって臣民としての権利をとりあげることはできないというものだった[27]。

この一件は、有色自由人という身分のあいまいさと、ギアナとセネガルの特殊な関係をよくあらわしている。一七七〇年代に設置された特権商事会社は、ギアナへの奴隷供給のためにゴレとセネガル沿岸での奴隷購入の独占権をあたえられていた。そうした密接な関係が、ゴレの有色自由人の移住とかれらに対する例外的なとりあつかいにつながったと考えられる。本国においても身分制が残る一八世紀に、本国出身のフランス人と同様の権利を要求した人々が有色自由人の多くを占めていたことは、ギアナに固有の事情である。

ギアナとフランス革命

ヨーロッパ史の通念にしたがえば、一八世紀は啓蒙の世紀である。思想のうえでは自然法と人の自由、平等、寛容が重んじられ、社会の実態をみれば身分的な階層がしだいにゆるやかになり、流動性が高まったとされる時代である。だが、植民地を中心において時代を眺めてみれば、一八世紀をつうじて奴隷と有色自由人に対する差別はむしろ強まり、世紀末にかけてさらに激しくなっていった。啓蒙思想家たちは、奴隷制一般についてしばしば否定的な意見を述べたが、黒人奴隷制にもとづく植民地体制の廃止を主張することはほとんどなかった[28]。

そうした歴史の流れをふまえると、一七八九年に始まったフランス革命は、植民地において本国とは異なる意味をもったことがわかる。人の平等という原則は、非白人にもあてはまるのか。パリに集う革命家たちの見方はさまざまであった。彼らは人の権利の普遍性を論じたが、同じ原則が奴隷に適用されるべきだと決断した者は少なかった。おもな論題となったのは有色自由人の法的平等であり、この点でも意見は分かれた(29)。

一方で、本国における動乱の知らせは、植民地にも反響をひきおこした。革命は、白人だけの政治体験ではない。最大の仏領サン・ドマングでは奴隷と有色人が蜂起し、一〇年以上にわたる闘争の末に、ハイチ共和国として独立を宣言する（一八〇四年）。ギアナでも奴隷蜂起が起きたが、独立をめざすまではいたらない。一七九四年に本国で奴隷制の廃止が決議されると、知らせはギアナで大きな騒乱をひきおこすことなく迎えられた。同年、あらたに市民としての資格を得た元奴隷と有色自由人は、地域代表を選ぶ植民地評議会の選挙に参加し、九人の白人と二人の有色自由人、一人の元奴隷を選出した。男性にかぎられていたとはいえ、元奴隷と有色自由人が普通選挙権を行使した。これは、カリブ海の仏領のなかでもめずらしい出来事である(30)。

一七九九年に権力の座についたナポレオンは、一面において革命の成果を継承し、他面においてそれを否定した。奴隷制の復活は後者の側面を象徴する。一八〇二年に決定された奴隷制の復活は、現地ではマルセイユ出身の入植者ヴィクトル・ユグのもとで実施された。ユグは、一七九四年にグアドループでの奴隷制廃止を実施した行政官であった。廃止といっても、その実態は隷属の終わりとはほど遠い。自由を獲得したはずの元奴隷たちは、農園からの移動を禁止された労働者として使役された。このグアドループの方式が、ギアナにもちこまれた。法律の側面からみても、植民地に訪れたのは復古であった。一六八五年の黒人法典がふたたび参照されるようになり、一七八九年以前の刑罰が復

図2　スリナムの奴隷市場（1830年代）

活した。約一万人の人々がふたたび奴隷身分に落とされ、約五〇〇〇人の有色自由人が権利を制限されるようになった。いったん平等という思想を知り、政治への参加を体験した人々が、ふたたび抑圧のもとにおかれた。

ナポレオン戦争中の一八〇九年、カイエンヌはブラジル側からやってきたポルトガル軍に占領される。ユグをはじめ入植者の一部が退去したが、大多数は残留を選んだ。彼らが期待したとおり占領は短期間で終わり、一八一七年にギアナはフランスの支配下に戻った。支配者の交代はあっても、入植地の社会構造がゆらぐことはなかった。近代の訪れは、不自由から自由へ、不平等から平等へという一方向な変化とはかぎらない。一八世紀から一九世紀にかけてのヨーロッパ大陸において人の平等という思想がしだいに大きな意味をもつようになっていった一方で、同じ時代の植民地では、肌の色であらわされる生まれの違いが、階層化された差別として強化されていった。

4　トマ＝ユルバンの生い立ち

ユルバン・ブリュとアポリーヌ

ここまで述べてきた仏領ギアナの歴史を、本書の主人公であるユルバンがどこまで知っていたのかはわからない。ギアナですごした幼少期に、土地の歴史ということを考えることは少なかったかもしれない。自伝（序章で紹介した「自叙」と「年譜」）をはじめとする著述のなかでも、生地への言及は少ない。だが植民地の有色自由人としての生まれは、彼の人生を最後まで縛ることになる。

ユルバンの自伝によれば、父の名はユルバン・ブリュといい、フランス南部の港ラ・シオタから来た商人であった[31]。南フランスには古くから海上交易で栄えた大都市マルセイユがあり、周辺の都市をしたがえて商業界を形成してきた。ラ・シオタは、そうした衛星都市のひとつである。この港からは、一七世紀から一八世紀にかけてアフリカ探検と貿易で名を馳せたアンドレ・ブリュという人物が出ている[32]。セネガルで活躍したアンドレ・ブリュと、カリブ海にむかったユルバン・ブリュのつながりは不明であるが、二人のあいだに遠い親戚関係があったとしても不思議ではない。

ユルバン・ブリュは貿易商人の家に生まれた。父の代から海運にかかわり、姉妹の嫁ぎ先も商人の家である。彼自身はフランス国内で結婚して長女をもうけたあと、一八〇二年頃に単身カイエンヌに赴いた。はじめはマルセイユの商事会社の外務員として働き、のちにプランテーション経営もおこなうようになったと考えられている。(33) 一八二〇年代にはギアナの法廷顧問官という役職についていた記録がある。(34) 小さな町のこととはいえ、地元名士の一人といってよい。右に記したポルトガル占領のあいだも、ギアナにとどまって事業をつづけたらしい。

ギアナ滞在中のブリュは、現地の女性と内縁関係を結んだ。相手の女性の名はアポリーヌという。身分登記簿によれば、アポリーヌは一七八三年に生まれ、生後六ヶ月のときに母とともに奴隷の身分から解放された女性であった。母と幼い子供が同時に解放されていることから、奴隷所有者であった男性がアポリーヌの血縁上の父と推定される。そしてアポリーヌの生母も、ヨーロッパ人を父としていたらしい。「年譜」にもちいられた表現を借りれば、アポリーヌは「カルテロン」(四分の一の黒人)であった。

この二人のあいだに生まれたのが、本書の主人公である。八分の一分の黒人の血をひく有色自由人ということになる。身分登記簿には、出生日は一八一二年一二月三一日、名はトマ＝ユルバンと記載された。私生子として届けられたので父親の記載はなく、姓に代えて、便宜的に母の名アポリーヌがあてられた。アポリーヌは出生時に奴隷であったため、登記上の姓をもっていなかったのである。(35)

アポリーヌは、トマ＝ユルバン以外にも多くの子を生んだ。自伝に記された兄弟の名は六人。アメリカ合衆国に渡った長兄アレクサンドル、カイエンヌで家族をもつことになる長姉アルマイド、夭折した次姉ルイーズと次兄エティエンヌ、そして弟オヴィドと妹リズ。子供たちは父から法的な認知を与えられなかったが、カイエンヌで一家として居を構え、周囲からユルバン・ブリュの正統な子として受け入れられていたという。(36)

兄弟のなかで、本書の主人公だけが父の名を一部にふくむ名をあたえられた理由はわからない。後述するように、兄弟姉妹のうち年少の四人だけがフランスに送られていることから、それより上の子たちは別の男性を父親としていたのかもしれない(37)。トマ＝ユルバンがブリュにとってはじめての男子だったと仮定すれば、その命名も合点がいく。その後の事情はややこみいっているのだが、「年譜」には、ルバン・アポリーヌはやがて、名をトマ、姓としてユルバンを名乗ることになった。トマ＝ユその経緯がつぎのように記されている。

彼が八歳のとき、父ブリュはカイエンヌを引き払って帰国し、それと前後して四人の子供たちがフランスに送られた。数年前からフランス政府が奴隷貿易の停止を決めていたことが事業の転換を決断させたことは想像に難くない。一八一八年に有色自由人の本国への渡航制限が緩和されたことも、父親の決定を後押ししただろう。主人公はマルセイユで寄宿学校に入学し、そのとき、二語を連ねたトマ＝ユルバンという名が、名はトマ、姓はユルバンと分けられて通名になった。そして、一緒に渡仏した姉妹と弟も、兄にならってユルバンを名乗るようになったという(38)。

寄宿生トマ・ユルバン

ここからしばらく、トマという名で主人公のことを呼ぶことにしよう。変名の裏づけとするためであろうか、父はフランス渡航に際して、偽造の出生証明書を子供たちにあたえていた。そこには、船大工ジャン＝バティスト・ユルバンなる架空の男性を父、アポリーヌを母とする嫡出子という内容が記されていたという。父はこの書類をフランス本国にいるときにだけ慎重に利用するように指示し、のちに廃棄を命じた。トマは偽造の証書を、後述するエジプト行きの直前に手放したと自伝に記している。こうして、アポリーヌという公文書の「姓」は晩年まで彼につきまとうことになった。それが彼の「悲しい出生の結果」であった。(39)

トマはマルセイユで寄宿学校にはいり、数年後には学校教師のもとに下宿しながらリセ（高校）に通うようになった。姉と妹は手に職を付けるために別の家に預けられた。父とのあいだで交わされた書簡からは、子供たちに教育を与えることが母アポリーヌの強い希望であったことがうかがえる。父親ブリュは、マルセイユから二〇キロほど離れた出身地、ラ・シオタに嫡出の娘と居を構えて事業を続けた。私生子たちのもとには年に一、二度訪れる程度だったという。

人口一〇万を超えるフランス有数の大都市マルセイユは、西側を地中海に、残りの三方を山に囲まれた坂の街である。港を望むゆるやかな斜面に建つリセは、初等教育もまだ普及していない時代にあって、選良の養成を期待された教育機関であった。マルセイユに一校しか開校されていないリセで学ぶことは、大商人の嫡子としても十分な学歴である。(40)弟オヴィドが初等教育を終えたあとすぐに仕事に出されていることからみても、トマは父親からも格別な期待をかけられていたらしい。

当時マルセイユは、新たな発展の時代をむかえつつあった。フランス革命の時代に貿易独占制度が廃止され、ナポレオン戦争期に一度は衰退した地中海貿易が復興する。「東方への門戸」の性格を強めていく港町には、ギリシアをはじめとする外国系の商人がつぎつぎと移住し、都市社会のエリートとして地歩を築いていった。(41)そうした有力者たちは子弟の教育にも熱心であった。当時の教育現場では、多少の誇張を交えて、リセの寄宿生の大半がコルシカ人とギリシア人とイタリア人で占められているといわれた[42]。顔立ちも母語もさまざまな生徒たちが集まる学び舎は、トマにどのような経験をもたらしただろう。彼は植民地生まれの白人を意味する「クレオール」の子として入学した。肌色の階層が決定的な意味をもつギアナとは異なる生き方を知ったことは想像に難くない。ちなみにマルセイユのリセでは、当時のフランスにはめずらしくアラビア語の授業がおこなわれていたが[43]、トマがそうした教育にふれたかどうかはわからない。

トマは、ブリュの家名を名乗ることも親戚との交際も禁じられた。父親は、煙管商ブランという知人を子供たちの庇護者として指名し、第二の父として頼るように命じた。ブランは、トマに医学を志すように勧めた。しかし、トマが一五歳のときにブランが亡くなり、リセでの勉学と医学の道はあきらめることになった。仲立ちをうしなった父ユルバン・ブリュは、私生子の養育を重荷と感じるようになったらしい。一八三〇年七月にパリの政府が転覆し、事業の見通しに影を落とした。父に説き伏せられたトマと姉、妹、弟の四人は、一八三〇年一一月にマルセイユを出立した。

5　帰郷と旅立ち

喜びと失望

兄弟姉妹は地中海の乾いた空気をあとにして、熱帯の湿気につつまれた南米に渡った。カイエンヌ到着は一八三一年一月。二ヶ月の船旅のあいだに、トマは一八歳になっていた。

約一〇年ぶりの帰郷について、晩年のユルバンは二通りの印象を記している。息子に宛てた「自叙」の該当部分は、「私はすぐにつらい失望を感じた。母は私たちが一度に戻ってきたことに心から困惑していた」という一節で始まり、父名義の債権を回収できずに経済的にも困窮したという説明のあとに、カイエンヌ滞在は「幻滅だらけで、母の愛を励みにすることもできず、マルセイユに戻ろうと望むようになって一八三一年四月末に出発した」と簡潔に締めくくられる(44)。一方、友人デシュタルの求めで書かれた回想録「年譜」の印象はまったく異なる。

生誕の地を再訪してクレオール風の家族生活に身をゆだねることは、いうまでもなく大きな喜びだった。祖母のもとにいた奴隷女が、大きな森のなかで初めての愛の陶酔を教えてくれた。叔父パワー氏のプランテーションを訪問するとたくさんの奴隷たちが働いていて、すべてが私の精神と心に心地よかった。しかしまもなく、この夢の世界から降りてこなければならなかった(45)。

「年譜」の語り手は、プランテーション経営者の視線で奴隷制を肯定する。そして、ギアナを離れてフランスに戻ったのはもっぱら経済的理由のためと説明する。しかしじっさいにユルバンを落胆させたのは、おそらく、肌の色による差別であった。成人といえる年齢に達した彼は、どのような社会をみたのか。ユルバンの寡黙をおぎなうために、同時代人の記述を参照しよう。

この時期のギアナを訪れた旅行者のなかに、ロール・ベルナールというフランス人女性がいる。ベルナールは、やはりフランス出身の修道女アンヌ゠マリ・ジャヴエの事業を支援していた縁でこの地を訪れた。ジャヴエは、黒人たちが自立して暮らす開拓村の建設をこころみていた。その業績は、黒人奴隷の境遇に冷淡であったといわれる当時のカトリック教会にあって、先駆的なものとして記憶される(46)。

当時のギアナは、遅ればせの砂糖ブームのさなかにあった。カイエンヌ周辺では一八一六年から一八三〇年のあいだにサトウキビの作付面積が三倍に増え、蒸気力の精糖機械がイギリスとアメリカからつぎつぎと輸入され、将来の増産に備えていた(47)。だが未来を先取りして述べれば、発展は長くはつづかない。ヨーロッパでは、一方で奴隷制廃止運動がしだいに高まりをみせ、他方で甜菜糖の普及がサトウキビ生産の脅威となりはじめていた。

いわば黄昏の繁栄を謳歌していたギアナについて、ベルナールは社会の明暗をはっきりと描いている。入植者たちの優雅な暮らしと、奴隷の惨状である。著者はまず、「農場主たちは、賢明なヨーロッパ人、人間性にあふれた主人として、魅力的な住まいを築き、奴隷の境遇を改善することに心を砕いてきた」と入植者への配慮をつづる。その一方で、ベルナールは、「身の回りで鞭の音が響くたびに漏れるくぐもった声」を耳にして、奴隷の虐待に憤慨する。彼女は「肌の色による偏見の根強さ」を強調し、黒人と有色人の教化と境遇改善は長い時間のなかでゆっくりと進められるべきだと主張した。有色自由人にふれたのは、以下の一節である。

最近フランスで知られたように、市民としてどのような権利をとくに得たいかと問われた有色人《ミュラートル》たちは、まず白人たちが自分たちに敬称《ムッシュ》をつけて呼びかけること、総督が宴会に彼らを招待し、特権階級の晩餐に同席させることを強いてほしいと要求した(48)。

ベルナールはこの挿話を、有色自由人が権利というものを浅薄にしかとらえていないこと、つまり彼らの無知の証としてとりあげている。有色人の教化には長い時間が必要で、即座に市民としての権利を付与することはできないという意見である。漸進的な改革という主張のなかにある差別的まなざしにとりたてて珍しさはないが、興味深いのは、被差別者の関心事は抽象的な権利よりも、呼びかけ方や食事の席を共にするといった日常的な出来事にあったという記述である。

父との文通、母の家族

ギアナに帰ったトマ・ユルバンは、有色自由人としての日常を再発見した。いやむしろ、成人に達した目ではじめて観察したといった方がよいかもしれない。ユルバンは、人の平等という思想を知っている。植民地の人々もその思想を知らぬではないが、実情として強固な差別がある。しかも彼は、さまざまな出身の人々が集う地中海の海港で少年期をすごした。肌の色によって垂直に階層化されたカリブ海の植民地にふたたび投げ込まれた衝撃は、いかほどであったか。当時の書簡のやりとりには、息子が失意のなかにあることを知り、慰めようとする父のことばが残る。

お前が故郷の様子にすこしも落胆したりすることなく、すぐに慣れたという知らせが届くのを待っている。フランスで物事の新しい秩序が定まれば、植民地の法律も変わるだろう。植民地でもすべての階級の住人たちがフランス市民として市民権を享受するようになるだろう。ゆっくりとであっても、自由人と奴隷という区別以外は無くなり、古い偏見は消え、評価されるべきことが評価され、感心なふるまいが重んじられるようになっていくはずだ。(49)

父は肌の色による差別があることを認めつつ、有色自由人と白人との差は薄れていくだろうと希望を述べる。しかしじっさいには、差別は容易に解消されない。書簡の送り手も受け取り手も、そのことを悟っていたにちがいない。

息子の落胆には、経済的な理由もあった。父から聞かされていた、親族に対する債権を回収することができなかったのである。父は息子に対してギアナでみずから身を立てるように書き送ったが、息子はそれを無視して、ふたたびマルセイユをめざす。そして二度と生地に戻ることはなかった。

旅立ちには、もうひとつの事情があった。すでに「自叙」の記述を紹介したように、母アポリーヌは、トマの帰郷を歓迎しなかった。(50)その理由について、自伝は多くを語らない。当時アポリーヌは、母と妹、つまりユルバンにとっての祖母と叔母と世帯をかまえ、叔母の伴侶であるイギリス人男性とともにプランテーションを経営していた。(51)それなりの資力をもっていたはずの母は、なぜ彼を受け入れなかったのだろう。

そもそも植民地の有色人女性たちは、白人男性につき従う弱者とはかぎらない。貧しい生活を送る女性が多かった一方で、一部には共同経営者としてプランテーションを管理したり、独立した事業者となったりする例もあった。かたや植民地の白人男性たちは、流れ者であり、いわば客分である。見方をかえれば、女性たちこそがその土地に根づいて生きる主人であった。(52)アポリーヌとその家族にとって、おそらく、ユルバン・ブリュとの世帯はすでに解消されたものであった。とすれば、いったん送り出した男子の受け入れに消極的であったとしても不自然ではない。じっさい自伝には、トマと一緒に帰った妹二人はギアナに残り、弟オヴィドは水兵になって数年後にギアナを離れたとある。長兄アレクサンドルも、ほどなく自立してみずから事業を興した(53)。

サン＝シモン主義との出会い

一八三一年七月、父からの手紙と入れ違いに、トマ・ユルバンはマルセイユに戻った。煙管商ブランの遺族から援助を受け、父にあっせんされた石鹼商の見習いなどの仕事についたが、働きは芳しくなかったようである。トマは、この年の暮れから翌年はじめ頃に、リセの友人に紹介されてサン＝シモン主義の思想を知った。そして、パリにいる運動の指導者たちに会うことを熱望するようになった。そこで彼は、二〇歳で受け取る約束だった財産贈与の前払いを父に頼み込み、その一部を受け取って旅費にあてることにした。友人とともにパリに出立したのは、一八三二年春である(54)。歴史にもしもはないと言うが、かりにトマがパリに向かうことがなければ、そして、一九世紀フランスの思想と社会にさまざまな影響を残したサン＝シモン主義運動の指導者たちと出会うことがなければ、彼の人生はまったく異なったものになっていただろう。パリでの出会いに導かれ、トマ・ユルバンはやがてエジプトへ、そしてアルジェリアへと旅立つことになる。

サン＝シモン主義とは、その名のとおりサン＝シモン（一七六〇―一八二五）という人物を創始者と仰ぐ思想運動で、トマがそれを知ったときにはすでに後継者の時代にはいっていた。晩年に書かれた自伝では、人は生まれにかかわらず才能と実績のみによって評価されるべきだとする思想に共感したことがつぎのように説明されている。

> 私は商売には向いていないと日々感じるようになっていたが、サン＝シモン主義者の著作を読み、心から惹きつけられたのだった。各人にその才に応じて、その才には各人の働きに応じて。出生の特権が刻み込まれた社会で不遇をかこつ者にとって、これ以上に熱狂をかきたてるものはない[55]。

傍点部（原文では斜体で記されている）は、サン＝シモン主義の機関紙『地球《ル・グローブ》』が掲げていた標語である。さかのぼればこの標語は、サン＝シモン主義思想の解説書として編纂された本の、つぎの一節からとられたものだった。

> 理論家たちは、息子はつねに父の遺産を受け継いできたという。異教徒たちであれば、自由人はつねに奴隷を所有してきた、というだろう。しかし人の未来は言明された。キリストは奴隷制は滅びよと言った。サン＝シモンは、各人にその才に応じて、その才には各人の働きに応じて、遺産は滅びよ、と言った[56]。

サン＝シモン主義に傾倒する青年トマ・ユルバンは、おそらくこの書物も手にとっていたはずである。もしそうだとしたら、有色自由人として奴隷所有者の側に立ち、私生子として父の財産から遠ざけられていた彼は、複雑な思いを抱いたのではないか。だがトマがサン゠シモン主義の指導者にあてた手紙は、思想への共鳴を熱情的に訴えるばかりで、自身のなかにあるはずの矛盾にふれない。その情熱と屈折を考えるためには、この思想運動が生まれた背景をふりかえる必要がある。

第2章　サン＝シモン主義の夢――パリ、一八三二年

1　転換期のフランス

パリ、メニルモンタン街

一八三二年五月、ユルバンはパリに到着した。当時の人口は七〇万を超え、国内外からの移住者も多い。セーヌ県知事オスマンによる大規模な都市改造がはじまる二〇年ほど前のことである。首都にはまだ近世の面影が強く残っていた(1)。新しい街区の開発が進む一方で、市内には細かい街路が入り組み、周囲は一八世紀に築かれた壁に囲まれている。市壁の北東、農村から郊外へと姿を変えつつある一角に、サン＝シモン主義者たちが隠棲する屋敷があった。急峻な坂をのぼった丘の上、市街をみおろすメニルモンタン通りに建つ屋敷をユルバンが訪ね、新人として住み込むことを許されたのは七月のことである(2)。

その前々年、パリで起きた反政府騒擾をきっかけとしてブルボン家の王が退位し、フランスの王位は分家筋にあたるオルレアン家へと移っていた。七月革命として知られる政変である。王朝交代のあとも民衆の不満はくすぶり、大小の騒乱がつづいた。ユルバンのパリ到着からまもない六月には、小

説『レ・ミゼラブル』のクライマックスで描かれた蜂起が起きている。バリケードを築いた民衆は苛烈な弾圧を受け、多くの血が流された。しかしユルバンは自伝のなかで、六月の蜂起の頃には政治に関心がなかったとして、つぎのように述べる。

私はサン＝シモン主義の信仰にすっかり没頭していた。まだ二〇歳にもなっていなかった私の意見は、印象と感情に左右され、理性よりも心で考えていた。新参のサン＝シモン主義者のなかでも、私の信仰の純粋さは際立っていた(3)。

サン＝シモン主義は、この時代にフランスで流行していた改革思想の一つである。一般には、初期社会主義思想のひとつとして知られているが、この運動にはそうした要約におさまりきらない広がりがあった。宗教運動としての側面はそのひとつである。ユルバンがこの運動に参加した頃、創始者サン＝シモンはすでに亡くなり、後継者たちが「サン＝シモン教」という宗教を名乗って伝道をおこなっていた。引用のなかでユルバンが「信仰」ということばをもちいているのは、そのためである。

ヨーロッパの一九世紀は、一面において産業と科学の世紀であり、他面において霊性と宗教の世紀であった。サン＝シモンとサン＝シモン主義者たちは、この一見矛盾する両面を結びつけた(4)。「サン＝シモン教」を奉じる後継者たちは、新しい指導者アンファンタンのもとで探求をつづけ、ヨーロッパとその外部の関係についても、独特の展望をもつようになっていった。そのひとつが、地中海における東洋と西洋の交わりという主張である。めまぐるしく変化する思想運動のなかで、周縁者としてのユルバンはいかなる居場所をみつけることになったのか。以下では、ユルバンがこの思想と出会う以前にさかのぼって、創始者サン＝シモンの思想が後継者へと引きつがれていく数年間をたどる。

訪れようとしない近代

一九世紀前半のフランスは、革命とナポレオン戦争の大変動をへて、議会王政のもとで新たな時代をむかえていた。ナポレオンの退位後、一八一四年にルイ一八世として即位したのは、革命期に処刑されたルイ一六世の弟であった。この体制は王政復古と呼ばれるが、じっさいには立憲王政、代議制、法の下の平等など、革命の時代にあらわれたさまざまな原則が受け継がれた。そのため一九世紀以降の時代は、歴史家から近代と呼び慣わされてきた(5)。

ただしこの時期のフランスに、近代社会という理念型にあてはまるような実態がすでにあった、というわけではない。典型的な近代社会とはどのような特徴をもつ社会かといえば、さしあたり、以下のように説明してよいだろう。第一に、経済の面では資本主義が支配的となり、工業化と都市化が進展する。第二に、自由で平等な個人が社会を構成するという原則が確立する。これは、近代以前には特定の身分や職能団体などに属していることが決定的な意味をもっていたこととは対照的である。第三に、社会の構成員（市民）の意思を政治に反映させるために、立憲制と議会政治が定着する。それとあいまって、身分の壁をこえて国民としての連帯意識が強まり、国民国家が成立する。第四に、思想の面で宗教が後退し、科学的合理主義と進歩主義が優勢となる(6)。

このように整理してみると、一九世紀前半のフランスにじっさいにあてはまる特徴は少ない。農業を中心とした経済の仕組みは、地域差はあるにせよ、一八世紀とさほど変わらぬ構造が一八五〇年代頃まで存続した。身分制はなくなり階級間の流動性はたしかに高まっていたが、階層の平準化が実現したわけではない。社会の上層には「名望家」とよばれるエリート層（貴族、地主、事業家、知的専門家など）がいた。圧倒的に男性からなるエリートたちは、首都と地方の社交界で結びつきをもち、政治的、文化的な支配力を一九世紀後半まで維持しつづけた。(7)

人の地位が生まれによってではなく能力によって決まるようになったと単純にいいきることもできない。一八世紀以前から、フランスの貴族層にはさまざまな功績をあげた人々が授爵や婚姻をつうじて合流していた。革命後になっても、社会の上層にいる人々にとって家柄はおおきな意味をもっていた。政治制度の面では、王政復古の体制は国民主権の原則を認めていない。一八三〇年の政変後の七月王政とよばれる体制のもとでは、ルイ＝フィリップが「国民の王」を称し、議会が重視されるようになった。とはいえ、一八三〇年代になっても議会の選挙権をもっていた有権者は国民一七〇人に一人の割合にすぎない。

つまり一八三〇年の時点でそれまでの半世紀をふりかえるとすれば、格差を打ち壊そうとする運動に対して、階層的な秩序がその強固さをみせつけた時代であったということができる。これはフランスにかぎられたことではなく、他のヨーロッパ諸国にも共通する状況であった。(8)一九世紀前半に生きた人々の視線に立ってみれば、自由と平等なるものは、建前にすぎない。スタンダールの小説『赤と黒』（一八三〇年）から、主人公の述懐を引用しよう。

自然法などというものは存在しない。……法規が生まれる以前に存する自然なものといったら、ライオンの力とか、あるいは腹が減ったり寒さに震えているもののやむにやまれぬ必要、つまり一言で言えば必要だけだ。[9]

人は生まれながらに同じ権利を有しているという思想への疑問である。一方には平等という理想があり、他方には不平等な現実がある。社会には、反抗を吸収できるような仕組みがはりめぐらされている。トクヴィルは『アメリカのデモクラシー』（一八三五—一八四〇年）において、平等へとむかうことが人類史の傾向であると論じた。[10]この時期に大局を見通したところに思想家の炯眼があらわれている。だがそれは、現実の不平等が消えたということではない。平等を求める想像力と、現実とのへだたりが問題となる、それが近代という時代の特徴だった。[11]

理念と現実とのへだたりは、宗教にもみられる。近代とは宗教がしだいに後退していく時代であると説明されることが多い。しかし一方で、一九世紀前半のフランスでは、「霊的な力のめざめの時代」と呼ばれるほどの信仰心の高まりがみられた。この時代のフランスに生きた人々は、宗教を批判すればするほどその必要性を認識するという逆説のなかにあった。[12]

教会は多方面から非難にさらされている。だが霊的なもの、精神的なものへの希求は弱まってはいない。人々は新しい精神的支柱をもとめた。そこに生じたのが、批評家ベニシューのいう「世俗的な精神的権力」の出現という現象である。芸術家や思想家たちは、俗なるものと聖なるもののあいだに橋を架けて、社会の行く先をしめす一種の「預言者」になろうとした。[13]そのような思潮の担い手として若者たちを熱狂させたのが、サン＝シモンとサン＝シモン主義の思想だった。

2　サン＝シモンからアンファンタンへ

創始者サン＝シモン

通称サン＝シモンことクロード＝アンリ・ドゥ・ルーヴロワ、コント・ド・サン＝シモンは、名門貴族の家系に一七六〇年にパリで生まれた。アメリカ独立戦争に参加し、革命の動乱を経験し、独学で諸学を学び、社会改革の情熱に燃えて数多くの論考を残した。その人柄には崇高さと傲慢さが同居し、真摯かつ荒唐無稽であったと評される。生活はしばしば困窮したが、晩年まで数々の信奉者を集めた(14)。

「思想の産婆役」（ハイエク）、「創始者の創始者」（デュルケム）などと呼ばれるサン＝シモンの思想には、一九世紀を特徴づけるさまざまな知的運動の萌芽がふくまれていた。サン＝シモンといえば「空想的社会主義」という説明が有名だが(15)、彼の思想はそうした形容におさまるものではない。先鞭をつけたとされる分野は、産業社会の構想、社会学と実証主義、ヨーロッパ統合の展望など多岐にわたる(16)。多彩さゆえに体系を欠く思想には、さまざまな着想が混沌としたまま共存していた(17)。

デュルケムによれば、サン＝シモンの思想は時代精神の縮図であった。その彼が、代表作『産業者の教理問答』（一八二三—一八二四年）を上梓したあと最晩年にとりくんだのが、宗教の問題である。最後の著作『新キリスト教』（一八二五年）のなかでサン＝シモンは、産業の発展が弱者の搾取に終わらぬために、宗教がはたすべき役割を論じた。「すべての社会は最も貧しい階級の精神的、物質的生活の改善に努めなければならない、社会はこの大目的を達成するために最も都合がよいように組織されねばならない」。そのために「キリスト教の根本原理をまったく新しい性格をもったものとして再生させる」と著者は述べる。思想遍歴の終着点としてサン＝シモンは、宗教を礎とした社会を展望し、この世を去った[18]。

社会教理と宗教

創始者の思想は、その巨大さゆえに、すべてを引き継ぐ者はあらわれなかった[19]。直接の継承者を名乗るサン＝シモン主義者たちは師の思想の一部を改編し、産業社会を設計するという課題と宗教思想とを融合しようとした。そして数年間の模索と分裂をへて、サン＝シモン主義者たちは一種の新興宗教集団となっていく。

次世代への橋渡し役となったのは、サン＝シモン晩年の側近バンジャマン・オランド＝ロドリーグである。彼の後見のもとで、二人の指導者が台頭した。一人は、理工科学校を中退して実業に従事していたプロスペル・アンファンタン（一七九六—一八六四）。宗教的情熱をかきたてることに長けていた。もう一人は、イタリアのカルボナリとかかわりが深い秘密結社シャルボヌリの幹部という前歴をもつサンタマン・バザール（一七九一—一八三二）。共産主義的な社会改革の理論に強みをもっていた。アンファンタンもバザールも、サン＝シモンから直接に教えを受けたことはなかった[20]。彼らは共同して機関紙『生産者《ル・プロデュクトゥール》』（一八二五—一八二六年）を発行し、サン＝シモンの思想を再解釈する連続講演

図３「父」としてのアンファンタン

会をおこなった。以下は、講演の冒頭の一節である。

われわれの学説は、古代の信仰がその時代を支配した以上に完全に、またカトリシズムが中世を支配した以上に完全に、未来を支配するだろう。その有益な影響が古代の信仰やカトリシズムより力強く、地球上のあらゆる場所に広がることを、われわれは疑わない[21]。

一連の講演は、社会を考えるための新しい教理の必要性を主張し、「サン＝シモンの天才によって啓示された」人類発展の法則、所有権、教育、法を順に論じ、新しい宗教としての教理が必要であるという主張でしめくくられる。弁士たちによれば、科学的で実証的であることと、宗教的であることは両立する。講演の記録は、『サン＝シモンの教理　解説』として出版され、版を重ねた[22]。指導者たちは一八二九年に「教会」を設立する。アンファンタン（図３）とバザールを二人の「父」と称し、キリスト教会を模した位階制がつくられた。中心となる弟子たちは「使徒」を名乗り、さまざまな儀式が発案された。

新しい思想・宗教運動は、多くの青年たちを惹きつけた。信奉者たちは、社会の発展と弱者の救済を両立するという難題に、手早く決定的な答えをあたえられたと感じた。歴史家シャルレティのことばを引用すれば、「サン＝シモン主義者は彼らに、熱狂というこくのある酒を注いだ。彼らの精神に、真理を所有するという高尚な快楽を提供した」[23]。サン＝シモン教は、パリではとくに理工科学校で信者を獲得した。技術者養成を目的とするエリート教育機関の気風と、少数の指導者による社会改革をめざすサン＝シモン主義の教理とが共鳴したためである。地方でも「教会」の説教者によって集会が催された。これが、ユルバンがサン＝シモン主義を知るきっかけとなった。

一八三〇年の政変を改革の好機ととらえたサン＝シモン主義者たちは、あらたに買収した『地球《ル・グローブ》』紙で提言をつづけた。一方で運動の内部では、バザールとアンファンタンの路線対立が激しくなっていった。前者が民衆による闘争を重視したのに対して、後者は政治闘争と距離をとり、世界的な「協同」を展望していた[24]。

アンファンタンとバザールの対立点は、女性の地位をめぐる論争にもあらわれた。アンファンタンは女性の解放を唱え、多くの信者を獲得した。「「すべての男女にとっての神、父、母」という「父」アンファンタンのことばのなかに私たちの宗教的未来を認めたとき、私は目のくらむような感動を覚えた[25]」。これは、女性サン＝シモン主義者の一人シュザンヌ・ヴォワルカンの回想である。運動にくわわった女性たちは、それぞれが固有の前歴と関心をもっていた。はじめに女性を解放してこそ（男性の）労働者も解放されると論じたクレール・デマール、フランス初の女性が発行主体となった新聞

『自由女性』を発行したデジレ・ヴェレとマリ＝レーヌ・ガンドルフ、アンファンタンから組織の幹部に指名され、運動を離れたあとも一九世紀をつうじて息長く言論活動をつづけたウージェニー・ニボワイエなど複数の名が知られる(26)。

だが、結婚制度からの自由や女性預言者の到来を論じるアンファンタンをバザールは受け入れない。アンファンタン一派が倫理的に混乱していると批判したバザール一派は、一八三一年一一月に運動を離脱する。分裂後に「教会」に残った構成員のあいだでは、アンファンタンに対する個人崇拝が高まり、弟子たちは彼を「諸国民のキリスト」とまで呼ぶようになった(27)。

奇妙な思想が若者を惹きつけていることについて、良識的な人々のあいだで批判も少なくなかった。たとえば、自由主義思想の代表者として政界と論壇で重きをなすコンスタンは、サン＝シモン主義者が「産業教皇制」を夢見ていると非難した(28)。

運動の成功は、官憲の警戒もよびおこす。バザールが離脱したとはいえ、革命的政治結社とかさなりあう人脈も残っていた。サン＝シモン主義者は政権転覆の企みを疑われ、一八三二年一月、違法集会というかどで警察から捜索を受ける。「教会」は閉鎖され、アンファンタンは四〇人ほどの弟子を連れてパリ郊外メニルモンタン街の屋敷に隠遁することを宣言した。

メニルモンタン街に集ったのは、めまぐるしい分裂をくりかえしたサン＝シモン主義者たちのなかでもとくに宗教的情熱にかられた信奉者たちだった。結果として数ヶ月に終わった共同生活は、宗教運動としての絶頂期であった。ユルバンはその濃密な時間を共有した。なかでも彼の運命とかかわることになるのが、フランスとヨーロッパという枠を越えた、「東洋と西洋の交わり」という思想である。

3　地中海の東西

ミシェル・シュヴァリエの「地中海体制論」

サン＝シモン主義者たちは、宗教が社会秩序の基礎であるという確信を師から受け継いだが、そこには二つの傾向が共存していた。一つは、宗教を社会にとっての有用性、必要性という点からみる、いわば機能主義的な態度である。バザールがこちらを代表する。第二に、内面からの希求として宗教的なものを求める態度である。その受け皿となったのが、神秘主義に傾きがちなアンファンタンだった。バザールが運動を離脱した直後、一八三一年一一月二七日の集会における講演で、アンファンタンはつぎのように述べる。

> 今日までのサン＝シモン主義は学説であり、われわれは学者であった。われわれは教育した。これからは実践せねばならない。……われわれは礼拝を創設せねばならない[29]。

実践へと進むために、学説から礼拝へ。「われわれは、今や使徒となった」とも述べたアンファンタンは、宗教の語彙をふんだんにもちいて語った。この新方針を理論化していくうえでおおきな役割をはたしたのが、ミシェル・シュヴァリエ（一八〇六―一八七九）である。

陶磁器業の街リモージュで商人の家に生まれたシュヴァリエは、理工科学校を優秀な成績で卒業し、一八二九年頃からサン＝シモン主義思想に傾倒していった。のちに、三五歳でコレージュ・ド・フランスの教授となる俊才である[30]。ナポレオン三世の時代には経済政策のブレーンとなり、一八六〇年の英仏通商条約、別名コブデン＝シュヴァリエ条約成立の立役者となったことで知られる。そのような経歴からは意外に思われるかもしれないが、青年時代のシュヴァリエには熱烈な宗教心に燃えた時期があった[31]。シュヴァリエは、メニルモンタン街の「家族」のなかで、「父」への個人崇拝をおしすすめる旗振り役となった。

シュヴァリエは『地球《ル・グローブ》』紙の編集にかかわり、みずから記事も執筆した。なかでも有名なのが、一八三二年一月から二月にかけて発表された「地中海体制論」と題された一連の論文である。四回に分かれた論考は、大略、以下のような内容であった[32]。

第一回と第二回では、七月革命によって一七八九年の革命の記憶がよびおこされ、戦争の危機がふたたび感じられるようになったという認識がしめされる。シュヴァリエは、ヨーロッパにおいてふたたび戦争が起きるとすれば、自由主義と民主主義が浸透したイギリス、フランスなどの国々と、それらが根づいていないオーストリア、ロシアなどとの戦いになると予告する[33]。問題は、革命の支持者も封建制の支持者も、相手との和解を望まず、意識下で戦争を望んでいることである。

シュヴァリエは、民主主義を広めるのは革命戦争ではないと主張する。これは、バザールの派閥が去ったことをふまえて、政権転覆をめざす勢力と自分たちを差別化するための論法である。そして、戦争の時代の終わりを告げ知らせる存在として、アンファンタンの役割が強調される。アンファンタンの指導下で「産業者」が協同することこそが、平和をもたらす。

第三回の冒頭では、世界に平和をもたらすフランスという主題がもちだされ、話題はヨーロッパにおける闘争から、外の世界とのかかわりへと敷衍される。シュヴァリエによれば、「調停者」としてのフランスは「すべての個人、人種、民族、階級、人間がおしなべて頼り合い、助け合い、結びつくことでそれぞれ固有の法にしたがって成長する」ことを助ける。そして世界全体を「産業の華やかさと、科学の輝きと、芸術の喜びをつうじた普遍的協同へと導く」というのである。

ここでいう世界は、キリスト教徒の世界だけを意味するのではない。シュヴァリエは、アラブ人とオスマン人も進歩を希求していると強調する。その実例として、イスタンブルでフランス語新聞『モニトゥール・オットマン』紙が発行されていることと、エジプトのムハンマド・アリーが産業政策を進めていることが紹介される(34)。

文明化をめぐる異説

こうした主張のすこし後には、「われわれの前に文明を押し広げよう。ヨーロッパはしだいにアジアへと広がっていくだろう」という一節が登場する(35)。これらをつなげて読めば、フランスとヨーロッパが「文明」を代表して他の地域を教え導くという論法、いわゆる「文明化の使命」によって植民地支配を正当化する思想まであと一歩である。それではサン゠シモン主義者たちの「東洋と西洋の交わり」は、植民地主義と同工異曲の文明論といえるだろうか。

文明化の使命という考え方が植民地主義とかさなるのは、「文明」との接触によっても「野蛮」の本質は変化しない、という前提があるからである。そのような前提に立てば、「野蛮」の側を文明化することは究極的には不可能である。文明の側に立つ人々は野蛮を教化すると主張してみせるが、じっさいには、一方が他方を支配することが永遠に正当化される。二〇世紀アルジェリアの詩人アムルーシュが喝破したように、植民地支配者が唱える「同化」とは空約束であり、「永遠に後ずさりしていく地平線」にすぎない(36)。

サン＝シモン主義者たちの「東洋と西洋の交わり」は、たしかにそうした思想とつうじる要素をもっていた。だが、無視できない違いもあった。注目すべきは、彼らがもちいた「交わり《コミュニオン》」ということばである。これは、カトリック教会の全信徒の祈りによる交わりを意味する「聖徒の交わり《コミュニオン》」、あるいは聖体拝領《コミュニオン》といった多様な意味でもちいられる教会用語であった。たんなる対話を越えた、交感や一体性が強調される。用語の文脈をふまえるなら、「交わり」をかたちづくる東洋と西洋のあいだに本質的な優劣はない。

シュヴァリエによれば、地中海において東洋と西洋は、潮の満ち引きのように、たがいに文明の地層を重ねてきた。それは、精神性と官能性の数千年にわたる戦いである。ここに終止符をうつために、東洋と西洋との講和条約がむすばれる(37)。このように述べたあと、つぎの有名な一節が登場する。

地中海は、三〇世紀のあいだ東洋と西洋が戦いつづけてきた闘技場《アリーナ》であり、決闘場であった。これからの地中海は、これまで分断されてきた諸民族が各地で対話する、広大な広場《フォーラム》にならなければならない。地中海は東洋と西洋の婚礼の床となるだろう(38)。

闘技場《アリーナ》から広場《フォーラム》へ。シュヴァリエはこのように述べて、そうした理念を実現するのはコミュニケーションであると主張する。コミュニケーションの基盤となるのは、鉄道、通信、金融である。なかでも彼は鉄道計画に紙幅を割き、スペイン、フランス、イタリアの地中海沿岸の都市を起点としてイギリス、ドイツ、ロシアへ、コンスタンティノープルからイラク、エジプトへ、そして地中海南岸を横断してジブラルタルへ、という壮大な鉄道網の建設を提唱する。シュヴァリエによれば、鉄道の建設費用はヨーロッパ諸国の軍事費を一五年にわたってふりむけることで供出することができる。地中海を中核とする交通網は世界に広がり、やがてはスエズとパナマに二つの運河を開くだろうという展望がしめされる(39)。ちなみにスエズ運河の完成は一八六九年、パナマ運河の完成は一九一四年のことである。

以上が、シュヴァリエが「地中海体制」と呼ぶ未来の見取り図であった。軍事費を鉄道建設にふりむけるという主張が示唆するように、征服は想定されていない。皮肉にも、その後のサン＝シモン主義者たちのなかには軍事力を背景とした異民族支配を支持する人々が多くあらわれるのだが、それについては次章以降で論じる。

東洋と西洋を男女の隠喩によってとらえるシュヴァリエの態度は、サイードのいうオリエンタリズムの典型である。しかしサン＝シモン主義者の論議は、東洋すなわち野蛮という単純な図式をなぞっていたわけではない。以下は、シュヴァリエの論考と同じ時期に述べられた、アンファンタンの弟子タラボのことばである。

アルビ人に平和を！　サラセン人に平和を！　すべての人、すべての民に愛を。いや高く掲げよ、普遍宗教の旗を。きらめきひるがえる長旗を風になびかせよ。その旗尻は遠くローマの円屋根へ、マドリードの尖塔へ、ベルリンとロンドンの鐘楼へ、イスタンブルとアレクサンドリアの光塔《ミナレット》へと届くだろう(40)！

アルビ人とは中世ヨーロッパ最大の異端運動といわれるカタリ派のこと、サラセン人とはイスラーム教徒のことである。誇大な妄想といってしまえばそれまでかもしれない。それにしても、理想に燃える若者たちにとっての「普遍的協同」が、異端、異教徒、少数者へと開かれたものとして意識されていたことは注目に値する。サラセン人にも協同の可能性がひらかれているという主張は、創始者サン＝シモンのなかにもみられたものである(41)。後継者たちはそれを発展させ、少数者への配慮をより前面におしだした。オランド＝ロドリーグや次節で紹介するデシュタルら、ユダヤ人が少なくなかったことも影響をあたえていただろう(42)。こうした傾向は、ユルバンがこの秘教的集団に招き入れられるきっかけともかかわっていた。

4　メニルモンタン街の交わり

「奴隷の子」

あらためて経緯をたどると、ユルバンがサン＝シモン主義運動を知ったのは、一八三一年暮れから一八三二年初頭にかけてのことであったと考えられる。彼とサン＝シモン主義のかかわりを証言する最初の文書は、『地球《ル・グローブ》』紙の編集長シュヴァリエにあてられた一八三二年一月二二日付けの手紙である。

図4　メニルモンタン街の屋敷（19世紀後半）

そのなかでユルバンは、「教理に心から身を捧げ、サン＝シモンと兄弟たちへの信仰のためあらゆる犠牲を捧げる覚悟をもった若者」を名乗る(43)。その一ヶ月後、ユルバンは地元のサン＝シモン主義者の集会で演説をおこなった。演説の草稿は「カイエンヌ出身、トマ・ユルバンの信仰宣言」と題され、サン＝シモンによって啓示された「愛と平和の神」に身をささげる覚悟が述べられる。革命の動乱のなかを走った末に神殿をみるという幻視体験が記され、気持ちの高ぶりを感じさせる(44)。植民地カイエンヌの生まれを明記していることに注意したい。

ユルバンは五月にパリに到着し、サン＝シモン主義者の集うメニルモンタン街の屋敷（図4）に出入りするようになった。屋敷の一員として暮らしはじめたのは七月。その初日は、右に発言を引用したタラボがコレラで死去し、葬儀がおこなわれた日だった。ユルバンは、「家族」として暮らす共同体のなかで、中心にいる「使徒」たちの身の回りの世話をしながら暮らした。

彼の個性が史料のうえにあらわれるのは、八月頃のことである。前述した警察の捜索から半年後、風俗紊乱の嫌疑で裁判がはじまる。体制からの弾圧は青年たちの熱情をかきたてた。サン＝シモン主義者たちはそれぞれに裁判で熱弁をふるった。その記録として出版された書物のなかに、「家族」の一人として「トマ＝ユルバン、カイエンヌ出身、有色人、新人、二〇歳」という記載がみられる。また別の箇所には、「ユルバンは植民地の奴隷女性の子」という記載がある。(45)

前章で述べたように、ユルバンのカイエンヌの家族は有色自由人であり、奴隷を使役して暮らしを立てていた。厳密にいえば彼の母アポリーヌは奴隷として生まれ、生後まもなく自由人となったのだが、それはユルバンが生まれるずっと前のことである。ちなみに晩年に書かれた二つの自伝では、母が「四分の一黒人」であったという血縁が述べられるだけで、出自が奴隷であったか自由人であったかは明記されていない。(46) だがメニルモンタン街のユルバンは、奴隷の血を引くという属性を強調した。おそらくそれは、彼が選ばれた「使徒」たちの輪に加わるための通行手形だった。弱者の救済を論じた創始者サン＝シモンが黒人に対しては差別的であったという事実は、ユルバンにとって支障とはならなかったようである。

「わたしは黒い、けれど美しい」

この時期のユルバンの作品として、いくつかの詩が残されている。一八三二年九月から一〇月の日付が付された四つの作品だが、もっとも日付の早い「黒人女」という詩の冒頭を訳出する。

わたしは黒い、けれど美しい！

苦悩の衣は黒い。あなたたちの妻は弔いを嘆くとき、黒い衣装に身を包む。

わたしは、黒い！　けれど住まいは喜びに満ち、色あざやかな衣があふれている。老いた親のことを嘆くとすれば、白色を身にまとい弔う。

わたしは黒い！——椰子の果肉のような白い湖に浮かぶ瞳は、乾いた焚き木のように輝く。

夜はわたしのように黒い。夜のようにわたしにも瞬く星がある、それは喜びに燃えて眼がきらめくから。


詩のなかの「わたし」は女性である。つづきでは、黒い身体とのふれあいに相手を誘うことばが連ねられ、臥所への招きにつながる。第一節は旧約聖書の『雅歌』第一章五節の引用である。『雅歌』のフランス語訳には「わたしは褐色」とするものもあったから、黒という表現を選んだところにはおそらく作者の意図がこめられている(47)。とはいえ、この一節からユルバンが黒人の美しさを主張し、みずからの黒人性をそこに重ねたと考えるのは勇み足であろう。

この作品の一ヶ月後にも、同じ「黒人女」という題名の詩がある。視点は黒人女性の側にあり、つかのまの逢瀬で去って行く白人男性との別れが詠まれる。詩の主人公は、白人女性は顔を赤らめたり伏し目がちになったりして男性を惹きつけることができるのに、なぜ自分には黒い肌ときらめく眼をあたえたのか、と神に問いかける。女性は黒人としての美しさを声高にいう一方で、引け目を感じてもいる。詩の作者は、白人側の男性のまなざしを借りて、その様子を観察する。

ほかの二作品、「奴隷の息子の最初の言葉、アメリカの地で」と「南！」は、黒人男性の視点でそれぞれ、大地（女性名詞）と、白人娘への愛を歌う。黒人男性の白人女性への恋というテーマは、当時の文壇の流行をとりいれたもので、ユルバンの独創ではない(48)。

ちなみに当時のユルバンの肖像画をみると、肌の色、顔立ち、髪などから明らかにアフリカ系といえる特徴はみてとれない（次章の図6を参照）。同時代の証言を参照しても、植民地生まれらしい異国情緒はうかがわれるが、黒人の血を引いていることは一見してわかるほどではなかったらしい(49)。カリブ海域の有色自由人は、社会のなかの地位においても、自意識においても、いわゆる黒人とは別個の集団であった。なかでもユルバンのように白人に「近い」有色自由人にとって、あえて黒人と称することはひとつの選択であり、一種の作為であった。

デシュタルとの親交

ユルバンは、才気と情熱あふれる若者たちの集団のなかで役割をあたえられることを望んだ。だが彼は、理工科学校出身者のような技能があるわけでもなく、哲学に通じているわけでもなかった。そこでユルバンは、文字通り演技をしてみせることからはじめた。メニルモンタンでは、議論や儀式だけでなく、詩や劇にとりくむ者も多かった。そうしたなかで、ユルバンは「黒人」の役を演じて注目を集めた。いくらか想像を交えていえば、「東洋と西洋の交わり」や「普遍的協同」といった主題をめぐる演技の体験が、彼に刻印をあたえたのだろう。

決定的であったのは、晩年まで友情で結ばれるギュスターヴ・デシュタル（一八〇四―一八八六、図5）との出会いだった。思想史上ではオーギュスト・コントの助手として知られる改宗ユダヤ人である。ユルバンはデシュタルを庇護者と仰ぎ、思想的影響を受け、ときには疎遠になったが、晩年にふたたび交誼をむすび、彼の依頼にしたがって自伝を執筆した。ユルバンの私文書は、デシュタルを介して伝えられたものが多い。つまり私たちは、デシュタルというプリズムを通して対象をみることを余儀なくされている。彼はいわば、物語の陰の狂言回しである。

図5　ギュスターヴ・デシュタル

ギュスターヴ・デシュタルは裕福なユダヤ人だった。父方はバイエルン地方の宮廷銀行家の家系であり、母方はロレーヌ地方に地盤をもつ富裕なユダヤ人家系であった。デシュタル家はナポレオン戦争時代の国際金融にかかわることで事業を拡大し、ギュスターヴの父ルイの代に、パリで銀行を開業している。一九世紀フランスの金融界に重きをなしたドイツ系ユダヤ人家系のひとつであり、その勢力は、フランクフルトから国際的な金融ネットワークを築いたロートシルト（ロスチャイルド）家とも競うほどであった[50]。

ギュスターヴは一三歳のとき、家族とともにカトリックに改宗した。彼はパリで教育を受け、実証主義社会学の祖オーギュスト・コントを家庭教師として学んだ。コントは彼にサン＝シモンの教えを紹介した。デシュタルは理工科学校の受験をやめてドイツに渡り、一八二四―一八二五年にベルリンに滞在している。ベルリンではアブラハム・メンデルスゾーン（作曲家フェリックス・メンデルスゾーンの父）のもとに寄宿し、晩年のヘーゲルの講義に出席し、文通をつうじてドイツの哲学の動向をコントに紹介した[51]。一八二八年にはイギリスに旅行し、パリに帰ってからコントと袂を分かち、サン＝シモン主義者の集団に加わった。コントと決裂した理由のひとつは、宗教に対する態度であったとされる。デシュタルは、サン＝シモン主義者の若き秀才として活躍した。『教理解説』に、サン＝シモンの思想の先駆者としてカント、ヘルダーなどの名があがっているのはデシュタルの影響である。

改宗ユダヤ人として、少数者の刻印を帯びて生きてきたデシュタルは、人類のなかでもっとも搾取された存在である黒人の代表として、ユルバンを位置づけた。デシュタルはユルバンに、自分たちは「ユダヤ人と黒人、二人の追放者」であると呼びかけた[52]。デシュタルによってユルバンは、その身体のうちに人種間の協同を体現するという、預言者的な使命をあたえられたのだった。

こうして「使徒」としての自覚を深めたユルバンは、一八三二年九月にメニルモンタン街の屋敷を出て、しばらくデシュタルと行動をともにしたあと、フランス南部へと伝道の旅にむかった。一方のデシュタルはギリシアへと旅立った。彼らがメニルモンタンを離れた三ヶ月後の一二月、アンファンタンとシュヴァリエが禁固刑を受けて収監される。メニルモンタン街の屋敷は閉鎖され、弟子たちは三々五々と離散していった。

大幹部の不在を埋めたのは、弁舌に長けたエミール・バロー（一七九九—一八六九）である。彼もまた、シュヴァリエの「地中海体制論」と共鳴して東西文明を論じた一人であった。バローは弟子の一部をまとめあげて、アンファンタンが出現を予告した「女性メシア」を探すために東地中海へと旅立つことを企画した。「父」アンファンタンの伴侶となるべき「母」を発見するというのである。リヨン、マルセイユ、トゥルーズ、コルシカを回って伝道をつづけたユルバンは、マルセイユに戻ったところでバロー一行と合流し、一八三三年三月に東地中海へと出航する。

こうして、サン＝シモン主義の思想運動としての局面は閉じられた。そのあとにつづくのは実践の時代である。サン＝シモン主義者たちのほとんどは思想的、宗教的探求から離れ、実業や論壇に活躍の場をもとめた。シュヴァリエはアンファンタンと袂を分かち、第二帝政時代にかけて経済学者、政治家として地歩を築いた。オランド＝ロドリーグは、サン＝シモン主義の同志であった銀行家ペレール兄弟とともにフランス初の旅客専用鉄道の開業にかかわった(53)。デシュタルはギリシアから帰国後さまざまな分野で筆をふるい、東洋学、ギリシア学、民俗学など多彩な学術協会の運営にかかわった。バローとともにエジプトにむかった小集団も、早々に「女性メシア」探索という目標をあきらめてしまう。エジプトには収監を解かれたアンファンタンが合流し、スエズ運河建設という土木事業を企画した。若者たちはそれぞれに進路を探し、ユルバンはイスラームへの入信を経験することになる。

第3章　イスラームとの出会い――ディムヤート、一八三五年

1　地中海革命の第一の波

エジプトへ

ユルバンを末席に加えたサン＝シモン主義者一行は、一八三三年三月にマルセイユを発ち、東地中海をめざした。イスタンブル、イズミルをへて、ナイル川デルタの北西に位置するアレクサンドリアに上陸したのは、同年五月のことである。ユルバンにとって、約三年間のエジプト滞在の始まりだった。

数世紀にわたってオスマン帝国の属州となっていたエジプトは、支配者ムハンマド・アリー（メフメット・アリー）のもとで帝国中央の軍と戦火を交え（第一次エジプト・トルコ戦争、一八三一―一八三三年）、事実上の独立へと踏みだしていた。隆盛の背景にあったのは、西欧の技術をとりいれた富国強兵策である。地中海の東部一帯に欧化の波が押し寄せていた。ただしそれは、閉ざされた世界としての「東洋」が「西洋の衝撃」によって動き出すといった現象ではない。この地域のなかで長い時間をかけて蓄積されてきた内発的な変化のあらわれであった。

そうした変化のなかに身を投じたサン＝シモン主義者たちは、新しい時代を告げ知らせる使徒として「東洋」にはたらきかけようとした。だがじっさいには、海をわたった若者たちの多くが、むしろ「東洋」から影響を受けてその後の人生を歩むことになる。ユルバンもその一人であった。トマ・ユルバンは、語学教師として赴任したディムヤートという港町でイスラームに入信し、イスマイル・ユルバンと名乗るようになった。彼が終生守りつづけることになる、あたらしい通り名である。ただしユルバンのイスラーム体験は、ふつうの意味での改宗とは異なっていた。自伝には以下の記述がある。

> だが私はサン＝シモン思想の影響下にあって、キリストの信仰を何ら放棄したわけではなく、また、そうできるはずもなかった。イスラーム教と両立させるために、キリスト教を否定する必要はなかった。私はみずからの洗礼に割礼をつけくわえることで、二つの信仰の接近と協同のためにさらに役立とうと願った[1]。

洗礼はキリスト教入信に、割礼はイスラーム入信にともなう行為である。ここに引用したのは晩年の回想であるから、入信当時の心境をそのままに表現した文章ではない。それにしても、キリスト教を否定せずにイスラームに入信するとはどういうことか。ある宗教に別の宗教を「つけくわえる」という特異な主張と、それらの上位にサン＝シモン思想をおくという考え方は独特である。サン＝シモン主義の同志たちには理解されたとしても、大多数の信者や宗教者たちにとっては受け入れがたい。ユルバンの態度は、正統的な宗教観に照らしてまっとうな改宗と呼べるものではなかった。

しかしそこには、彼なりの真摯な選択があった。ユルバンは、エジプトでのイスラーム教徒との交際においては改宗者として振る舞い、エジプトを離れてからもイスマイルを名乗りつづけた。数年後には、アルジェリアでムスリム女性と結婚することになる。イスマイル・ユルバンという存在がそれぞれの土地のイスラーム教徒からどのように受け入れられたのか、あるいは拒絶されたのかを知ることはむずかしい。ともかく彼は、イスラーム教徒と接近するために改宗し、キリスト教社会における周縁者としての立場を明らかにして半生をすごした。改宗者としての名を帯びることは、ひとつの越境の企てであった。

本章では改宗にいたるまでの旅路をたどっていくが、まずはその前提として、周囲の環境について考えてみたい。サン＝シモン主義者の思いとは裏腹に、地中海の両岸は水と油のように交わらない敵対の歴史を歩んできたわけではなかった。商業、文化、政治の交流が積み重ねられ、各地に仲介者がいた。だからこそユルバンたちは、東地中海を旅することができたのである。

「東方問題」と東地中海の近代

一八三〇年前後、ユーラシアの国際政治はひとつの転換点をむかえていた。一七六〇年頃からはじまる変動の時代、歴史家ダーウィンの表現を借りれば、「ユーラシア革命の時代」の終盤である(2)。イスラーム圏という枠組みでみれば、ムガル朝、サファヴィー朝、オスマン朝の三帝国が鼎立する構図が揺らいでいた。オスマン帝国の動揺は一八世紀後半から明白になり、黒海方面ではクリミア＝ハン国独立とロシアへの併合、東地中海方面ではエジプトでフランス軍による一時占領とムハンマ

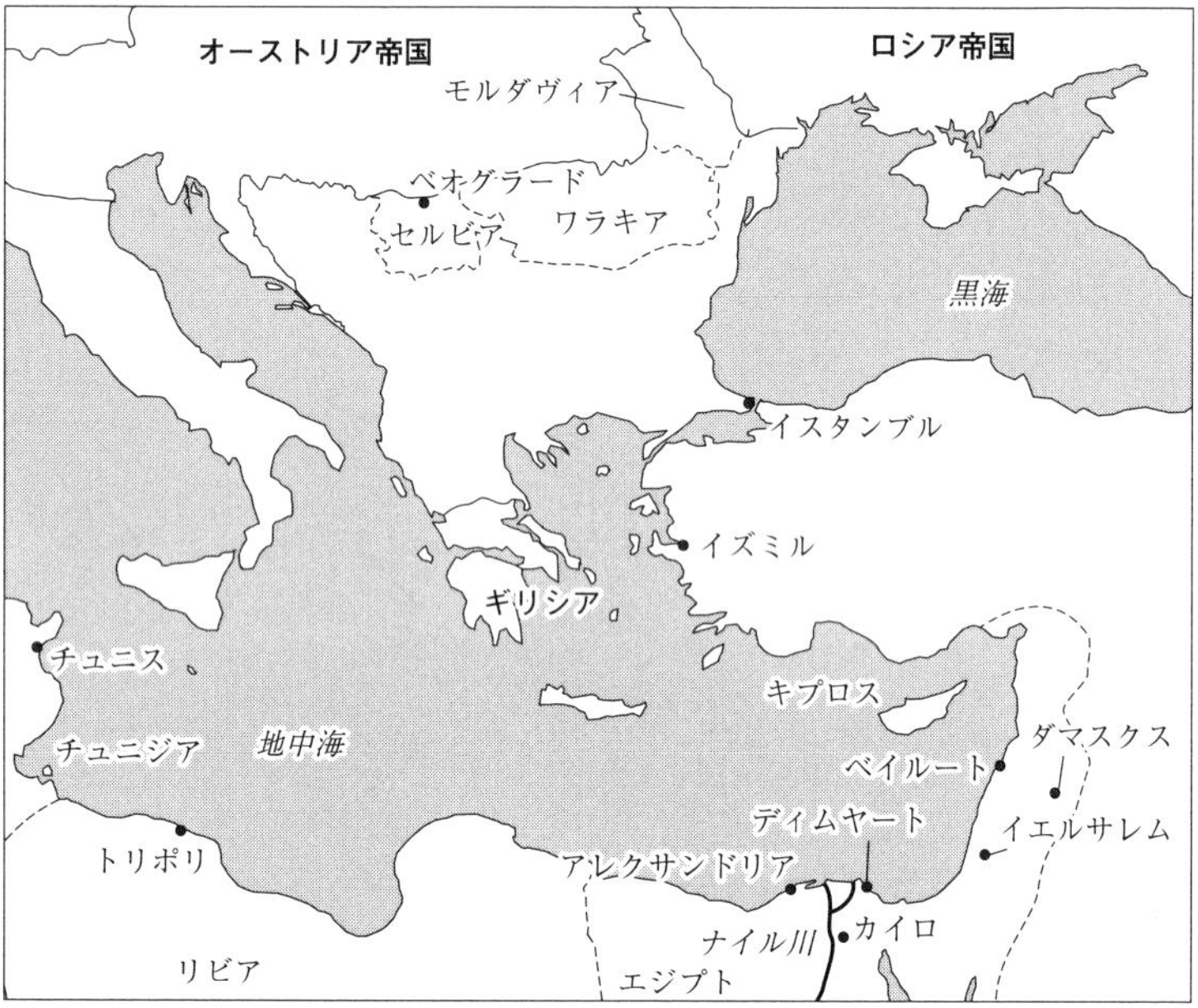

地図２　1830年代のオスマン帝国とその周辺

ド・アリーの台頭、アラビア半島ではワッハーブ派の運動、バルカン半島ではセルビア人蜂起とロシアによるワラキア・モルダヴィア占領、ギリシア独立など、大きな事件があいついだ（地図２）。

これらは、古典的な歴史書では欧州列強の進出とからめて「東方問題」と説明されてきた出来事である。しかしこの表現にはいかにもヨーロッパ中心主義の響きがある。国際関係における力関係はすでに一七世紀からヨーロッパ有利にかたむいていたが、それを認識してオスマン帝国の維持発展をはかろうとした指導者のなかには、早くから西欧を参考にしようとする動きがあった。一八世紀前半のいわゆる「チューリップ時代」はその最初の波である。

それからおよそ半世紀後の一七八九年——偶然にもフランス革命勃発の年——に即位したセリム三世は、ロンドン、パリ、ベルリン、ウィーンに常設の大使館をひらき、西欧の技術をとりいれた新式軍を設置した。この軍隊が初陣の相手として迎え撃ったのが、一七九八年にエジプトに上陸したナポレオン指揮下のフランス軍だった。

セリム三世は反対派によって退位に追いこまれたが、一八〇八年に即位したマフムト二世も慎重に改革をおしすすめた。軍隊の強化と行政機構の整備がすすむ一方で、一八二〇年代から三〇年代にかけて、パリへの留学生派遣、常設大使館の再開、人材育成のための翻訳局、医学校、士官学校の設立などがおこなわれた。メディアの整備もはじまり、一八三一年にはオスマン語とフランス語の両語で官報が発行されるようになった。一八世紀にごく少ない人々によってはじめられた変革のこころみが、社会の構造にまで影響をあたえる時代が近づいていた(3)。

改革は伝統的な思想との緊張関係を生み出す。改革に反対してイスラームの伝統に回帰しようとする主張があった。だが、ヨーロッパを参照軸とする思想とイスラーム的思想はつねに対立するわけではなく、協力しあうこともあった(4)。前章では、サン゠シモン主義のなかに先進的な産業思想と宗教性が両立していたことを述べた。宗教的であることと、社会の変化をおしすすめようとする主張とは矛盾するとはかぎらない。

ヨーロッパとの同時性についてさらに指摘をつけくわえておこう。一八世紀末から一九世紀前半にかけて、セリム三世をはじめとするオスマン朝のスルタンが先例として参照したのは、ロシアのピョートル大帝やフランスのルイ一六世であった。これが「上からの」改革であるとすれば、「下からの」

動きもあった。帝国の改革は、台頭する地方有力者や各地の住民たちが統治に参加しようとする、内発的な動きにも呼応していた。(5) やや踏みこんでいえば、一連の改革は政治の理念においても、土台にある社会構造からみても、ヨーロッパ諸国の動向と同期していた。(6) 以上が、地中海革命の第一の局面である。

「ムスリムの友」

つまりオスマン帝国は、いわゆる「西洋の衝撃」以前からヨーロッパと重なりあう歴史を歩んできていた。その土台には、多言語の共存があった。帝国は元来、いくつもの言語圏をふくむ国家である。国内の統治にあたっても、外国との交流においても、仲介者となる通訳たちがいた。正教徒、ユダヤ教徒、イタリア系・フランス系カトリックなどの通訳の家系があり、一八世紀後半には十分な能力をもたない人々までが通訳業に参入するほど、さかんな交流がつづいていた。(7)

一七九八年、エジプトに上陸したナポレオン軍による布告に「フランス人もまた真のムスリムである」という奇妙な一節があったことが知られている。(8) 布告はアラビア語で発表され、カイロの知識人ジャバルティーをはじめとするムスリムたちを憤慨させた。じつはこの布告にはフランス語の原文とのあいだで異同があり、当初起案された文章は「フランス人は真のムスリムの友である」というものであった。一部の歴史家はこれを、フランス人とイスラーム教徒の通訳者が協力して、エジプト人の耳目をひくためにあえて一語を入れ替え、意味を変更したのだと主張する。(9) そうした解釈の当否はともかく、翻訳とそれにともなうミスコミュニケーションは、地中海の日常の一部であった。

一八二〇年代から三〇年代になると、両岸の交流の加速にともなって、近世以前に交流を担ってきた通訳や商人、外交官とは異なる経歴の人々も両岸を行き来するようになる。とくにエジプトでは、右に述べたオスマン帝国中央の動きよりもさらに先んじて、軍事、教育、メディアの多分野にわたる改革がすすめられ、フランスとの交流が進んでいた。

エジプト最初のフランスへの留学団派遣は一八二六年のことである。この留学生団のなかに、近代エジプトを代表する思想家・教育者として知られるリファーア・アル＝タフターウィー（一八〇一―一八七三）がいた。タフターウィーは、ヨーロッパの思想と技術をとりいれることとイスラームを対立的にはとらえない。後代とくらべてやや楽観的にもみえる改革思想が、この時代の特徴となっていた。(10)そうしたなかで、外国人の雇用もすすんだ。一八二〇年代以降、軍事顧問として一群のフランス人たちが雇用された。陸海軍あわせて八十余人の名が知られる。(11)なかでももっとも権勢をふるったのが、ジョゼフ・セヴまたはスライマーン・パシャ・アル＝ファランサーウィー（一七八八―一八六〇）である。フランスの海兵としてハイチ遠征、トラファルガー海戦を経験したセヴは、一八一九年にエジプトにわたり、軍事顧問として地歩を築いた。通名スライマーンを名乗った彼はパシャの称号を得てエジプト軍の最高司令官となった。彼の屋敷は、在留ヨーロッパ人たちの社交場となっていた。

教育の分野では、アントワーヌ・クロ（通称クロ・ベイ、一七九三―一八六八）がいる。グルノーブル生まれの医師クロは、一八二五年にエジプトに招かれてムハンマド・アリーの近臣となり、ベイの称号をあたえられた。医療政策を助言し、医学校、助産婦学校を設立したことで知られる。そのクロ・ベイの学校ではたらいていたのがニコラ・ペロン（一七九八―一八七六）である。パリ生まれの医師でアラビア語を学んだペロンは、サン・シモン主義者であった。ユルバンらの一行が到着する前年にエジプトに渡航し、クロ・ベイの医学校で教師となっていた。ペロンはのちにアラビア語で医学、化学の教科書を出版し、イスラーム法学書のフランス語訳を手がけるなど多彩な業績を残した。そうした居留者、仲介者がすでにいる環境に、ユルバンたち一行は到着したのだった。

2　エジプトへの旅

ユルバンの「東方滞在記」

東方への旅について、ユルバン（図6）は詳細な手控えを残した。一八三三年三月から一八三六年五月まで、日を追いながら各地の印象、人々との会話、書簡のやりとり、独白、詩などが七冊の帳面に記されている。「東方の旅」という題名以外に頭書、跋文にあたるものはない。現存する帳面は、その日その日に書かれた日誌そのものではなく、推敲をへてエジプト滞在中に書き継がれたものとみられる。この手控え——以下、「東方滞在記」と呼ぶ——にしたがって、エジプトへの道程をたどってみよう(12)。

一八三三年三月二四日、マルセイユで乗船。一行はバローを筆頭に一三名。蒸気船はまだめずらしく、帆船が主役の時代である。サルデーニャ船籍の小型船の副船長は、民族運動の闘士として有名になる前のジュゼッペ・ガリバルディだった(13)。ニース生まれのガリバルディは、その頃、地中海と黒海方面に行き来する船乗りをしていた。この年の後半に秘密結社カルボナリに加わることになるガリバルディとの出会いは、できすぎた話のようだが、どうやら事実であるらしい。

船旅のあいだ、一行はバローを囲んでクルアーンを読んだ。船に積み込まれていたのはおそらくクロード・サヴァリ訳（一七八三年）である。サヴァリは、エジプト旅行記で名声を博した東洋学者であった。一行が共有したもうひとつの読書体験は、おなじく高名な東洋学者ヴォルネの『シリア・エジプト旅行記』であった(14)。ほかのヨーロッパ人旅行者と同様、サン＝シモン主義者たちも、あらかじめ書物のなかで「東洋」を体験し、現地へと足を踏み入れた。

図６　エジプト滞在期のユルバン

四月八日、小アジアの西端、イズミル近くの港に上陸。村の酒場ではじめてサン＝シモン主義の説教をおこなう。フランス語の内容を船員がイタリア語に訳し、それを聞き取った村人の一人がトルコ語に訳したという。現地の人々がどのような表情を浮かべていたのか、「東方滞在記」は記さない。一五日、イスタンブル到着。都の美しさに目を奪われたユルバンは記す。

信仰によって私の目に映る「母」

は、宮殿のなかから立ち上がり、かつてキリスト教寺院で今はイスラーム教寺院となった聖ソフィアを見下ろし、歴代の王と民衆に対して、崇高なる幸福の交わりを呼びかけていた。(15)

ヨーロッパ人の多いガラタ地区に投宿し、在留フランス人の仲介でアルメニア人通訳を雇う。路上で女性とすれちがうたびに、「神と〈父〉の名において。女性に敬意を！」と宣言する奇妙な一行は、現地の人々の警戒をよびおこしたはずである。彼らは身柄をいったんフランス大使館に預けられ、都を離れるよう勧告された。一週間後にイズミルにむけて出航。

五月三日、イズミル着。近世から国際的な商業拠点として栄え、多宗派が混在する居留地となってきた港市である。サン＝シモン主義者一行は、社交界に受け入れられた。この町は、オスマン帝国で最初のフランス語新聞とされる『スミルナ（イズミル）通信』をはじめとして各国語の新聞が発行されるメディア・センターでもあった。(16)同紙の社主に書籍など持参品を買い取ってもらい、一四日にエジプトにむけて出航した。

アレクサンドリア

五月二九日、アレクサンドリア着。ペロンをはじめとするサン＝シモン主義の同志たちと合流した。

六月六日、使命を確認する誓いの儀式をおこなう。参加者は七名。在留フランス人に寄付を募り、ふたたびシリア方面に出航。

七月二日、ベイルートに到着。レディー・スタンホープの屋敷を訪問。スタンホープは、イギリス首相ウィリアム・ピット（小ピット）の姪で、現在のイスラエル南部アシュケロンで最初の近代的発掘調査をおこない、その後は現在のレバノン南部に屋敷を構えていた。フランスの詩人ラマルティーヌも、サン゠シモン主義者たちと同じ時期にここを訪問している。

レバノン訪問中、一行はマロン派（この地域に信者の多い東方典礼のカトリック教会）の婚礼に同席した。ユルバンは宴席の様子をつぎのように記す。音楽は「まるで悪魔の合奏のように無秩序」であったが、踊りは別である。「煽情的に踊り、叫び、喜びにひたる人々をみて、私は黒人たちのジャンベが生み出す陶酔を思い出した。立ち上がって踊りに加わりたいと、何度思ったことか(17)」。ジャンベは、アフリカ由来の太鼓である。地中海の東方で出会った音楽が、ギアナの記憶を呼びおこした。旅先で出会うものに対する違和感と、身体の内から発する親近感という両義的な感覚は、「東方滞在記」のなかでくりかえし言及される。

八月二四日、レバノンからキプロスをへて再びアレクサンドリアに入港(18)。在留ヨーロッパ人たちと交際する。アレクサンドリアは一八二〇年に開通した運河によってナイル川と結ばれ、国際商業の玄関口として急速な発展をとげつつあった。サン゠シモン主義者たちが頼ったのは、第一に、マルセイユとつながりをもつ商業界の人々である。商人や領事たちとの交際のなかでは、のちにスエズ運河計画にかかわるフェルディナン・ドゥ・レセップスとの出会いもあった。第二に、エジプト政府に仕えるフランス人や、知仏派の政府関係者である。前述のスライマーンことセヴがサン゠シモン主義者たちをカイロに招いた。以下は、招待に応じてカイロへとむかう途上での印象を記した一節である。

アレクサンドリアのアラブ人の姿は魅惑的だった。彼らは活動的で、陽気で、活発で、ぼろを気高くまとっている。田舎の人々はもっと頑健にみえるが、私が愛するアレクサンドリアの人々の個性とおおらかさに欠けるように思われた。アレクサンドリアの農民、そしてなにより、あの驢馬引きの子供たち。子供たちは偉大なアラブ人のなかでも一個の民族のようだ。街中でまるでパリのいたずらっ子のようにみえる彼らのことを書いた歴史家はまだいない。はじめてエジプト女性の褐色の顔をかいまみたとき、またその歩みに目を留め、ナイルの水からあがろうとする美しい脚に見惚れたときに確信した。神の定めによって、この人種と私のあいだには、愛と享楽の長く多彩な交わりがあるだろう、と。[19]

末尾の表現にサン゠シモン主義者らしい幻想がある。マルセイユを発ってから半年以上がたち、旅行者たちは現地人への親しみを深めていた。「東方滞在記」の校訂版編者レニエによると、この一節はヴォルネの『シリア・エジプト旅行記』への応答になっている。[20]ヴォルネは淀んだ水に浸かるエジプト人女性に水の精《ニンフ》を思わせるものはない、と辛辣なことばを残していた。ユルバンはあえて正反対の評価を記した。

カイロからディムヤートへ

一〇月一三日、カイロに到着。フランスでは、アンファンタンが恩赦によって刑務所を出て、エジプトへの渡航を計画していた。釈放されたアンファンタンは、「母」の探索という目標をすっかり放棄していた。つぎに情熱をかたむけることになるのは、スエズ運河計画である。アンファンタンの到着が近いという知らせを受け、ユルバンらは在地のフランス人と政府幹部に接触した。一一月一二日、アンファンタンのカイロ到着。バローのもとでの集団行動は終わり、サン＝シモン主義者たちは各方面へ散っていった。一一月一六日から一二月五日まで、ユルバンほか数人はナイル川デルタの視察に出発した。

明くる年の一八三四年、一月五日に開かれた宴席で、ユルバンは自作の詩を披露し、出来映えを讃えたアンファンタンから額に接吻を受けた。メニルモンタンで朗読した「黒人女」の詩にアンファンタンが涙したことと並ぶ人生最良の日である、とユルバンは記す(21)。ユルバンはあいかわらず、アンファンタンに魅了されていた。その後ユルバンはふたたびデルタの視察に出発し、二月一一日にスエズに到着している。カイロでは、スエズ運河掘削をムハンマド・アリーに上奏するという計画が遅滞し、アンファンタンは方針を示せずにいた。

三月、カイロに帰還。ユルバンは暮らしを立てるため、フランス語教師として働きはじめる。アンファンタンはムハンマド・アリーに謁見を許されず、スエズ運河建設の提案はエジプト政府によって却下され、サン＝シモン主義者たちは代わりの事業としてナイルのダム建設にとりかかる。

四月、カイロ在住のフランス人医師シャルル・デュサップの家族と親交をむすぶ。ユルバンは、エジプトで当時導入されていた「ニザーム服」（ターバンを廃した新式服）を新調した。デュサップ家との交際は、ユルバンに家庭の温かみを感じさせた。六月まで、ダム建設の視察をしながらカイロに滞在。六月下旬、ディムヤートの歩兵学校にフランス語教師として就職が決まった(22)。ディムヤートはナ

図７　ディムヤート近郊（18世紀末－19世紀初頭）

イル川デルタの東側に位置する港町で、カイロとは一六〇キロメートルほど離れている。アレクサンドリアほどの活発さはないが、一八二〇年代から国営の綿工場が設立されるなど近代化の実験地のひとつとなっていた(23)。ユルバンは後ろ髪引かれる思いでカイロと別れ、七月にディムヤートに赴任した(24)（図７）。

以上が、ユルバンがエジプトで定職を得るまでの経過である。「東方滞在記」は一貫して一人称で書かれている。ときに個人的な感想が挿入されてはいるが、カイロまでの行程をたどる「私」は、おおむね伝道団という集団に組み込まれている。しかしつぎに紹介する改宗体験においては、より個人的な感情が露わになる。

3　私の名はイスマイル

改宗の朝

ディムヤート赴任の翌年の一八三五年五月八日、ユルバンはイスラームに入信した。場所は職場の歩兵学校で、立会人は学校付きの導師《シャイフ》、証人は同校の校長と教官の二人であった。「東方滞在記」から、信仰告白にかかわる箇所を引用する。

日の出からまもなくして、私は打ち合わせ通り学校のモスクの導師《シャイフ》と会った。彼は私とあいさつを交わし、私が改宗する当人だと知ると、さっそく信仰の告白をうながした。はい、神の唯一性を私は信じます。ムハンマドがその預言者であると私は信じます。書物と、彼に先んじた使徒たちを信じます。最後の審判の日に人は所業に応じた見返りを受けると信じます。一日五度の神への礼拝、喜捨、ラマダンの断食を守ると誓います。はい、神は黒人でも白人でも黄色人でもなく、神に子はなく、その力は無限であり、私の周りにあるものすべては神の慈愛と偉大さの表れであると証言します。私が告白を終えたとき、導師《シャイフ》は喜んでいた(25)。

立会人と証人、信仰告白という形式的な条件はみたされている。「書物」すなわちクルアーン、使徒と最後の審判を信じること、礼拝、喜捨の遵守は、いわゆる六信五行にふくまれるムスリムとしての通常の義務である。

文中で二度くりかえされる「はい」は、導師の問いに答える形でやりとりがあったことをうかがわせる。エジプトに住みだして約二年、ユルバンのアラビア語がどれほど上達していたのかはわからないが、基本的な会話はアラビア語でなされたと考えるべきであろう。イスラームの教えは、神が人のような形をとるという観念を否定する。神の肌の色にふれたくだりは逸脱である。ユルバン自身が肌の色にこだわりをもっていたことのあらわれだろうが、改宗の場でそのようなことがじっさいに口にされたのかはわからない。「東方滞在記」からつづきをみてみよう。

私はイスマーイールの名を受けることにしていた。預言者の名、私にとって象徴的な名、使徒としての私の特性のほとんどすべてが詰まっている名だ。イスマーイール、奴隷の子、私生子、父に捨てられた子。伝承によれば、彼は父とともに神殿を建て、そのそばに泉を見つけたという。ことによると神は、すべてのイスラーム教徒の渇きを癒やす新しい泉をみつけるのは私であると定めたのではないか。なぜならザムザムの泉は、今ではすっかり淀んでしまっている！[26]

イスマーイール（旧約聖書のイシュマエル）は、イブラーヒーム（同、アブラハム）と奴隷ハージャル（同、ハガル）の子で、アラブ人の祖として敬愛される（アラビア語の母音の長短はフランス語風に発音されたときにはかならずしも尊重されないので、以下ではユルバンの呼び名をイスマイルと記すことにする）。この名を選んだことについて、奴隷の血を引く私生子という境遇をみずからにかさねたという説明は明確である。ザムザムというのはメッカの聖モスクにある泉の名で、ハージャルがイスマーイールとともに水をもとめてさまよったときに湧きだしたとされる。巡礼者はそこで身を浄め、水をもちかえる風習がある。泉が淀んでいるというのは、当代のイスラーム信仰への批判とも読めるが、だとすれば新参の入信者らしからぬ不遜な態度である。それに代わる新しい泉をみずから発見しようとは、サン＝シモン主義者らしい幻想というべきだろう。

果たされぬ恋

改宗の動機はどこにあったのか。「東方滞在記」のなかで強調されるのは、恋人との死別である。その頃エジプトでは、ペストが大流行していた。その犠牲者のなかに、ユルバンが恋した女性がふくまれていた。

出会いは前年の春にさかのぼる。前述したカイロ在住の医師デュサップは、ナポレオンの遠征以来この国に住み、エチオピアまたはスーダン方面出身の奴隷であった女性ハリーマを妻としていた。この年長の人妻を、ユルバンは恋い慕ったらしい。晩年に書かれた自伝では、イスラーム教徒の家内奴隷となっている黒人たちが、アメリカにいる奴隷より「温かく待遇されている」ことが、イスラームに惹きつけられるきっかけになったと記されている。(27)

しかしハリーマは知り合ってまもなく急死してしまう。ついでユルバンは、夫妻の娘ハーネムに思いをよせた。ともに「白人」と「黒人」の子であるという境遇が、ユルバンとハーネムのあいだに共感を生み出したのかもしれない。ハーネムはキリスト教の洗礼を受けていたが、イスラーム教徒として身につけた品行を大切にしていたという。(28) そのハーネムもペストに罹患し、一八三五年四月に亡くなる。悲嘆にくれるユルバンは、亡き二人に近づくために数日のうちに改宗を決意したと「東方滞在記」に記されている。その経緯を記したくだりには、亡き恋人への呼びかけがくりかえされる。

貴女たちは亡くなってはいない、ハリーマよ、ハーネムよ、貴女たちは永遠の命を生きている。ともに喜ばしく生きよ、私の愛のなかに、そして信じてほしい、私は健在だ。貴女たちが愛するものを、私は愛する。貴女たちと同じものを望み、それを貴女たちに届ける。貴女たちのために、我々の人種のために、休むことなく私は尽くし、喜びと宴を惜しまないだろう。(29)

じっさい、恋愛がきっかけのひとつであったのは事実であるようだ。ユルバンとデュサップ一家をよく知る関係者として、前章でその名を紹介したシュザンヌ・ヴォワルカンの証言をひこう。ユルバンより一〇歳ほど年上のヴォワルカンは、サン＝シモン主義運動に参加した女性運動家の一人で、この時期はデュサップ家に身をよせて、ハーネムの家庭教師をかねながら医学を学んでいた。ヴォワルカンがのちに書いた新聞記事によれば、ハーネムとユルバンは相思相愛であった。しかし、彼女は、生まれも立場も異なる二人の関係は周囲に許されないと悲観し、ペスト患者の看護にのめりこみ、あえて死の危険に身をさらしたのだという。(30)

「普遍信仰」への道

恋愛をきっかけとする改宗という説明は、次章でとりあげるロシュとも共通する。とはいえ事は人の内面にかかわるので答えがひとつであるはずはない。晩年のふたつの自伝を参照すると、複数の宗教を一身に引き受けることの意義が述べられるのみで、女性との恋愛についての言及は少ない。

当時の書簡によれば、一八三五年春のユルバンは、「使徒」としての目標を見失い、迷いのなかにあった。厳粛で禁欲的なバローのもとをはなれ、享楽的なアンファンタンに身をゆだねようとしたユルバンは、指導者の身近に仕えるという望みをはたせず、ディムヤートで孤独に苦しんでいた。

アンファンタンは気紛れな指導者だった。あるときには弟子たちが自由にそれぞれの道を探せと答えるかと思えば、また別の機会には、思わせぶりに新たな任務をほのめかすこともあった。ユルバンに対しては、神がすでに用意した道を探せとたびたび示唆した。そして、お前は黒人の子でもあり白人の子でもあるのだから、「普遍信仰の使徒」なのだ、ということばを送った(31)。ユルバンは、この普遍信仰という命題を、みずからの身に引き受けようとした。つまり改宗は、彼にとって使命感の表現であった。

アンファンタンとの書簡以外にも、こうした解釈を補強する史料がある。「東方滞在記」には別の草稿が存在する。一八三五年六月にアンファンタン宛てに送付された、それ以前の二ヶ月の出来事をまとめた縮約版である。ここまで参照してきた七冊の手控えと並行して書かれ、途中でユルバンの手を離れた原稿と考えられる。その四月の記事をみると、ハーネムの死の知らせは、そのほか多数の友人たちの訃報と併記され、最も重大な出来事といえるほどの重みをあたえられていない。死の影が迫るなかで宗教的な使命感を強めていたことが、改宗のきっかけとして強調される(32)。じっさいその時期には、ディムヤートの歩兵学校はペスト予防のため隔離状態におかれていた。伝染病の脅威という緊張のなかでなされた決断の背景にあった宗教観はどのようなものだったのか。やや長くなるが「東方滞在記」から引用する。

神の手に励まされていることを感じる。私は祈りを欲する、礼拝を欲する。東洋と西洋の交わり《コミュニオン》、イスラーム教徒とキリスト教徒の交わり《コミュニオン》、それを私のなかで実現させるのだ。洗礼と割礼、二つの刻印を得ることでそれらを理解し、それらの何が人々を惹きつけ、また斥けるのかを容易に知ることができるだろう。これは神の使徒に対する証しである。「父」への愛のあらたな証しである。なぜならすべての預言者と啓示者が彼のなかに生きているから。これは背教者、転向者の聖なる復権である。使徒はつねにキリストである。なぜなら彼は人類のすべての苦難、すべての弱さを引き受け、慰め、癒やしてくれるから。世界をもっとも苦しめている傷とはなにかといえば、今日、それは道徳的な傷である。われわれ一人一人がそれぞれの力と愛に応じて働き、重荷にあえぐ世界を信仰によって感化しよう。神に栄光あれ。宇宙の支配者よ。これが私が新しく覚えた神への祈りの言葉。すべての不信仰者、キリスト教徒の不信仰者とイスラーム教徒の不信仰者のために哀願する新しい祭儀。私は自らとともに、自らの身の上に、混血児たち、奴隷たち、黒人たちを引き受けた。つぎはイスラーム教徒と、背教者だ。(33)

「東洋と西洋の交わり《コミュニオン》」という主題が反復される。念頭にあったのは当然、ミシェル・シュヴァリエの筆を通して発表され、サン＝シモン主義者たちの共通語となっていた地中海論である。本章の冒頭でも紹介したように、ユルバンはキリスト教とイスラームを一身のうちに共存させると主張する。「父」すなわちアンファンタンの啓示のもとでそのような道が開けるという見通しは、余人には共感しがたい考え方である。キリストの愛を讃える数節につづいて、「神に栄光あれ……」とイスラームの祈りが挿入される。そしてユルバンは、自らの信仰のあり方は二つの宗教から不信仰者と呼ばれる人々のためにあると主張する。周縁者として生きるという立場の表明である。

彼は、形式的な実践よりも内面の信心によって、複数の宗教の橋渡しをすることができると考えた。かりに彼がそうした方向へと思索を深めることがあったとすれば、当然、神学的に困難な課題に直面したはずである。だがじっさいには、ユルバンの宗教思想にこの時点でそこまでの深まりはない。じつのところユルバンは、改宗の儀式を経てからようやくイスラームを学びはじめたのである。

4　新しい信仰

改宗者の省察

ユルバンは、割礼の傷跡の回復を待つために静養をとることにした。その間、彼は導師の講義を受け、読書を重ね、さまざまな思いをめぐらせた。クルアーンを読み、導師の話をもとに預言者の生涯について手控えを作成したユルバンは述べる。

イエスの生涯からこれほどの感動は受けなかった。ムハンマドの行為はどれも落ち着きに満ちて、宗教的な徴《しるし》を帯びている。彼をたんなる立法者としてみるのは近視眼的である。ムハンマドを見誤った一八世紀はなんと平板で滑稽なことか！　哀れなヴォルテール殿に、神の啓示があらんことを。(34)

引用されているヴォルテールは、戯曲のなかでムハンマドを不道徳な狂信者として描いたこともあったが、後年には立法者としてのムハンマドを認め、信仰に対する寛容な態度を評価した[35]。それよりやや前の時期には、ブーランヴィリエがイスラームとキリスト教のあいだに明白な優劣はないという見方を示唆していた[36]。

つまり一八世紀フランスの思想には、異教に対する毀誉褒貶が入り交じっていた。そうした曖昧さを、ユルバンは批判した。彼にとってイスラームは、前世紀のフランス人たちが着目したような合理性ではなく、むしろその神秘性において意味をもつ。イエスを上回る宗教指導者としてムハンマドをみるユルバンにとって、ヴォルテール流の宗教批判は受け入れがたかった。

「東方滞在記」では、ヴォルテールの『諸国民の風俗と精神について』は非難され、レッシングの『人類の教育』への共感が記される[37]。もちろん、好悪の評価は若者の一知半解によるものかもしれない。それにしても、新約を超える啓示を展望し、イスラームにも深い関心をいだきつづけたレッシングに共感を示していることは興味深い[38]。

エジプトで彼は、何人もの改宗者たちと出会っていた。しかしその多くが誠実ではなかったとユルバンは述べる。個人的な野心のためであったり、経済的な事情であったり、いずれにせよ、宗教への愛からの改宗ではなかった。たとえば前述のスライマーン・パシャは、ムハンマド・アリーという人物を敬愛しているのであって、イスラームという宗教を愛しているわけではないとユルバンは述べる[39]。

ユルバンは、宗教を別の目的の役に立てようとする態度を批判する。「エジプトを救うのは産業である。だが産業が宗教に依拠することがなければ、産業がムハンマドの楽園を地上に実現するためにあるのでなければ、それは何の力ももたない[40]」。そうした未来が実現するためには、イスラームに惹きつけられてエジプトのために働くヨーロッパ人が増えねばならない。イスラームの偉大さにヨーロッパの人々が惹きつけられ、偏見を排してエジプトのために働く必要がある。つまり、エジプトを変えようとする前にヨーロッパ人の側が変わらなければならないとユルバンは主張する。

しかし彼がイスラームへの傾倒をどれほど強調したとしても、サン＝シモン主義の思想はさらに上位にあった。「東方滞在記」のなかで、ムスリムとしての礼拝は、「父」すなわちアンファンタンへの祈りと混じり合っている。

今日、私は五度の礼拝をした。我らが「父」よ、あなたと他の預言者のために私は祈り、空へと手をかざせば「母」への愛が胸を締め付け、神に嘆願しながら「神は偉大なり《アッラーフ・アクバル》」と叫ぶ。礼拝は慰めである。それは私の不安な魂のための子守唄、神の懐で眠ること。未来の信仰よ！　荘厳なる聖堂よ！(41)

夢想的とも呼びうる礼拝のあり方である。ユルバンの改宗は、イスラーム教徒になることではなく、イスラーム教徒に近づくことが目的だったといえるかもしれない。じっさい「東方滞在記」には、改宗後に学校の生徒たちとの距離が縮まり、「トルコ人」よりも「アラブ人」との親近感が強まったことが記される。改宗を指導した導師は、ユルバンに対して、ナポレオンの占領時代の思い出を語った。導師曰く、ナポレオンの支配はマムルーク支配の時代より公正なものであったとユルバンは記す(42)。彼の交際の範囲は、もっぱらディムヤートの学校関係者にとどまっていた。

国籍の問題

周囲との関係において、ユルバンにはもうひとつの懸念があった。それは国籍の問題である。ユルバンは、イスラームへの改宗後もフランス人として保護を受けたいという意思を領事宛てに書き送った。領事からは本国の法務大臣への照会をふまえた返信があった。当局の見解の要点は、以下のように記されていた。

宗教を変更しただけでなく、それに加えて、国王の事前の許可なく外国で公職についたものは、我々の法に従い、フランス人の資格を喪失する（民法一七条）。資格を回復することは一定の条件のもとで可能だが、その前提としてフランスへの帰国が必要である。[43]

領事の回答は、結論は明確だが、背後にある論理はあいまいである。民法にはたしかに、フランス政府の許可なく外国政府の公職についた者はフランス人としての資格を喪失することがあると規定されていた。引用文中にある「フランス人の資格」という表現は、市民または国民としての資格を意味している。つまりユルバンは国籍を喪失した状態にあるというのだが、それは回復可能であるとも書かれている。そもそもユルバンの場合についていえば、エジプトで公職についた（教員となった）ことだけが問題であったのか、それとも、改宗したことも市民権喪失に関係があるのかがはっきりしない。

フランス領事と本国政府の考え方は、つぎのように説明することができる。ムスリムをフランス市民として扱うことは避けたいという結論は、あらかじめ用意されている。しかし、現行の法からはキリスト教徒であることがフランス人の必要条件であるという結論を導くことはできない。そこで、外国政府の公職についたという別件をもちだして、宗教的帰属についての判断を回避したのである。ユルバンはもちろん領事の回答に不満であった。じっさいには、その後の彼の人生のなかで市民権の喪失が深刻な問題となることはなかったのだが、この時点でそうした将来を予見することはできない。改宗後の生活に不安がつのった。

フランスへの帰国

ペストの流行はますます激しくなり、渡航制限が強まった。友人、同僚の死の知らせがあいついだ。改宗から二ヶ月後の一八三五年七月頃には、ユルバンはエジプトを離れることを考えはじめたらしい。周囲との文通でその意思を伝え、教師として働いていた学校に辞職を願い出たのは九月のことである。同時期にエジプトに滞在したサン゠シモン主義者のなかには、ムスリム女性と結婚して自身もイスラームに改宗し、生涯をエジプトですごした画家マシュロのような例もあった。だがユルバンはまだ落ち着き先をみつけることができない。

一〇月九日、町のモスクで金曜礼拝に参加し、祈りの感動に身を震わせる。かりにエジプトに留まりつづけたとしたら、ユルバンの信仰はさらなる展開をとげたかもしれない。だが、そのための時間は残されていなかった。ディムヤートでの離職手続が進むあいだに、ユルバンはカイロの語学校から教師として誘われる。学校長は、すでに言及した思想家・教育者タフターウィーであった。仲介した友人によれば、タフターウィー自身がユルバンの噂を聞き、彼を招聘したということだった(44)。もしも二人が出会っていれば興味深い出来事となり得ただろうが、ユルバンは誘いを辞退した。ユルバンがディムヤートを離れたのは一一月二六日。一二月六日にカイロ着。アンファンタン一行に合流し、翌年一月までをすごす。二月八日にアンファンタンの誕生会に出席。二月二六日、カイロを離れて二九日にアレクサンドリア到着。

アレクサンドリア滞在は総じて快適とはいえなかった。この都市は東洋風の個性を日々失って、ヨーロッパ風の外見を装うようになっている。キリスト教でもイスラーム教でもない、一種の折衷である。……この国の将来について人々は不安に思っている。フランスとイギリスが態度を変えて、まもなく両国は東方問題に積極的に介入しはじめるのではないか。イギリス人はこの国を占領しようとほぼ決めているようにみえる(45)。

ユルバンのアレクサンドリアに対する印象は、エジプトへの到着時とすっかり変わっている。複数の信仰を同時に生きようとしたユルバンは、都市の相貌が急速に欧化していくことを批判する。東洋と西洋の合一を夢見たはずの彼は、東洋が東洋のままでいることを願っている。アレクサンドリアに到着後、知人たちが自身の改宗に理解を示したことに安堵したとユルバンは記している(46)。駐アレクサンドリア領事との面会のあと旅券が発行されることになり、出立の準備は整った。一度は国籍の離脱を宣告された経緯がどのように処理されたのかは不明である。

一八三六年三月一三日、アレクサンドリアから出航。四月一一日にラ・シオタに寄港し、同月一三日、マルセイユに入港。すでに亡くなっていた父の遺産として、嫡出の娘アントワネットからわずか二〇〇フランを受け取る。晩年の自伝ではユルバンはマルセイユで父の死を知らされたことになっているが、「東方滞在記」にはエジプト滞在中の一八三四年に知らせを受け取ったと記されている(47)。後者を信頼すべきであろう。

フランスに到着後、ユルバンはすぐにパリへとむかった。友人とともに演劇の仕事を探したが果たせず、知人を頼っていくつかの新聞に海外事情などを執筆するようになった。一方で、東洋学者コサン・ドゥ・ペルスヴァルの講義を聴講してアラビア語の学習をつづけた(48)。日々の暮らしを立てるだけの生活に飽きた彼が新しい道として選んだのが、数年前からフランス軍が占領をつづけていたアルジェリアであった。アラビア語の能力を生かして、通訳として働こうとしたのである。シュヴァリエをはじめとする友人たちの推薦が、採用を後押しした。意図せざる方向転換だが、結果として後半生を賭けることになる土地への旅立ちであった。

第4章　通訳の結婚――コンスタンティーヌ、一八四〇年

1　アルジェリアと海

アルジェリアへ

一八三七年四月、パリを発ったユルバンは南仏の軍港トゥーロンを経由してアルジェリアに着任した。最初の任地は西部の中心都市オラン。一六世紀から一八世紀までスペインの支配を受け、イタリア人が設計した城塞をもつ港市である。海成段丘を背後にもつ港町の風景と温暖な気候は、慣れ親しんだ南仏との近しさをユルバンに感じさせたことだろう。

一八三〇年の上陸から七年、フランス軍は四万の兵力をもって戦線を拡大し、おもな都市を陥落させていた。とはいえ、占領地の外では散発的な戦闘がつづいている。西部一帯では、アブドゥルカーディル・アル＝ジャザーイリー（以下、アブドゥルカーディル）が諸部族を糾合して新国家の建設をこころみていた（第5章）。両陣営の緊張がつづくなかで赴任したユルバンは、オラン方面の指揮官ビュジョー将軍のもとで通訳官として働きはじめた。従軍通訳として経験をかさねた後、一八四五年には陸軍省本省の事務官として採用され、一八七〇年に退職するまで植民地官僚として歩むことになる。

アルジェリアとフランスのあいだで、西地中海の両岸を往復する生活がはじまった。
　占領の初期、フランス軍が本国で雇うことのできるアラビア語通訳の数はかぎられていた。人員が不足しがちな状況のなかで、外国系の通訳が採用されることもめずらしくなかった。ユルバンについていえば、エジプトで改宗した際に国籍の喪失を通知された経緯は不問に付された。むしろ彼は、イスラーム教徒であることを強調して従軍通訳となった。自伝のなかでユルバンは、赴任時の心境をつぎのように回想する。

　私にとってそれは、東方への伝道の続きだった。エジプトのアラブ風装束を再び身にまとい、割礼のときに選んでいたイスマイルという名を強調した。私は、東洋と西洋の、ムスリムとキリスト教徒の、そして北アフリカのムスリム社会とフランス文明の合一《ユニオン》のために、実地で直接に働こうとした(1)。

　東洋と西洋という対比が北アフリカのムスリム社会とフランス文明の関係におきかえられ、「交わり《コミユニオン》」にかえて「合一《ユニオン》」ということばがもちいられている。晩年のユルバンはそうした使命感を強調して、地中海の南へとふたたび旅立った青年の声を回顧する。
　しかし青年期の書簡からは、べつの印象も浮かび上がる。現地についたユルバンは、征服の惨状に心を痛め、アルジェリアの人々がフランスに対する敵意を高めていることを憂えた(2)。ユルバンは内心に葛藤をかかえつつ植民地の統治にたずさわり、私生活においてはムスリム女性ジャルムーナと結婚した。赴任から三年後の一八四〇年三月、アルジェリア東部の古都コンスタンティーヌでのことである。イスラーム法官の前で結婚するときの印象について、自伝には以下のようにある。

この結婚によって、イスラーム教徒の私に対する信頼はさらに確かなものになった。それによって、私は彼らの生活の内側をより深く知ることができた。そのころ私はアラブ風の装束を着て、内面においてもアラブ人として生きていた。(3)

この一節からは、ユルバンが結婚というものを現地の社会とつながりをもつための手段としてとらえていたことが読みとれる。前の引用とおなじく、アラブ風の装束を身につけたことが記されている。裏をかえせば、そうした服装は赴任の前後、結婚の前後といった特定の時期にかぎられていたのだろう。装いと心の内が一致していたことが強調されているが、アラブ人としての心をもって生きるということもまた、かりそめの経験だったのだろうか。引用した一節は、息子にあてられた自伝の一節である。息子は、カトリック女性との再婚後に生まれた子だった。自伝の書き手としてのユルバンは、自身の人生におけるイスラーム経験に対して距離をとってみせたのかもしれない。

自伝には、はじめはムスリム女性との結婚をその場かぎりの関係と考えていたが、ジャルムーナの知性と情愛にふれて婚姻を継続することにしたという説明が記されている。二人のあいだには娘が生まれ、婚姻関係は妻の死までつづくことになった。ユルバンは初めての子が東洋と西洋の架け橋となることを希望したが、その願いが実現することはなかった。ユルバンを待っていたのは、家庭人としても官吏としても起伏ある後半生だった。

本章も、これまでの章とおなじく背景の説明からはじまる。前章では、東地中海を舞台とした交流について述べた。西地中海でも、サン＝シモン主義者が東西の交わりを主張する以前から両岸の交流はつづいていた。一八三〇年のフランスによるアルジェリア侵略は、たがいにとって、未知の世界との出会いではない。

陸のマグリブ

アルジェリアをふくむ地中海西部のアフリカ沿岸、現代のリビアの一部からチュニジア、アルジェリア、モロッコそしてモーリタニアにいたる一帯は、アラビア語でマグリブ（日没の地）と呼ばれる（地図3）。その歴史をおおづかみにとらえるために、陸と海という補助線をひいてみよう。

はじめに、陸の状況である。マグリブには古代からベルベル（またはイマズィゲン）と呼ばれる人々が住んできた[4]。北アフリカがローマ帝国の属州であった時代には、キリスト教を受け入れたベルベル人も少なくなかったが、七世紀に東からイスラームが伝わるとおおきな変化が起きる。東方から移住してきたアラブ系遊牧民は人口の上では少数だったが、文化的な影響は決定的だった。数世紀のうちに宗教の面ではイスラームが圧倒的となり、少数派としてユダヤ教徒が残った。言語の面では、アラビア語が広く受容された。ベルベル系の人々の多くがアラビア語を使用するようになり、ベルベル語話者が住む地域は高地や砂漠などに飛び地となって残された[5]。

イベリア半島にまで支配をおよぼしたムラービト朝（一一―一二世紀）、ムワッヒド朝（一二―一三世

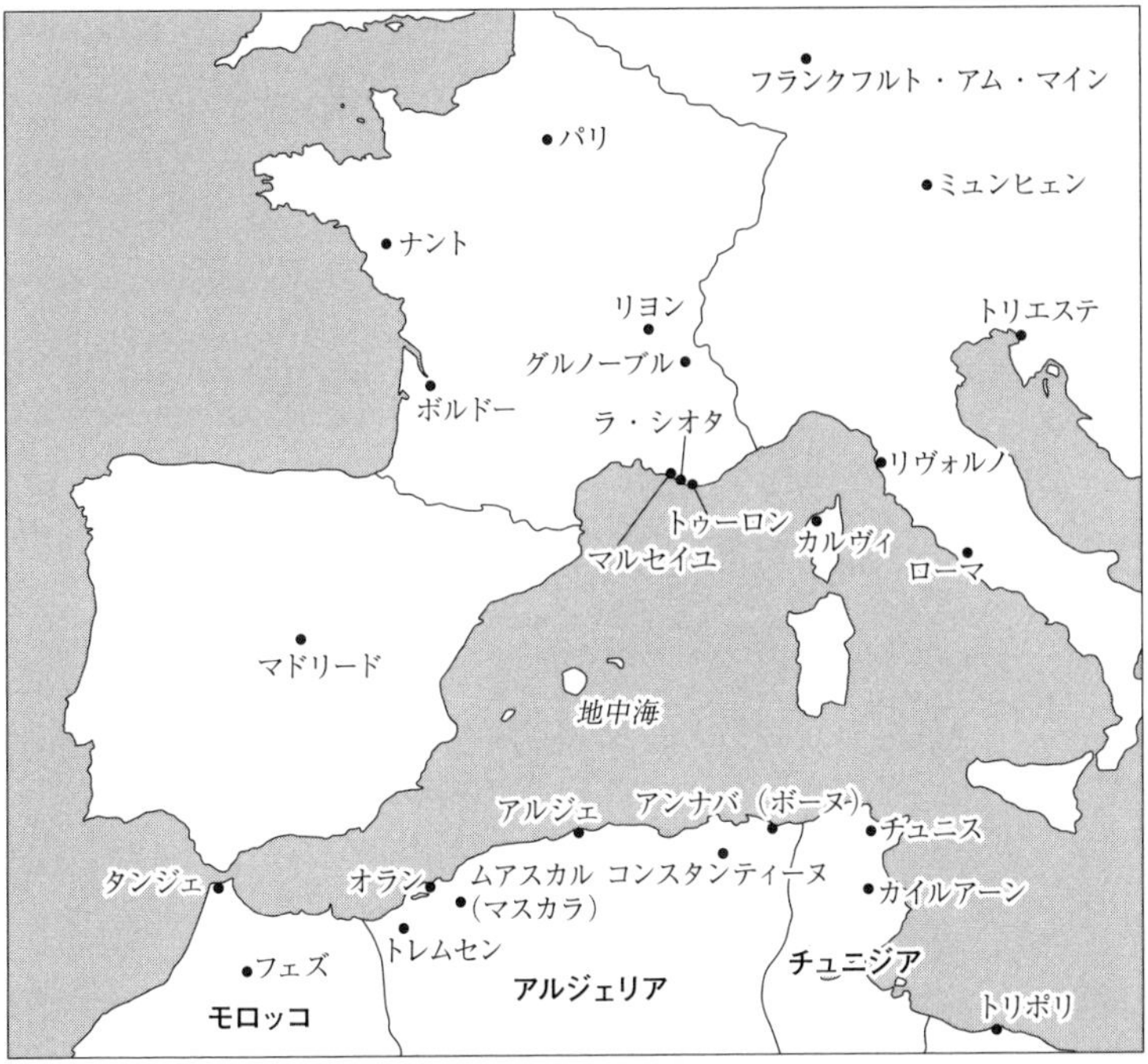

地図3　近世のマグリブとフランス

紀）という大王朝が滅びたあと、マグリブに統一国家はあらわれない。中小の――といっても、それぞれの面積はヨーロッパの国々に匹敵する――王朝が各地に建てられ、興亡をくりかえした。

　そうした激動の時代に生きた歴史家イブン・ハルドゥーンにしたがって「田舎」と「都市」という対比でマグリブ社会をとらえるとすれば[6]、「田舎」には地域ごとの環境に応じて農牧生活を送る人々が住んでいた。そこでは部族の結びつきと、スーフィー教団のつながりが、社会の紐帯となっている。一方で、都市部の住民には、イベリア半島、アナトリアなど海外に血縁をもつ人々や、内陸からの移住者も多い。キリスト教からイスラームへの改宗者や、ユダヤ教徒も少なくなかった。マグリブの社会を特徴づけるのは、言語、系譜意識、地縁、宗教など、さまざまな要素が組み合わさった文化的多様性である(7)。以下では、この地域に住んでいた人々の総称としてマグリブ人、国ごとに呼び分ける場合にはアルジェリア人、リビア人などと記す。宗教的帰属を強調する場合には、アラブ・ベルベル系のムスリム（イスラーム教徒）またはユダヤ教徒ということばをもちいる。

海と陸の結合

広大な陸のマグリブのなかから、アルジェリアという国が築かれるきっかけを作り出したのは、海から来た人々だった。

アルジェには海賊の都という小説風のイメージがあるが、その起源は近世のヨーロッパにさかのぼる。図像に描かれた例として、古い海図帳（ポルテュラン）をみてみよう（図8）。マルセイユで一七世紀前半に作成された絵図には、スペインに弓矢を向ける勇ましい姿でアルジェリアが擬人化されて描かれている。近世ヨーロッパの人々がアルジェリアを手強い脅威とみなしていたことが読みとれるが、このような図像がつくられた背景については、すこし細かい説明が必要だろう。

一五世紀から一六世紀にかけて、海のうえでは二つの大帝国がせめぎ合っていた。アナトリア半島におこったオスマン朝は、一四五三年にコンスタンティノープルを攻め落とし、東地中海を支配する大国となった。イベリア半島のスペイン王国は、一四九二年に半島内の残ったイスラーム王権を滅ぼ

図8　17世紀マルセイユで作られた海図帳（部分）

注）画面左で弓を引いているのがアルジェリア，矢尻はスペインへと向けられ，フランスはその様子を見ぬ振りをしているかのようである．

し、その余勢を駆って西地中海のアフリカ沿岸の港を襲った。抗争の最前線ともいえる北アフリカで、それまで小さな港にすぎなかったアルジェを中心に勢力を築いたのが、東地中海から来た私掠者ハイレッディンの勢力だった[8]。ここでいう私掠者というのは、なんらかの政治勢力から許可を受けて海上略奪をおこなう集団のことで、所属不明の無法者である海賊とは区別される。私掠は、一定の正統性をもつ行為として海事の伝統のなかに受け入れられてきた行為だった。

東地中海のレスボス島の出身とされるハイレッディンは、一六世紀初頭に兄弟とともにマグリブに進出した。ハイレッディンとその後継者たちは、スペインだけでなく内陸のムスリム王朝とも抗争した。彼らは支配を安定させるためにオスマン朝に帰順し、モロッコをのぞくマグリブをオスマン朝の属州として組み込んでいった。一六世紀末には属州が三つに分割される。これが現在のアルジェリア、チュニジア、リビアの原型となった。そのうちアルジェリア属州の範囲は、海岸線からテル・アトラスとサハラ・アトラスの両山脈に挟まれた高原地帯に届いていた。陸と海の勢力がむすびついた政治体としてのアルジェリアの誕生である。

歴史家ブローデルの表現を借りれば、私掠とは大規模な艦隊戦が終息したあともつづく「小さな戦争」である(9)。いいかえればそれは、キリスト教徒とイスラーム教徒がそれぞれに異教徒との戦いの一環としておこなう行為であった。ただし、私掠者のなかには改宗者も少なくない。たとえば、ハイレッディンのやや後の時代にアルジェの私掠者の頭目として勇名をはせたアリ・ビチンは、もともとはサルデーニャ生まれのキリスト教徒であった(10)。

さらにつけくわえると、両岸の関係を特徴づけるのは対立だけではなかった。私掠は経済活動でもある。積み荷を転売したり、虜囚を買い戻したりする取引の相手は対岸にいた。つまり海上の略奪行為は、宗教の壁を越える商業ネットワークの一部でもあった。

そして私掠は外交のなかにも組み込まれていた。一七世紀から一八世紀にかけて、フランス、イギリス、オランダなどの国々はマグリブの各属州と外交関係をむすび、自国船の安全とひきかえに他国船（たとえばスペイン、ヴェネツィアの船）を襲撃することに承認をあたえるようになった。個別交渉のくりかえしの結果、一八世紀後半には、マグリブの私掠活動はヨーロッパのほとんどの国から外交上の承認を得ていた。おもな港市にヨーロッパ諸国から領事が派遣され、マグリブの支配者たちがフランス王やイギリス王の戴冠式に使節を送ることもあった(11)。

外交関係の発展とともにマグリブ船による私掠はしだいに減少し、フランス革命とナポレオン戦争によって海上交易が混乱した時期には、マグリブの私掠船の一部が商船に転用され、フランスへの食料輸出にもちいられたこともあった(12)。ただしこの時期になっても、私掠の伝統がまったく途絶えたわけではない。

一八世紀末から一九世紀にかけて、あらたに地中海に進出してきたアメリカ合衆国にも影響されたヨーロッパの国々は私掠に対する態度を変える。一八一八年のアーヘン会議ではマグリブ船の私掠は海賊行為であると非難された。近世には海の慣習にのっとった戦闘行為として認められてきたことが、根絶すべき無法行為と宣言されたのである。ヨーロッパ側の一方的な通告に対して、マグリブの為政者たちはみずからの正統性を訴えて抗議した。数を減らしたとはいえ、私掠という行為は長い伝統のなかで認められてきたはずだった。しかし、軍事力の不均衡はあきらかであった。艦砲射撃の威嚇に対して、アルジェリア、モロッコ、チュニジアは対抗策をもたなかった。

こうして、西地中海の国際関係において、近世から近代への移行がすすむ。それは、両岸のあいだで共有されていた海の伝統に対してヨーロッパ側が一方的な離脱を告げることからはじまった(13)。だが一九世紀前半には、マグリブ側でもヨーロッパ側でも、近世以来の商業と外交の伝統を受けつぐ人々がまだ数多く活動をつづけていた。

フランス軍の侵攻

一八世紀から一九世紀前半のアルジェリアは、内政においても外交においても事実上の独立国に近い状態にあった。一方で国際関係のうえでは、ひきつづきオスマン帝国の属州であり、イスタンブルの宗主権下にある地域とみなされていた。そこが西欧の一国に占領されたということは、それまで東地中海と黒海方面の事象であった「東方問題」が、汎地中海的な政治変動へと拡大していくことを意味していた。

フランス政府が四万もの遠征軍を派遣したのは、地中海政策の一環としてイギリスに対抗するためとも、海外征服によって国内世論の支持を回復しようとしたためともいわれる。遠征の直接のきっかけとなったのは、一八二七年におこった外交上の衝突である。当時の在アルジェ・フランス領事が、アルジェリアの太守《デイ》から侮辱を受けたとされる事件で、背景には、フランス革命期にアルジェリアからフランスに輸出された穀物代の返済をめぐる対立があった。対立の裏には、アルジェ太守とフランス領事、そして輸出を仲立ちしたリヴォルノ系ユダヤ商人のあいだの、私的で複雑な利害関係が隠されていた(14)。

フランス政府は一八二七年から一八三〇年にかけて、エジプトと共同でアルジェリアに軍事行動をおこすことを計画した。遠征に対して国際的な同意をとりつけるべくカイロ、イスタンブル、ロンドンで外交交渉をすすめたが、交渉は不調に終わり、政府は単独での軍事行動に踏み切る。背後には、地中海貿易の窓口となってきたマルセイユ商業界の後押しがあった(15)。一八三〇年六月に上陸したフランス軍が約一ヶ月の戦闘をへてアルジェの防備を打ち破り、停戦条約がむすばれた直後、パリで政変がおこり、国王が交代した。先行きのみえない占領は、新政府の重荷として残された。

遠征前後のフランス政界では、国益と文明の名のもとに征服を支持する意見が広がった。当時のヨーロッパ人の常識にしたがえば、国際社会とは、欧米の国々だけからなる社会のことである。アジア、アフリカの国々は、文明に達していない存在として国際社会から排除されていた(16)。海賊の制圧、奴隷とされているキリスト教徒の解放といった名目が侵略を正当化した。政界では、現地のアラブ人たちはトルコ人による圧政からの解放者としてフランス軍を歓迎するだろうという楽観論まで唱えられた。(17)だが、そのような浅はかな予想は裏切られる。事態はフランスの人々の常識をこえる展開をみせた。西洋と東洋、文明と非文明という壁を突き崩そうとする議論が、アルジェリア側から提出されたためである。

2　マグリブ人と環地中海的な自由主義の兆し

マグリブ人の外交

異教徒の侵略に対して、アルジェリアの人々はさまざまな策を練った。なかでも素早い対応をみせたのは、商業や外交をつうじてヨーロッパと交流してきた都市の住民たちである。

じっさい最初の数年のあいだ戦争の帰趨は不透明で、フランス政府にも一貫した方針はなかった。そうした時期に、アルジェの住民の代表がパリに渡航し、政治交渉のきっかけをつくりだそうとした。以下は、代表団の一人ハムダーン・ホージャがフランス議会に提出した意見書の一節である。

私はフランス語を読むことはできませんが、シャリーフ・ハッスーナ・ダギーズによる忠実なアラビア語訳を通じてヴァッテルの『国際法』を知っております。ここで参照可能と思われるのは第二篇第五章第六三節と、第三篇第一六章第二六三節の条項でありますが、引用は控えましょう。

そこで述べられている原則を否定することができるでしょうか。アフリカ人は人類社会から排除されているのでしょうか。かの名高い将軍の道徳は自由と相容れるものでしょうか。いいえ、凡俗な人物であればそのような理屈も通るかもしれません。しかし、フランス国民を代表する司令官がこのような言辞を弄することはゆるされません。[18]

一八三三年に提出されたこの意見書は、フランス軍の暴力を批判した。その三年前にフランス軍とアルジェの前政権とのあいだで交わされた降伏条約では、ムスリムの宗教、習俗を尊重すると定められていた。だがフランス側の指揮官は、約束を無視すると公言してはばからなかった。ハムダーンはこの点を非難した。着目すべきは、ヴァッテルへの言及であろう。ヴァッテルはヨーロッパ国際法の体系化におおきな役割をはたした一八世紀の法学者である。一九世紀初頭のマグリブ人がその名を引用し、ヨーロッパの国際法思想にもとづいて「アフリカ人」を同じ地平において遇するように訴えた。例としてあげられているヴァッテルの章・節は、国家間の関係において正義を遵守すべきこと、降伏条約の内容を遵守すべきことを論じており、アルジェ側の主張する文脈に合致している。地中海の南岸の人々が、北岸の人々を説得するために相手の思想的文脈にのっとって論を立てた。

意見書には、作成者としてハムダーン・ホージャの署名があり、文中には、ヴァッテルの翻訳者としてハッスーナ・ダギーズという名があげられている。二人の名は別の史料にも連名であらわれるが、なかでも有名な作品が、同じ年にやはりフランス語で出版された書物『アルジェ属州の歴史と現状、アラビア語原題「鏡」』（以下、『鏡』とする）である。[19]

『鏡』の表紙には著者としてハムダーンの名があり、アラビア語原著からフランス語への翻訳者として「東洋人H．D．」とハッスーナ・ダギーズのイニシャルが記されている。本文に記されたところによれば、著者ハムダーンは、トルコ系男性と現地人女性のあいだに生まれたクルオールと呼ばれる集団に属していた。すでに六〇代に達していたと考えられる。商人としてイスタンブル、パリ、ロンドンに渡航するなど、豊富な海外経験をもっていた。フランス側と通訳を介さずに交渉する語学力をもち、同時代のフランス人に「もっとも鋭敏にしておそらくもっとも危険な人物」と評されたハムダーンは、アルジェの都市社会において傑出した知的、経済的エリートであった[20]。

ハムダーンは、アルジェリア最後の太守フサインから信頼され、一八二七年から一八三〇年の外交危機の時期からフランスとの交渉にかかわっていた。占領がはじまると、ハムダーンはフランス軍から意見を諮問される窓口となった一方、モロッコ王国とオスマン帝国の宮廷に書簡を送って介入を請い、アルジェリア各地で抵抗をつづけていた軍事指導者とも連絡して、フランス軍撤退の条件を探った。さらに彼は、一八三三年から一八三四年にかけてフランスに渡り、フランス政府に直接はたらきかけようとこころみた[21]。

もう一人の立役者ハッスーナ・ダギーズは、リビアのトリポリ出身で当時おそらく三〇代、ハムダーンと同じく、トルコ系男性と現地系の女性とが交わる有力者の家系の出身であった。彼もまたヨーロッパ滞在の経験があり、一八一三年、二一歳の時ヨーロッパにわたっている。将来トリポリの国政にかかわることを期待され、見聞を広めるためであった。商人として身を立てながらパリに滞在した後、一八二一年頃にロンドンに転居した[22]。

ダギーズはロンドンで、功利主義の思想で知られるジェレミ・ベンサムの知己を得た。すでに八〇歳近かったベンサムは新しい友人の知性を高く評価し、ダギーズはベンサムのサークルに出入りすることで自由主義の時代の思潮を吸収した[23]。一八二〇年代のベンサムは、リビアにおける立憲制の試案を作成したことで知られるが、これは、ダギーズとの交際から生まれた成果である[24]。ダギーズはみずから言論活動もおこなった。イギリスでは、奴隷制廃止とトリポリのかかわりについての政策論を発表している[25]。一八二五年、ダギーズはトリポリに戻って外交にたずさわったが、国内外の政治的対立に巻き込まれて立場を危うくし、ふたたびパリに転居する。そして、一八二七年にはじまったアルジェとフランスの外交危機に接してハムダーンと連携をしたと考えられる。

「東洋人」がみた文明

そしておそらく、ハムダーンとダギーズは二人だけで活動していたわけではない。当時パリやマルセイユには、地中海出身のムスリムたちが少数とはいえ暮らしていた[26]。フランス人の側にも、海外遠征に反対する立場から助力する人々がいたかもしれない。そうした人々の合作ともいえる『鏡』は、フランスの読者に対してつぎのように訴えた。

私の知るところでは、すべての自由な人民は、ポーランド人とかれらの民族性（ナショナリテ）の回復に関心をいだいている。また私の知るところでは、英国政府は黒人を解放して不動の栄光につつまれ、そのために英国議会は五億を費やしたという。ところがアルジェ国に視線をもどしてみれば、私が目にするのは、住民たちが専断と殺戮とあらゆる戦争の災厄の軛に苛まれ、それらすべての惨禍が自由なフランスの名のもとにもたらされているという事実である。(27)

引用した文章は、アルジェリアの人々の抵抗と、ヨーロッパの民族問題を同じ地平において論じようとする。ポーランドでは、異国の支配を覆すために一八三〇年から三一年にかけて大規模な蜂起が起きていた。地中海の両岸の出来事がひとつづきに論じられ、「東洋人」も同じ人類として文明のなかにあることが強調される。そこから導かれる第二の主張は、アルジェリアの人々はひとつの民族（ネーション）としての資格をもつということである。ヨーロッパの国名を列挙してそれぞれの地域のなかにある多様性を強調する一節は、アルジェリア人はひとつの民族としての一体性をもっていない、という巷説への反論となっていた。

この書物の読者たちは、アルジェ属州を構成する各地方、サハラとテル、山岳地帯と都市部の、風習の多彩さに驚いてはいけない。スイス、イタリア、ハンガリー、ドイツを渡り歩いた者は、それぞれの場所で、同じく目をみはるような多様さを、各地の法に関しても体験するはずである。……

それぞれの民族は、自分たちの風習と法こそが最良のものだと思いこんではいないだろうか。だがこうした思いあがりほど滑稽なものはない。……

残念ながら、民族（ナシオン）同士の蔑視はしばしばこうした風俗慣習のちがいにもとづいている。……

東洋人が考える文明とは、普遍的な倫理を追究し、強きものにも弱きものにも正しく接し、ひとつの大きな家族である人類の幸福に貢献するということである。(28)

一九世紀前半のフランスでは、ナショナリテということばが今日に近い意味でもちいられるようになっていた。英語におきかえればナショナリティ、つまり、領土、言語、歴史等によってむすばれた人々の一体性、民族性を意味している。これが国際政治の文脈に適用されると、そうした一体性をもつ集団は国を建てて独立すべきであるとする原則につながる。当時の常識にしたがえば、そういった意味でのナショナリテを獲得する段階に達しているのは、歴史の発展の最先端にいるヨーロッパの諸民族にかぎられているはずであった。ハムダーンとダギーズの『鏡』は、そのような見方に挑戦した。

フランス政界の反応

ハムダーンとダギーズの問題提起は、フランスの論壇で無視されるどころか、相当の反響を呼びおこした。議員の多くは、部族として暮らすアルジェリアの人々は、人類の発展の証左としてのナショナリテの段階に達していないと主張した。「彼らは、悠久の昔から放牧地をめぐって内輪もめをくり返し、単一の信条や利害、一人の指導者のもとに統合されたことすらない部族の類にすぎない。二〇〇年にわたるインド支配をつうじて、イギリスの議会でインドのナショナリテなるものが問題になったことがあっただろうか(29)」。これは、奴隷制廃止協会の創設者でもあるラボルドの発言である。だが、このように議論を封じ込めようとする態度は、アルジェリア人はひとつの民族であるという意見を無視できないという認識の裏返しである。征服に反対する議員たちは、つぎのように述べた。

我々は何を望むのだろうか。アラブ人を服従させることだろうか、それとも文明化することだろうか。この土地を征服するのか、たんに通商関係をとりむすぶのだろうか。我々が求めているのは、アルジェ属州をフランスの県にすることだろうか、それとも、沿岸部の占領のみにとどめ、残りの地域に独立とナショナリテをみとめて、民族として遇することだろうか。(30)

議員たちの意見はさまざまであった。議場では、ひとつの民族性を形成するという発展をとげることができたのはヨーロッパの人々だけなのか、それともアルジェリアのアラブ人にもその可能性が開かれているのか、あるいは、アラブ人はすでにその段階に達しているのか、という問いかけが広がっていた。

この問題について、自由主義の思想家トクヴィルのことばを紹介しよう。議員をつとめていたトクヴィルは、政治家としての発言においては征服を肯定した。国威を増すための不可欠な選択だというのである。その一方で彼は、アルジェリアの人々が一体となってフランスと対峙する可能性に言及していた。「アルジェリアは遅かれ早かれ、ふたつの民族が相手を倒すまで容赦なく戦う闘技場となってしまうかもしれない(31)」。トクヴィルは、アルジェリアとの関係がナショナリズムの高まりという歴史の趨勢のなかに組み込まれていることを、正確に見抜いていた。

一九世紀の前半のフランスには、文明と野蛮の対立という図式の限界を察知する人々がいた。地中海の対岸の人々が、もうひとつの文明の代表として発言することを受け入れる人々がいた。いいかえれば当時の自由主義者たちは、民族の自立という問題系がヨーロッパの外にも開かれていることを認めていた。ヨーロッパだけが発展し、東洋は停滞しているという図式にすべての人々が納得していたわけではない。だからこそ、アルジェリアのアラブ人は一個の民族か否かという問いが投げかけられていた。

そうした議論が生まれたのは、西欧に住み、現地の思想を知り、それを武器として論陣を張ったマグリブ人たちがいたからである。ハムダーンとダギーズの運動は唯一の例ではない。一八三四年には、アルジェリア東部の古都コンスタンティーヌの住民代表がイギリス議会に書簡を送り、「万民法」の名のもとにイギリスが介入することを請願した。(32) この書簡に対して返答が送られることはなかったが、ヨーロッパの外側からの異議申し立てに一理があるという事実を認めた人々もいただろう。イギリスではその数年後に、アヘン戦争開戦をめぐる論戦のなかで「正義は半文明的な野蛮人たる中国人側にある」（グラッドストン）という主張が登場する。(33)

しかし、フランス政界におけるアルジェリア論の高揚は一時的なものに終わった。ハムダーンたちの働きかけが実を結ぶことはなかった。議会での証言からほどなく、二人はイスタンブルへ去った。移転先でダギーズは、イスタンブルでフランス語の官報『モニトゥール・オットマン』の編集にかかわった。第2章でとりあげたシュヴァリエの「地中海体制論」のなかで言及されたように、ヨーロッパで注目される出版活動であった。しかしダギーズは伝染病のためにまもなく没した。ハムダーンはすでに高齢であった。彼らの思想が大きな運動へと拡大していくことはない。アルジェリアでは衝突がつづいた。環地中海的な自由主義のかすかな兆しは、戦乱のなかで押しつぶされていった。

3 レオン・ロシュの豪胆

通訳の世代交代

以上のようなマグリブ人たちの活動はユルバンの道程と直接に交わることはなかった。知られるかぎり、ユルバンが周囲と交わした書簡類に、すでにアルジェリアを去っていたハムダーン・ホージャやハッスーナ・ダギーズをはじめとする人名は登場しない。自伝にも言及はない。

占領当初、フランス当局のなかには、アルジェだけではなくエジプトや地中海各地から通訳者を募集しようとする意見があり、じっさいにそうした線に沿った採用もおこなわれた。遠征の準備のためにフランス政府が雇い入れた通訳は約七〇人。そのなかには、パリ東洋語学校の卒業生を中心としたフランス人、一七九八年のエジプト遠征をきっかけにフランスに移住した東方のキリスト教徒、そして、遠征直前におもにチュニジアで募集されたキリスト教徒とユダヤ教徒がいた。

代表的な例として、ファラオン家の例をあげよう。ギリシア系カトリック教徒としてダマスクスに生まれたエリアス・ファラオン（一七七四—一八三一）は、フランス軍のエジプト遠征に際してナポレオンの個人通訳として採用され、フランス軍退却の数年後にフランスに移住して、外交・商事の分野で活躍した。その子ジョアニ（一八〇二—一八四六）はパリで東洋語学校に学び、一八三一年からアルジェで軍人向けのアラビア語教育を担当した。ジョアニの子フロリアン（一八二七―一八八七）も、アルジェリアとフランスの双方で、先住民向けのフランス語教育とフランス人向けのアラビア語教育とフランス語・アラビア語バイリンガル新聞の出版など、多彩な分野で活動した[34]。

しかし、ファラオン家のように近世以来の家系に属する通訳たちは、しだいに表舞台を退いていく。ユルバンがオランに赴任した前後には、チュニジア人とシリア人キリスト教徒の通訳が活動していたが、そういった「東洋」系の人員はしだいに少なくなっていった[35]。かわって主流になったのが、フランス本国で生まれ育った通訳たちである。そのなかには両岸の旅を冒険として生きた人々も少なくなかった。

冒険者ロシュ

そうした新しい通訳の一人、レオン・ロシュ（図9）の名は、日本では幕末外交史の登場人物として知られている。幕末の日本にフランス公使として駐在し、英国公使パークスと駆け引きしつつ軍制改革などで幕府を支援した外交官、という人物像を思い浮かべる読者も少なくないだろう[36]。

ミシェル＝ジュール＝マリ＝レオン・ロシュ、通称レオン・ロシュは、フランス中部グルノーブル近郊で一八〇九年に生まれた。父方の家系は商業を営む平民で、母方はフランス中部の大都市リヨンの法律家一族である。幼くして母を亡くしたレオンは、名付け親であった母方の伯父夫妻のもとで育てられた。この伯父の妻というのは、フランス革命史に名を残したロラン夫人の遺児であった。ロラン夫人といえば、革命の時代に有力なサロンを主催し、みずからも政治にかかわって斬首された女傑として知られた人物である。革命の立役者を遠縁として成長したことは、レオン・ロシュの冒険的性格に影響をあたえたかもしれない[37]。

成長したロシュは、大学を中退してマルセイユで働きはじめた。そして一八三二年にアルジェリアにわたったらしい。後述する回想録によれば、駐留軍の兵站にかかわっていた父が入植地の割り当てを得たため、それを助けて開拓に従事するためであったという。ユルバンがサン＝シモン主義運動を知ってマルセイユからパリへと北をめざしたのとちょうど同じ頃、ロシュは地中海をわたって南にむかったことになる。

ロシュは現地でアラビア語を習得し、一八三五年に占領軍の通訳として働きはじめた。その後の経歴は波瀾に満ちている。一八三六年から三九年までは軍を出奔し、フランスと一時的な和約を結んでいたアブドゥルカーディルの本陣に同行した。その後フランス軍の通訳官として正式に採用されると、一八四一年にはチュニジア、エジプト方面へと密命を帯びて派遣されている。アルジェリアに帰還したあと、一八四六年には外務省に移籍。以後、在外公館の領事として職歴を積んだ。

図9　レオン・ロシュ

一度は敵陣に出奔した人物が、なぜやすやすと軍に復職できたのか。一介の通訳官がどうして外交官へと栄転できたのか。謎の多い経歴といわねばならない。領事として活躍するためには、外交官や貿易商の家系に生まれることが当然とされた時代である。母方の家族がそれなりの後ろ盾となり、任地のモロッコで当時のフランス大使の娘と結婚したとはいえ、ロシュの栄達は例外であったといわねばならない。

外交官となってからの任地を先取りして紹介すると、一八四六年からタンジェ（モロッコ）、一八四九年からトリエステ（ハプスブルク帝国の自由市）、一八五二年からトリポリ（リビア）、一八五五年からチュニス（チュニジア）であった。日本に来るまで一貫して地中海の周辺にいて、その大部分をマグリブですごしたことになる。日本への着任は一八六四年、離日は一八六八年。幕府内に親仏派の人脈を開拓しつつ、軍制改革などを支援した。しかし、大政奉還から王政復古への激動を読み切れず、本国に召還されることになった。帰国後は任地をあたえられることなく、一八七〇年に引退した。

職歴をかさねるなかで、ロシュとユルバンの軌跡は何度か交錯した。しかし、彼らが友人として交際したり、同僚として緊密に協力したりした形跡はない。一八四〇年代前半の二人は、通訳としての昇進をあらそった。ロシュは一貫してビュジョー将軍の近くではたらいた。それと比べてユルバンは、ビュジョーから冷遇された。ユルバンがアルジェリア人にたいする徹底的な弾圧をよしとしない思想の持ち主であることをビュジョーが見抜いていたためかもしれない。アンファンタンをはじめとするサン＝シモン主義者たちがビュジョーを批判する一派を形成していたことも影響しただろう。そこでユルバンは、後述するように王子ドマール公の庇護をもとめることになった。ロシュとユルバンのそれぞれの職歴については次章以降であらためてふれる。以下では、二人の生涯の私的な側面としてロシュの改宗とユルバンの結婚について述べることにしよう。

未完の回想録

とはいえ、その史料はかぎられている。ロシュ初期の経歴については晩年に出版された回想録に詳しい。それらはロシュの引退後に出版されたもので、『イスラーム遍歴三二年』という題名の三巻本として予告され、二巻のみが発行された（一八八四―一八八五年）。著者の没後、『イスラーム遍歴一〇年』と改題して再刊されている（一九〇四年）[38]。題名の変更は、既刊部分の内容がアルジェリア駐在時代の一〇年間にかぎられていたためである。

ロシュ自身の日記と友人にあてた手紙の再録という体裁で記述される現在時制の章と、数十年後の視点から過去時制で書かれる章とが組み合わされた回想録は、同種の著作のなかでも脚色が多いことで知られる。歴史家のあいだには、彼の回想録は娯楽小説に等しいという評価もある[39]。しかしいかに脚色があるにせよ、彼が唯一の証言者となっている出来事については、ひとまずその証言を出発点として考えざるを得ない。

ロシュの生涯においてもっとも有名なエピソードとして、イスラームへの改宗をめぐる一連の経緯がある。まず回想録に記された内容をまとめれば、つぎのようになる。ロシュは、アルジェリアにわたってまもなくアルジェ近郊の入植地にいた頃、ハディージャという現地女性と恋に落ちた。だが相手の女性は家族によってムスリム同士の縁談を整えられ、フランスの占領地の外へと送り出された。そこで彼は恋人と再会するために、単身アブドゥルカーディルの陣営に身を投じることにした。そのための方便として、イスラームへの改宗を偽装したというのである。回想録から、友人への手紙という体裁で書かれた一節を引用する。

しかし僕の計画を実現するためには、大きな困難が横たわっていた。

どうやってキリスト教徒である僕が、イスラーム教徒の貴人の信頼を得ることができるだろう！　そもそもどうやって、とりまきの狂信者たちをくぐりぬけて彼のもとにたどりつけるというのだろう？　たえず嫌疑をかけられ、それが克服しがたい障害となって僕の使命の完遂を妨げるのではないか？　そしてキリスト教徒である僕は、どうやってハディージャと結婚することができるだろう？

だが棄教とは！　そのようなことは考えられない。僕が熱心なキリスト教徒だったというわけではない。むしろその逆だ。僕は最初の聖体拝領以来カトリックの実践を怠ってきたし、宗教感情が意味をもたない世界で生きてきたことの影響を受けている。僕はイスラーム教徒のふりをするという恐ろしい選択にもひるむことはなかった。それでも、正式な棄教を避けるということは大切だった。(40)

このつづきには、ロシュはふだんからアラブ風の服装で暮らしており、ムスリム女性との恋愛も周知のことだったので、すでにイスラームに改宗しているのではと噂されていたという事情が記されている。アラビア語の師からさまざまな知識を授けられ、古い証文の翻訳に携っていたことも、改宗偽装に役立ったとある。そしてロシュは、しばらくアルジェリア人部族のもとで暮らしてからアブドゥルカーディルとの面会に成功し、みずからが噂にいう改宗フランス人であり、ウマルを称していると自己紹介しただけで、指導者の信頼を得たのだという。[41]

恋愛という動機については周囲の証言もないことであり検討をひかえる。ロシュのムスリムとしてのふるまいが、儀式や宣誓をともなわない、たんなる偽装であったのかという点にしぼって検討しよう。

西欧人がイスラーム教徒をよそおった例はほかにもある。たとえば、『千夜一夜物語』の翻訳で知られる英国人リチャード・フランシス・バートンが、イスラーム教徒に変装してメッカに潜行したとされるのは一八五三年、旅行記の出版は一八五六年である。ロシュの場合、右に引用した回想録は、出来事からほぼ半世紀後に書かれたものであった。そこで同時代人による記録を参照してみると、東洋学者アドリアン・ベルブリュゲルがアブドゥルカーディルと会見したあとに発表した旅行記に、つぎのような記述がある。

しばしの沈黙につづいて、彼（アブドゥルカーディル）はつぎのような言葉で答えた。彼に特徴的なぎこちない口調は、そのとき常よりも目立っていた。「ウマルはみずから私たちのもとに加わった。行動の意味を知らぬ子供ではない。一人の男である。彼はもてなしを求めた。私たちはそれを許した。彼はイスラーム教徒にしてくれるよう求めた。私たちはそれを許した。誠意と正義からそのようにしたのである。ウマルの父が悲嘆に暮れているというあなたの話は残念だが、その求めに応じれば教えに反することになる。ムスリムである私が、別のムスリムに対してキリスト教徒のもとへ帰れと命じろというのか。それはできない[42]」。

この記事にいうウマルが、ロシュのことである。ベルブリュゲルが聞き取ったとされる説明によれば、ロシュはアブドゥルカーディルのもとで改宗を許された。すでに改宗をすませた者として陣営に加わったとする回想録の説明と矛盾する。ロシュがアブドゥルカーディルの近侍として信頼を得ていたとする証言は複数ある(43)。信仰篤い指導者に同志として認めてもらうためには、ムスリムとして通用するだけの相応のふるまいをしていたと考えるのが妥当であろう。そのためにロシュが、周囲に認められるようなかたちで信仰を誓うといった行為をしていたとしても不思議ではない。

便宜的な改宗

しかし結果からいえば、ロシュの行動は、内発的な信条によるものではなく、便宜を目的とするものであったと考えられる。回想録によればロシュは、休戦の先行きが不明確になった一八三九年秋頃から、フランスを裏切ることはできないという思いをつのらせるようになったという。そして彼はある日、アブドゥルカーディルに対して自分はキリスト教を棄てていないと明かす。アブドゥルカーディルは怒りに打ち震えながら、彼を処罰しようとしなかった。そして、ただちに陣営を去るように命じたというのである。劇的な描写であるが、ロシュらしい脚色として読むべきであろう。じっさいにはその頃、ロシュはフランス側の密偵であると疑われ、立場を危うくしていたらしい(44)。

ロシュはフランス軍に帰参し、国王の長子オルレアン公付きの首席通訳官に起用された。前歴の不確かなロシュがこれほど厚遇されるのは、そもそも彼が密偵として派遣されていたためではないかというのが当時からの噂であった。

一八四一年七月、ロシュはフランス軍指揮官ビュジョーからチュニジア、エジプト方面にむかうように命じられた。回想録によれば、アルジェリアのイスラーム教徒たちに対して、フランス軍への抵抗を止めるようにファトワーで呼びかけるためである。ファトワーとは、ムスリム法学者が信徒の質問にたいしてしめす回答で、私的な内容から国政にかかわる事柄まで、さまざまな問題についての意見がふくまれる。ロシュによれば、件のファトワーはまずチュニジアの古都カイルアーンで学者たちによって起草され、つぎにカイロのアズハル学院で指導者の是認を受け、さらに権威を高めるために、メッカにまで赴いて学者たちの意見を聞いたものだという。

社交の面でも、回想録の記述は華々しい。エジプトでは、ムハンマド・アリーの厚誼を得る一方、多数のサン＝シモン主義者と交際したとも記されている。だがどちらも事実である可能性は低い。ロシュとムハンマド・アリーが会ったという同時代の記録はない。サン＝シモン主義者との交流については、エチオピア探検記などで有名なコンブとタミジエの名があげられているが、この二人は当時すでにエジプトを離れていた(45)。怪しげな記述はほかにもある。ロシュがメッカを訪問したとする回想録の記述については、一九世紀初頭にメッカ巡礼をはたしたスイス人ブルクハルトの旅行記の行程を反転させた引き写しであることが指摘されている(46)。さらにその後の、ローマで回心して教皇に面会したというくだりについては、もはや荒唐無稽というべきだろう。

ようするに回想録の内容には誇張や剽窃が多く含まれている。一八四〇年代当時にロシュからビュジョーに送られた書簡と照らしあわせてみると、ロシュは、チュニジアをへてカイロまでは到達していたらしい(47)。書簡によればロシュは、アルジェリアからエジプトに逃れたムスリムと接触し、アブドゥルカーディルと対立する勢力との連携を模索した。そして、アルジェリアのムスリムに対してアブドゥルカーディルの指揮を受け入れないように呼びかけるファトワーを得たと報告している。回想録の記述と趣旨は異なっているが、なんらかのファトワーを入手していたのは事実だろう。ちなみに書簡ではメッカ訪問の計画も述べられているが、それが実現したという後続の報告は残されていない。

　ところで同じ書簡のなかで、ロシュはみずからの「イスラーム教徒としての身分」が宗教指導者との面会の役に立ったと述べていた。みせかけの改宗とは述べられていない点に注意したい。便宜的な改宗ではあったが、それはたんなる偽装ではなかったとも考えられる。それではロシュは、宗教的な帰属をあいまいにするふるまいをいつまでつづけていたのだろうか。第5章で述べるモロッコ赴任の際に、ロシュはイスラームへの改宗という前歴を周囲から問題視され、本人がそれを否定したという経緯がある。すくなくともそれ以前に、改宗を否認する姿勢を明確にしたと考えてよいだろう。

4　改宗、人種、結婚

通訳者と改宗者

一時的にせよ終生にせよ、改宗は、中近世から近代のはじまりにかけて、けっしてめずらしいことではなかった。

仏領で活動したアラビア語通訳にかんするメッサウディの研究に依拠して、例をあげよう(48)。あいまいな例は、すでに登場した東洋学者ベルブリュゲルである。フーリエ主義者であり、サン＝シモン主義者とも交流の多かったベルブリュゲルは、アラビア語に通じ、アルジェリアで博物館の設立などにかかわった。彼はムスリム女性と結婚し、一人娘をカトリックとして育てた。周囲からイスラームへの改宗を噂されたベルブリュゲルは、それを誹謗中傷であるとして公に否定した。

逆に、改宗者としての生き方を守った例もある。たとえば、ユルバンの父とおなじラ・シオタ出身のフランソワ・ラザール・ギースという人物がいる。一八世紀半ばに生まれ、父に連れられてイスタンブルに移住したギースは、トルコ語を習得し、イスラームに改宗した。誇り高いカトリックの通訳家系から改宗者がでたことは物議を醸したが、彼が再改宗を強制されることはなく、海事省の官職についてフランス各地の港で働きつづけ、革命、帝政、王政復古という体制の変転を生き延びた。

やや時代をくだって、ニコラ・ランベリの例もあげよう。チュニジア生まれのギリシア系正教徒で、若くしてイスラームに改宗し、チュニスの大モスクで学んだとされるランベリは、一八四〇年代にコンスタンティーヌで翻訳者として活動していた。ムスリムの服装で暮らしていたこの人物を、当局はフランス市民とみなしていた。

こうした国籍と宗教をまたぐ移動は、公文書の記録として残りにくい。彼らはもちろん周囲から非難を受けることはあったが、存在を許容されていた。近世から一九世紀の半ば頃まで、ギースやランベリのような人々はほかにもいたはずである。それが希少になっていくのは、一九世紀後半以降のことであった。そうした時代の変化を考えれば、若い頃のロシュが平然と改宗者のようにふるまい、晩年になってそれは偽装であったと強調したことも理解できる。

図10　コンスタンティーヌ

注）急崖に囲まれた都市で，18世紀末に建設された橋によって谷の反対側と結ばれている．

『黒人種と白人種についての書簡』

ロシュの生涯のなかで、ムスリム女性との関係は青年時代の思い出として回想されるにとどまる。だがユルバンのそれは、一生の課題となった。

本章の冒頭でも述べたように、一八四〇年三月、ユルバンはアルジェリア東部の古都コンスタンティーヌ（図10）で現地の女性ジャルムーナ・ビント・マスウード・アッ＝ズバイリーと結婚した。カーディー（イスラーム法官）の前で、ムスリムの慣習にしたがった結婚式をあげたと自伝にある。[49] ジャルムーナの実家は家柄のよい一門であったが、フランスとの戦乱のなかで家産を失っていた。ジャルムーナの父は、数年後に部族の代表者としてフランス当局との窓口になっていた記録がある。フランス人と協力したり、あるいは面従腹背の態度で生き延びようとしたりしたアルジェリア人が少なくなかった時代である。

メッサウディの研究によれば、当時のフランス人アラビア語通訳者のなかでムスリム女性と正式に結婚した記録が残されている例は、ユルバンと前述のベルブリュゲルの二人しか知られていない。[50] すでに改宗していたユルバンにとって、この結婚は宗教の壁を越える行為ではなかった。東西の合一というサン＝シモン主義の思想信条をひきうけた、「人種」の交わりであった。それでは彼は、血統あるいは人種という問題をどのように考えていたのか。

ユルバンがサン＝シモン主義者、なかでもギュスターヴ・デシュタルとの出会いをきっかけとして、人種について意識するようになった経緯はすでに述べた（第3章）。その後もデシュタルとユルバンはこの主題についいて書簡をつうじてさかんに意見を交換し、往復書簡の一部は、二人の共著『黒色人種と白色人種に関する書簡』（一八三九年）として出版された。結婚の前年のことである。

デシュタルの関心にそってなされる議論は、「人類はひとつの家族である」という命題から出発して、白人と黒人がそれぞれ固有の性質をもつことを強調する。ある人種に属していることがその人の本質を規定するという意味では一種の人種思考である。白人がよりすぐれた存在であると断定されているから、そこには差別意識がある。だがデシュタルの議論には独特な力点があった。それは、混血の推奨である。

　つまり黒人は本質的に家庭的な存在であり、そのため女性と同じように、多少なりとも残酷なかたちで隷属状態におかれてきた。女性の解放は黒人の解放をともなわねばならず、より明確にいえば、黒人女性においてこそ女性の解放が完遂されねばならない。別の言い方をすれば、白人の男性と黒人の女性の夫婦を、典型とすべきなのだ。(51)

デシュタルは文章のなかで、男性に理性、女性に官能といった二項対立をくりかえす。女性の、とくに黒人女性の解放がいわれているが、それは男性の優位を脅かすものではない。注目すべきは、白人男性と黒人女性が夫婦となるという一節である。デシュタルは、家族は父と母だけでなく子も大切だと強調し、つぎのように記す。

人類諸人種の、家族としての組織化。白色人種と黒色人種の協同、より正確には結婚、そして二つの人種の系譜につらなる新世代の人類、二つの人種の協力から生まれる混血の世代、それらがこの組織の礎石である。(52)（強調は原著）

ユルバンは、「黒人」は「女性的」であるという図式に対して慎重な態度をしめした。その一方で、人種の融合があたらしい世代を生み出し、未来の礎となるという主張には力強く応答した。ユダヤ教徒デシュタルに対して、ユルバンは私信で語りかけた。「私はムスリムの黒人です。私たちの融和はヨーロッパでもたらされました。東方においては、イスラエルの子との縁組はまだ遠い(53)」。異人種への寛容は、異教徒への寛容と結びつけて語られる。夢想的な筆致ではあるが、青年ユルバンは、人類の融和という目的を担う者としてみずからを表現している。それに対するデシュタルの答えは、混血の有色人種は肉体的にも美しく精神的にも大きな運命を背負わされているとして、「古い人類から生み出された新しい人類」の未来を応援した。(54)

「植民地風の結婚」

とはいえ、観念的な意見交換とじっさいの生活とはまた別のことである。自伝によればユルバンは、ジャルムーナとの関係を一時的なものと考えていたらしい。それは「植民地風の結婚」であって、仕事で現地を離れるときには解消される関係ととらえていたというのである。

男性側の身勝手な理屈もさることながら、女性の側はどのような意思をもって結婚することになったのだろうか。ジャルムーナのことばを伝える史料は知られていない。ユルバンの自伝によると、彼と出会った頃にまだ一〇代だったジャルムーナは、すでに一度結婚と離婚を経験し、父と対立していたという。家族のなかで困難な立場におかれていたことが、異邦人との結婚という道を選んだ理由なのだろうか。自伝の該当箇所にはデシュタルの筆跡で注記があり、ジャルムーナは通訳として働く見返りにフランス人の保護をもとめたと記憶している、と書かれている[55]。この挿話を信頼するならば、外来者とのかかわりによって人生の転機を作り出そうとしたのは、むしろ女性の方であったのかもしれない。かりにそのようなきっかけがあったとして、二人が結婚にまでいたった経緯は不明である。

結婚の翌年、ユルバンは任務を受けてパリ、つぎにアルジェに赴任した。コンスタンティーヌを離れるときに婚姻を解消するつもりでいたユルバンは、方針を変えて妻をアルジェに呼び寄せた。一八四三年一月、長女バヒーヤが生まれる。その後に妻と子はコンスタンティーヌに戻ったが、二人の婚姻関係は、ジャルムーナが亡くなる一八六四年までつづくことになった。ただし、家族全員がともにすごした時間は長くはなかった。ユルバンはもっぱらパリとアルジェに勤務しており、コンスタンティーヌを訪れる年もあれば、数年間不在がつづくこともあった。逆に、妻と娘が数ヶ月ユルバンの任地に合流したこともあるが、娘は寄宿校にはいった時期も長く、全体として別居の長い家族であった。

こうしてユルバンはアルジェリアに家族をもったが、一方で、ギアナの親類との交際もつづいていた。一八三八年にカイエンヌの母と祖母が亡くなり、遺産相続をめぐって姉アルマイドと妹リズのあいだで争いが生じた。そのため、ユルバンが自らの相続分を放棄してリズの取り分にあてたことが自伝に記されている(56)。この一件以降、ユルバンはアルマイドと断絶した。ちなみに、一八四八年に仏領で奴隷制が廃止されたことはふたつの自伝には言及されていない。その前後でギアナの家族の暮らしにどのような変化があったのかは不明である。

後々まで親しい関係がつづいたのは、妹リズと弟オヴィドである。この二人は、フランス南部の商業と海事の世界で暮らしていた。父につながる社会的環境に生きていたといってよいだろう。リズはフランス海軍の軍人と結婚し、夫と二人の娘とともに軍港トゥーロンで暮らした。ユルバンは、リズの娘たちがパリの寄宿学校にはいるための手配をしたり、夫の受勲のために口利きをして退役後の起業を助けたり、あれこれと支援をつづけた。弟オヴィドは、水兵として働いたあとセネガルの港市ゴレに住みついていた。象牙やゴムなどをあつかうマルセイユの商事会社の社員として働いていたようである。一八五三年に一時パリに滞在して、リズと三人でひさしぶりに再会している(57)。

自伝にあらわれるそのほかの親族として、母方の従兄弟ドナルド・パワーという人物がいる。ユルバンとは一八三九年に面会したことが記されている。パワーはノルマンディの貴族の娘と結婚していたため、その居城を訪れたと説明がなされている。ちなみにその頃、ユルバンはカイエンヌへの一時帰郷を考えたともいうが、その旅が実現することはなかった(58)。

カトリックとの断絶

アルジェリアの家族に話を戻すと、ユルバンは一人娘のバヒーヤに、東洋と西洋の架け橋としての期待をかけた。しかし彼の希望ははたされなかった。やや長くなるが、自伝を引用する。結婚から一五年後の一八五七年、ユルバンがパリに赴任し、妻と娘をアルジェリアから呼び寄せた時期についての記述である。

五月、バヒーヤとその母がパリに到着した。私がずっと以前から準備していたふたつのことを実現するためである。バヒーヤは小さい頃から、コンスタンティーヌのキリスト教修道女の寄宿校に預けられていた。そこで彼女は、父母の関係に法的な問題があるという非難を毎日のように聞かされたのだった。軽率で偏狭な教育にそそのかされた寮生たちから、父のことを、母のことを、そして彼女自身の出生のことを侮辱されたのだった。娘が洗礼を受けていなかったことも、あつれきの原因となった。子供の倫理観はすっかり混乱させられてしまった。そのときから、イスラーム教徒の家族とキリスト教徒の——せめてフランスの——家族を近づけたいという私のこころみが失敗したのは明らかだった。アルジェリアに生まれつつある新社会を牛耳っていたのは、スペイン人、イタリア人、マルタ人、フランス南部の人々で、カトリック教徒が多数を占めていた。二つの人種の和解と友好は望むべくもなかった。フランスのキリスト教徒か、イスラーム教徒かという社会的立場のどちらかを選ぶ必要があった。この問題には娘の将来と、本人の心の内にある望みがかかわっていたので、迷うことはできなかった。私はジャルムーナと身分吏の前で結婚し、バビーヤに洗礼を受けさせることを決めた(59)。

フランスに住む家族とアルジェリアの家族を近づけることはできなかったという後悔が記されている。その理由は、修道女の学校での経験が娘を傷つけたことにあるという。学校を選んだときから予測できた結果であるようにも思えるが、ほかの選択肢はなかったのだろうか。当時のユルバンの書簡によれば、娘にフランス式の教育を受けさせることは妻ジャルムーナの望みでもあった。その頃、アラブ人とフランス人を一緒に学ばせる実験校がアルジェに作られていた。ウージェニー・リュスという教育者によって女子校も設立されている。そうしたこころみをユルバンは好意的に論評していたが(60)、娘にそこで教育を受けさせることはなかった。あえて母と家族から遠い土地に送り出すことはないと考えたのかもしれないし、ユルバンが女性の教育についてそこまでの関心をもっていなかった可能性もある。

ところで右の引用の末尾にある身分吏による結婚というのは、いわゆる民事婚のことで、市役所や区役所などの官吏によって身分登記簿に婚姻が記録され、民法上の結婚が成立する。ユルバンとジャルムーナはムスリムとしての結婚しかしておらず、フランス法のもとでは事実婚の状態にあった。フランスの役所での民事婚によってはじめて、法律婚による夫婦として認められることになる。それまでは私生子のあつかいであった娘も、法律上の実子となった。だが一連の行為によって、ユルバンの家族が非難を免れることはなかった。自伝の続きを引用しよう。

結婚式は五月二九日、(当時の)パリ二区の区役所で助役フーシェ氏によってとりおこなわれた。私の証人はギュスターヴ・デシュタルとシャルル・デュヴェリエ、ジェルムーナはアンリ・フルネルと公証人フレデリック・ファヴァール。バヒーヤは結婚証書によって認知を受けた。翌日、彼女はマドレーヌ教会で洗礼を受けた。ギュスターヴ・デシュタルが代父、旧友の寡婦アンジェリナ・モルピュルゴが代母となってくれた。数日後、二人はコンスタンティーヌに旅立ち、現地でバヒーヤははじめての聖体拝領を六月中に受けられるはずであった。良きカトリック教徒たちは不満だった。結婚が教会でおこなわれたものではなく、バヒーヤの母は洗礼を受けなかったからである。この日から私は、アルジェリア植民地化のほんとうの障害とは何か、フランスがムスリム原住民に対して文明化の使命をはたすためにもっとも厄介な敵は誰であるのかを理解したのだった。(61)

一九世紀半ばのフランスで、身持ちのよいブルジョワが結婚するときには、民事婚をすませたあとに教会で祝福を受けることが一般的であった。しかしユルバンは、後半部分を意図的に省略した。そのために、宗教について保守的なカトリックの多いアルジェリアで非難を受けたというのである。妻とは民事婚、娘には洗礼というのは彼の家族構成に応じた折衷案であった。それをわざわざパリでおこなったのは、アルジェでは同じことはできないという重圧があったためだろう。洗礼の翌年、ユルバンは娘バヒーヤをパリ近郊の寄宿校に預け、妻ジャルムーナはコンスタンティーヌで暮らすことになった。ユルバンはコンスタンティーヌに農地の払い下げを受け、その経営を妻に任せた。ジャルムーナは、競売で入手した建物を運用して利益をあげるなど、経営者としての才覚をみせた(62)。

しかし健康を害した妻は、一八六四年に亡くなる。その前後から、ユルバンと娘との関係は冷却したらしい。ジャルムーナの死のわずか三年後、ユルバンがカトリック教徒の若い女性ルイーズ・ロラと再婚したことが、父娘の関係をさらに険悪にした(63)。ちなみにこのときにもユルバンは民事婚のみですませようとしたため、周囲とあつれきが生じた（終章）。

宗教と人種を越えた融和という理想が家族のなかで実現することはなかった。自伝には、「そうした願いを娘バヒーヤとともに抱くことはできなかった。娘は、私のアルジェリアにおける生活を、アラブ人とのかかわりにおいてのみ理解し、愛した。そして私の家族、ヨーロッパ側の先祖たち、私の宗教的渇望、再生と社会改革と人類愛の思想に、関心をもたなかった」とある(64)。家庭人として挫折をかかえつつ、ユルバンは植民地行政のなかで職歴を重ねた。駆け出しの通訳として出発した彼は、植民地行政のなかで重用される官吏となっていった。次章では時間を巻き戻して、その過程をたどる。

第5章　輻輳するオリエンタリズム――アンボワーズ、一八五一年

1　征服と暴力

一枚の戦争画

戦争画で有名なフランスの画家オラス・ヴェルネの作品に、《アブドゥルカーディルの移動陣屋《スマラ》の攻略》と題された油絵がある。高さ五メートル近く、幅二〇メートル以上の大作で、乾いた大地と青い空を背景として画面の左手には攻め寄せるフランス軍の隊伍が、中央から右手にかけては襲撃に驚き抵抗するアルジェリア人たちが描かれている。題材とされたのは、アブドゥルカーディルの本陣が打ち破られた一八四三年五月の合戦である。フランス側の指揮官は、国王ルイ=フィリップの第七王子ドマール公であった。王族の武勲を讃える戦争画はアルジェリア征服の時代を代表する作品となり、現在はヴェルサイユ宮殿に展示されている。

ヴェルネの作品は、芸術における東方趣味と政治の結びつきを雄弁に物語る。(1) 美学とイデオロギーのかかわりという論点はそれとして、一枚の絵から話をはじめた理由は、ユルバンがこの戦いの場にいたからである。ユルバンの自伝に、つぎの記述がある。

図11　ヴェルネ《アブドゥルカーディルの移動陣屋の攻略》(部分)
注）中央の白馬にまたがる人物がドマール公．その左の人物がユルバンとされる．

奇襲を報じた『イリュストラシオン』紙にはこう書かれていた。隊伍のなかで通訳ユルバン氏だけが刀を鞘におさめたままであった。なぜなら彼の任務は鎮めることで、殺すことではないから、と。私は戦闘の報奨として首席通訳官に昇進し、オラス・ヴェルネが受注してヴェルサイユ美術館におさめられた絵画のなかに描かれるという栄誉を得た(2)。

『イリュストラシオン』は、一九世紀フランスを代表する絵入り新聞である。引用にあるとおり、ヴェルネの絵の中景の騎馬像のなかに、抜刀せずに指揮官の隣にひかえる男性の姿がみえる（図11）。アルジェリア史の泰斗アジュロンはこの人物像がユルバンであると指摘し、その姿はフランス人とアルジェリア人の和解に捧げられた生涯を象徴すると記した。[3] だが和解のために生きたという筆致は、歴史家の勇み足とすべきであろう。

ユルバンは暴力の被害に心を痛めたが、植民地支配そのものを否定しなかった。生活の手段として土地の払い下げを受けていたことについては前章でふれた。つまり彼と家族は、入植事業から利益を受けている。職歴のうえでは、一八四五年に陸軍省の文官として採用されて暮らしを立てることになった。アルジェリア担当局という専門の部局に配属され、それまでの通訳としての職分をこえた活動がはじまる。パリを本拠地として事務全般にかかわる一方で、後述するモロッコ外交団の接遇や、本土側におかれたアルジェリア人抑留施設の視察といった特殊な任務もまかされた。アラビア語に堪能なイスラーム教徒という個性を買われての起用であった。各地に出張をくりかえす生活のなかでユルバンは、抑留中のアブドゥルカーディルとも面会している。

一八五一年、私はアルジェリア担当局長ドマ将軍の随行としてアンボワーズに行き、同市の城に収容されていたアミール・アブドゥルカーディルを訪問した。現地で監視を担当していたのは、私の友人ボワソネ大尉である。それ以来私は、ハーッジュ・アブドゥルカーディルととても親しい関係になった。彼の高潔な人格と心遣いに満ちたふるまいに、私は初対面のときから魅了され、敬意と賞賛と好意をいだいていた。[4]

「アミール」(「長」)、「ハーッジュ」(メッカ巡礼をおえた者)といった尊称をていねいにもちいた語り口は、同時代のフランス人たちが残した一群の著作のなかで異彩を放つ。平板な記述のなかに、ユルバンのアブドゥルカーディルに対する敬意と、イスラームへの愛着がみてとれる。本章では、そうした感情をもちつづけたユルバンの壮年期をたどる。一八四〇年代から五〇年代にかけての公務とイスラームにかんする言論活動がおもな主題だが、本題にはいるまえに、これまでの各章とおなじく時代背景を点描することからはじめよう。前章ではアルジェリアの沿岸都市民による政治交渉を紹介したが、マグリブ人の抵抗のかたちはそれだけにかぎられてはいない。武器をとっての戦いもつづいていた。《移動陣屋《スマラ》の攻略》に描かれたのは、そのなかで起きた悲劇のひとつだった。

アミール・アブドゥルカーディルの戦争

十数年にわたる闘争のおもな担い手となったのは、内陸部の住民たちだった。海のアルジェリアと陸のアルジェリアという補助線をふたたびもちいれば、陸のアルジェリアを代表する人々である。前章で紹介したハムダーン・ホージャとハッスーナ・ダギーズは、アブドゥルカーディルをはじめ各地の抵抗指導者たちと連絡をとりあっていたが、一八三〇年代前半にアルジェリアを去った。海とのつながりの深い仲介者たちは戦乱の初期に表舞台から退いていった。フランスの側でも、通訳の世代交代に象徴されるように、地中海と縁の薄い人々、いわば陸のフランス人が前面に立つようになる。陸のアルジェリアとフランスが直接に対峙するとき、両者は、たがいにほぼ未知の間柄である。

フランス軍の侵入によってオスマン朝の属州は解体され、政治空間としてのアルジェリアに権力の空白が生じた。戦いをつづける者もいれば、服従をえらぶ者もいる。隣国モロッコから支援を仰ごうとする動きもある。そうしたなかで抵抗勢力を糾合した指導者の一人が、当時まだ二〇代のアブドゥルカーディルであった。[5] アルジェリア西部ムアスカル（マスカラ）近郊の生まれで、カーディリー教団というスーフィー教団の有力者の家系の出である。数あるスーフィー教団のなかでも長い歴史をもつカーディリー教団は、イラクに発祥しマグリブでもおおきな勢力をもっていた。スーフィー教団（タリーカ）は、神秘主義的な修行者集団としての一面と、聖者崇拝を柱とする民衆の連帯としての性格をあわせもつ。それゆえ教団は、人々を糾合して政治的影響力を発揮し、近代には植民地支配に対する抵抗の担い手となることもあった。カーディリー教団の勢力を背景とするアブドゥルカーディルの戦いは、その代表例である。

少年時代にメッカに巡礼してイスラーム改革の思想にふれていたアブドゥルカーディルは、信仰が篤いことはもちろん、非ムスリムとの提携や交渉もいとわない合理的精神を兼ねそなえた指導者だった。一八三二年、父から反仏抵抗の指揮を譲られたアブドゥルカーディルは、アミール・アル＝ムウミニーン（信徒たちの長、ジハードの指揮者の意）を称する。戦場ではフランス軍に対して移動式の陣屋をもちいて巧みに対抗する一方、外交の面ではモロッコのスルターン（君主）や他の有力諸部族、スーフィー教団からの掣肘をおさえつつ、フランスとのあいだで二度にわたる和約を結び、アルジェリアの西部から内陸部にかけて広大な勢力圏を築いた。

アブドゥルカーディルの目標は、異教徒の勢力を沿岸部に封じ込めつつ、内陸のステップ地帯を中心に国造りを進めることにあった。味方をまとめあげる一方でヨーロッパから武器を調達し、反抗のための時間を稼ごうという戦略である。しかしフランス側はその余裕をあたえなかった。条約でアブドゥルカーディルの支配地として認められた範囲を侵して、フランス軍は占領地を拡大した。そのためにアブドゥルカーディルは、一八三九年にふたたび戦端を開くことを余儀なくされる(6)。

一八四〇年、フランス軍の司令官（アルジェリア総督）としてトマ・ビュジョーが任命された。ナポレオン戦争の時代からのたたき上げの軍人である。当初はアルジェリア侵略に消極的であったビュジョーは、いったん任務につくと冷徹に侵攻をおしすすめた。攻勢の柱は、後述する焦土作戦である。しだいに劣勢に立たされたアブドゥルカーディルの軍勢は、一八四三年の戦いで本陣を撃破され、モロッコ領に本拠地を移してゲリラ戦をつづけた。

これはモロッコの側からみると、歓迎すべからざる成り行きであった。モロッコの支配者であるスルターン・アブドゥルラフマーンは、この時期、国境をおびやかすフランスだけでなく国内の反抗勢力にも悩まされていた(7)。スルターンは当初、アブドゥルカーディルがジハードをかかげて王国内の民衆に呼びかけることを認めていた。だが、スルターンの意のままには動かないアブドゥルカーディルとのあいだで緊張が高まっていく。

一八四四年、モロッコ軍はアルジェリアとの国境付近でフランス軍と戦火を交え、敗北を喫した（イスリーの戦い）。それと連動して、主要な港エッサウィーラとタンジェが砲撃を受けた。モロッコはフランスのアルジェリア占領を容認する姿勢に転じる。フランスとの関係を安定させることを優先したスルターンは、後述する外交使節団をパリに派遣する一方で、アブドゥルカーディルへの支援を打ち切った。片方は正統なジハードの実践者としてみずからの立場を主張し、もう片方はジハードを宣言する権限をもつ国王として相手を非難する。両者の関係は悪化し、ついにアブドゥルカーディル

はモロッコ王権から追われる立場となった。(8)

一八四七年一二月二三日、アブドゥルカーディルは、家族と少数の部下とともにフランス軍に降伏した。アレクサンドリアまたはアッカへの移住が許されるという約定を交わしたうえでの降伏だった。しかし、フランス政府は約束を反故にした。アブドゥルカーディルは南仏の軍港トゥーロンに送られ、一八四八年からロワール渓谷の古城アンボワーズに抑留されることになった。

その後の展開を先取りして述べると、アブドゥルカーディルは一八五二年に抑留を解かれ、アナトリアの古都ブルサにいったん滞在したあと、一八五五年にダマスクスに移転して一八八三年に亡くなるまで後半生を過ごした。アルジェリアを離れてからは政治に直接かかわらず、フランスと友好的な関係をたもちつつ思索の日々をすごした。

英明な指導者が去ってからも、アルジェリア人の抵抗が止むことはなかった。アルジェリア中部のベルベル語地域であるカビリー地方では、一八五六―一八五七年に大きな軍事衝突が起きた。カビリー地方は一八七一年にも蜂起の震源地となり、その影響はアルジェリアのほぼ全土に広がった。一八八一年には南西部でシャイフ・ブー・アマーマが蜂起し、サハラに勢力を展開して一八九〇年代まで抵抗をつづけた。抵抗の拠点は時期によって異なるが、一九世紀をつうじてアルジェリア全土が鎮圧されることはついになかった。

フランス軍の暴虐

アブドゥルカーディルの戦いがつづいていた一八三〇―一八四〇年代にたちもどると、この時期のフランス政府の方針は、一八四〇年にビュジョーがアルジェリア総督に任命された前後でおおきく転換している。占領地を積極的に拡大し、大規模な入植地を建設することが目標となった。そのような方針は、先住者を駆逐して土地を奪おうとする野望と表裏一体である。

兵力を約一〇万に増強して戦線を拡大したフランス軍は、襲撃を意味するアラビア語（アルジェリア方言のガズィーヤ）をもじった「ラズィア」と呼ばれる作戦を展開した。アルジェリア人部族の居住地を襲撃し、住民を殺害するだけでなく、幕屋や収穫物を燃やし、貯蔵された食糧を奪い、果樹を伐採する。徹底的な破壊をともなう焦土戦術であった。成年男子をすべて殺害し、女性と未成年は追放すると豪語する軍人もいた。戦場では、抵抗をやめた部族民が数百人も殺害された例もあった。この作戦について報告を受けたビュジョーは、「たしかに残虐の極みではあるが、狂信的で荒々しい山岳民に恐怖を植え付けるためには恐るべきみせしめが必要だ」と記した(9)。

数々の蹂躙によってどれだけの人命が失われたのか。アルジェリア人側の犠牲者について正確な数はわからない。右にあげたようなエピソードを集めても、全体像を描くことはむずかしいからである。歴史人口学者カーテブは、戦場におけるアルジェリア側の死者はフランス側の戦死者の約一〇倍とする当時の史料などから、戦闘と関連する傷病による死者は占領初期の数年間で八〇万人以上という推計をしめしている(10)。これらにアルジェリア人同士の戦闘や飢饉による死者などを加えると、占領前の総人口の約四分の一が失われたともいわれる(11)。

残酷な掃討作戦が展開されていたことは、フランス本国でも知られていた。政界で批判があったことは、前章でも紹介したとおりである。その一方で、先住民の絶滅という言説が一種の美意識とむすびついて流布していた。これはフランスという一国を超えた文化現象だった。象徴的な文学作品をあげるとすれば、アメリカの作家クーパーの小説『モヒカン族の最後』（一八二六年）があげられる。一八世紀の英仏植民地戦争を背景とする通俗小説は、原著の刊行後一年とたたずにフランス語に翻訳され、大成功を博した。先住民は悲劇的な滅びを運命づけられているという空想が、ロマン主義の思潮と共鳴した。そうした流行は、アルジェリア駐留軍人の一部にも流れ込んでいた。[12] だがそのような空想は、アルジェリア人の抵抗によって打ち砕かれる。もっとも強硬な征服路線を代表するビュジョーですら、「アラブ人」を追放することも絶滅することも現実には不可能であると認め、「彼らと共に生きるしかない」と記した。[13]

2 サン＝シモン主義者と入植事業

アンファンタンの変節

先住民と兵士、入植者がひとつの領土のなかで共に住むとすれば、必要なのはそれなりの統治策である。統治を論じるためには、歴史や地理、文化について知識を集積しなければならない。フランスでは、甲論乙駁さまざまなアルジェリア論が登場した。いわば植民地の学知の揺籃期である。そのなかでサン＝シモン主義者は独特の存在感を発揮した。

アルジェリアでは、ナポレオンのエジプト遠征が「エジプト学」の隆盛をもたらしたことにならって、学術調査委員会が設置された。サン＝シモン主義の指導者アンファンタンは自らを売り込み、民俗学の専門家としてそこに加わった。彼は一八四〇年から四一年にかけてアルジェリア各地を訪れ、それぞれの場所で活動していた弟子たちをたずねて取材をかさねた。当局は、委嘱されたとおり民俗学の報告をおこなうことを求めたが、アンファンタンはそれを無視して一冊の政策論を著した。『アルジェリアの植民地化』（一八四三年）である。[14] 五〇〇頁以上の大作は、土地制度、民間人と兵士の入植、先住民の統治などを論じる。それまでの政府の施策は誤っており、著者（アンファンタン）だけに提案できる解決策があるという、独断的な政論書であった。

同書のなかから重要な論点をふたつ紹介する。第一に土地制度である。[15] アンファンタンによれば、アルジェリアの伝統社会では、個人所有の観念は主として動産にかぎられており、土地はほとんどが部族によって共有されている。そのような所有制度のもとでは、個々人の土地を開発しようという意欲は失われてしまう。一方でアルジェリアの伝統には、人々が団結して厳しい自然環境にたえることができるという長所もある。植民地においては、そうした短所と長所を結合して、集団的性格と個人的性格をあわせもつあたらしい土地制度を創出せねばならない。その解決策は、株式会社による大土地開発をおこない、農業の法人化をすすめることにある。以上のようなアンファンタンの主張には、株式会社という当時の先端的な会社制度を植民地化と農業に利用しようとする特徴があった。[16]

第二の論点は、入植と統治のあり方であった。アンファンタンはつぎのように論じた。土地を協同して開発するためには、労働力の組織化が必要である。まず、兵士を主体とした土木工事部隊を編成し、軍事入植地を建設する。つぎに、軍の位階制にならって民間人を編成し、民間入植地も建設する。前者は政治的な不安定がつづくアルジェとオランの周辺に展開され、後者は比較的平穏な東部コンスタンティーヌの周辺におかれる。「原住民」つまり現地のムスリムとの関係についても、あたらしい「統治」の策が必要である。沿岸部ではヨーロッパ人との商業による交流を促す。ただし「原住民」に入植地を耕作させるべきではない。彼らが、入植者からあたかも農奴のような待遇を受けてはならないからである。(17) 内陸部については、軍の駐屯地を一定の密度で配置し、ムスリムの部族長たちを公務員として統治の一環に組み込むべきである。

東西文明の合一をうたった夢想的なことばづかいは影をひそめている。経済発展のために社会制度を設計し、その指導者におさまろうとするサン＝シモン主義者の野心があらわれた提案であった。

土地所有権の問題

以上の政策論は、ビュジョーの弾圧政策を批判する意図をもっていた。とくに第二の論点、つまりムスリムを入植者の農奴にしてはならないという主張には、ユルバンの意見がとりいれられている。だがそれ以上におおきな意味をもったのは、第一の論点として紹介した土地制度の考察である。そこには、サン＝シモン主義者のサークルを越えてくりかえされることになる重要な意見が含まれていた。単純にいえば、植民地の土地制度はフランス政府の解釈によってどのようにでも改変できるという主張である。

土地制度にかんする議論についてもアンファンタンには情報源がいた。アルジェリア東部の港町ボーヌ（アンナバ）で治安判事の職にあった、マリオンという名のサン＝シモン主義者である。マリオンの主張は明快であった。彼によれば、アルジェリアでは土地の所有権というものは都市とその周辺にしか存在していない。農牧生活を送る部族たちの土地は、誰の所有物でもない。部族民も、族長も、アルジェの太守《ディ》も、土地を一時的に占有して管理する権利しかもっていないというのである。(18)

マリオンの説はそのままアンファンタンの議論に組み込まれた。アンファンタンは、フランス政府はアルジェリアの土地をすべて活用することができるという立場をとった。別の著者の表現を引用すれば、「アルジェリアに存在するのは利用可能な国有地だけであり……フランス政府はトルコ政府が授けられていたすべての権利と権力を受け継いでいる」(19)というのである。一種の土地国有説、または、土地私有の不在説といってよい。こうした考え方は、軍事占領のもとでおこなわれていた恣意的な土地占拠がしだいに公式の政策へと転化していく橋渡しの役割をはたした。

一八四四年と一八四六年には土地制度についての王令が発布され、国有地を拡大して将来の入植用地とするための方策がさだめられた。具体的には、「公益のための土地収用」というフランスの法理が導入され、未耕地や売買契約書などで所有権が立証されない先住民の土地を、国有財産として接収されることとなった。(20)

一八五一年には、アルジェリアに統一的な土地制度を確立することをめざした一八五一年六月一六日法が成立した。同法の策定過程でひきつづき課題とされたのは、国有地の拡大であった。フランス政府は占領初期から、トルコ時代に政府が管理していた土地、ハブス（北アフリカにおけるワクフの別称。イスラームに特徴的な寄進制度で、宗教施設、慈善施設などの運営のために私有権が停止された財産）、抵抗した部族の土地などを大量に没収していたが、さらに多くの土地を将来の入植用地として確保しようとした。(21)そこで焦点となったのが、一般の農牧部族の土地をどのように扱うべきか、ということであった。

ワルニエの野望

じつは、アンファンタンに代表される土地国有説または私有不在説は、フランス人の専門家のあいだでは疑問視されていた[22]。そうした説明が現実にそぐわないことが、実務家のあいだで早くから知られていたためである。たとえば、占領初期に事務一般を統括する職にあったジャンティ・ドゥ・ビュシは、一八三五年につぎのように述べていた。アルジェリアの土地は三つに区分される。第一にハブス、第二にベイリク（国有地）、そして第三にミルク（所有者が自由に処分する権利をもつ土地）である。ミルク地においては所有者の権利はフランスにおける土地所有権とほぼ同等に強力なものであり、フランス政府はこれを尊重するべきであるとジャンティ・ドゥ・ビュシは説いた[23]。

こうした意見にしたがえば、すでに接収されたハブスとベイリク以外の土地をフランス政府が接収することは困難である。そこで一八五一年法の立法の過程で考案されたのが、部族の土地のなかにはミルク地とは異なる「アルシュ地」という別の土地権が存在するという理論であった。フランス当局の主張によれば、アルシュ地においては部族の用益権が存在するが、より上位の所有権は国家に属している。したがって、部族がじっさいに利用している土地の範囲を確定して部族の所有地として認定し、それ以外の未利用地を分割して国家が接収することができるというのである。

この理論は、実態との整合性において問題があった。現地の人々が移動しながら利用してきた土地との結びつきを、ある時点での土地調査によって確認された範囲だけに限定してしまうという作為があったためである。だがともかく、当局側はアルシュ地の理論をさらなる土地接収の根拠とした。それが、区画限定《カントヌマン》と呼ばれる政策である。いったん公有化された土地は払い下げられ、大小さまざまな規模の農場が作られる。入植事業に乗り出した人々のなかには、複数のサン＝シモン主義者がふくまれていた。

その代表としてオーギュスト・ワルニエ（一八一〇—一八七五）をあげよう。軍医としてアルジェリアに赴任してアラビア語を習得し、アブドゥルカーディルとフランス軍が停戦状態にあったときに敵地に派遣された常駐使節団に参加したという前歴の持ち主である。ワルニエは、一八四〇年にアルジェリア学術調査団の一員としてアンファンタンと出会い、サン＝シモン主義者となった。初期の弟子たちがしだいにアンファンタンと疎遠になっていったのに対して、後発の信奉者ワルニエはアンファンタンを晩年まで熱心に支持しつづけた。ワルニエはアルジェ近郊で大農場を経営し、鉄道敷設などの事業を計画し、アンファンタンに共同事業者となることを提案した。やがてワルニエは入植者の利害を代表する政治家となり、ユルバンと敵対するようになる。

ワルニエの政策論のなかでは、アルジェリアのイスラーム教徒たちはたんなる労働力としてあつかわれる。困窮したムスリムたちがフランス人による農業開拓に協力し、「平和的な土地征服の従順な道具」になるというのがワルニエの描く未来であった(24)。戦闘による征服ではなく経済力による征服を、というレトリックである。これほど露骨ではなくとも、一八四〇年代のサン＝シモン主義者には植民地化の支持者が少なくなかった。ユルバンと高校の同窓で、彼がサン＝シモン主義と出会うきっかけをつくったジョシュエ・オーギュスト・レは、一八四八年に新聞『植民者』を創刊し、ワルニエと協力した。かつてサン＝シモン主義者のエジプト渡航を率いていたバローも農業経営に乗り出した。バローは一八四九年には、あらたに設置されたアルジェリアの選挙区から国会議員に当選し、入植者の利害をパリで代表する立場になった(25)。

3　アンボワーズ城のアブドゥルカーディル

一八四八年の挫折

かつての同志がつぎつぎと熱心な入植支持者となっていくなかで、ユルバンは、ムスリムに肩入れする姿勢をもちつづけた。自伝の記述から、職歴上のおもな出来事をたどってみよう。

一八三七年の赴任直後から通訳として各地を転戦したユルバンは、しだいに軍上層部の信頼を獲得していった。転機となったのは、一八四三年に国王の第七王子ドマール公の通訳に推薦されたことである。ドマール公に信頼されたユルバンは、アブドゥルカーディルの本陣の攻略に参加した。本章の冒頭で紹介した戦争画の題材となった事件である。自伝によれば、合戦の直後にユルバンはドマール公の近侍としてパリに随行し、王族の夕食会の末席に連なる栄誉を得た。晩年のユルバンは、首席通訳官に昇進したこの時期のことを「従軍通訳としての経歴の頂点」と回想する(26)。

ドマール公はユルバンを重用した。そのほかにもユルバンの能力を評価する上官は少なくなかった。そうした後押しもあって、一八四五年、ユルバンは陸軍省本省のアルジェリア担当局付きの文官として採用された。パリを本拠地として、アルジェリア行政のさまざまな問題にかかわることができる職である。一八四七年にはドマール公がビュジョーにかわってアルジェリア総督に任命された。公は、近い将来にユルバンをアルジェリアに呼び寄せると約束した。同年暮れにはアブドゥルカーディルが降伏した。自伝には「戦闘は終わった。統治の時が告げられていた」と記される[27]。ユルバンは新総督ドマール公のために、部族統治の改革案を練った。あたためてきた政策を実現する機会が目前にあるかにみえた。

まさにそのような時期に、一八四八年二月の革命がおこった。フランスでは選挙制度改革を拒む政府と野党の対立がつづき、体制が動揺していた。おりからの経済危機が社会不安をたかめ、イギリスの政治改革運動やドイツ、イタリアの革命的気運も伝わっていた。緊張がたかまるなかで、パリの民衆と軍隊が衝突する事件がおきる。国王は退位し、共和政の臨時政府が成立した。しかし、諸派が入りみだれる政治は安定しない。一八四八年一二月、ナポレオンの甥ルイ=ナポレオン・ボナパルトが大統領に当選した。そして三年後の一八五一年にクーデタをおこして独裁的な権力を手にし、翌年には皇帝ナポレオン三世として即位した。第二帝政とよばれる体制のはじまりである。

二月革命の勃発後、ドマール公はイギリスに亡命した。王族の庇護を失ったことで前途を打ち砕かれ、世間の高揚にながされるように日々を過ごしたとユルバンは自伝に記す[28]。一方で彼は自由主義者として、二月革命の熱気を支持していた。革命の成果である普通選挙を踏み台として築かれた専制的体制に対して、ユルバンは批判的な感情をもちつづけたという[29]。

しかし彼は辞職することなく陸軍省にとどまった。第二帝政のもとで、アルジェリアの大部分はひきつづき陸軍省の管轄下におかれていた。アルジェリア統治にかかわる軍人たちについて、おおきな人事異動はなかった。この前後の時期に軍内部では、ムスリムに対する徹底的な抑圧を支持する一派（反アラブ派）と、融和または懐柔を旨とする一派（親アラブ派）とがそれぞれ人脈を形成するようになっていた（第6章）。ユルバンは後者に属する有力軍人から重用された。一八五〇年代をつうじて、政策提案の代筆、通訳としての随行など、日陰ではたらく能吏としてふたたび頭角をあらわしていった。ユルバンは、やがて、政策を実現するために皇帝への接近をこころみることになる。権力者による改革ではなく「下からの力による進歩」を期待するという政治信条の持ち主が[30]、皇帝の権威を利用しようとしたわけである。その経緯については、次章であらためて述べる。

ちなみに一八四〇年代から五〇年代にかけて、ユルバンとサン＝シモン主義者との交流は少なくなった。この時期に交際をつづけた同志として自伝にあげられているのは、デシュタルをふくめ三人だけである。一八四八年の暮れ頃には、「父」アンファンタンとも疎遠になった。きっかけは、アンファンタンが内縁の妻と息子と別れて別の女性と同居をはじめたことである。このとき、古くからの弟子の多くがアンファンタンと絶縁し、妻と子の側についた。ユルバンもその一人である。自伝には、これ以降にアンファンタンについての言及はない。

モロッコの外交使節

陸軍省に配属されたユルバンは、ムスリムとの接触にかかわる任務をまかされた。一八四八年の挫折を経験する前後の時期のおもな仕事として、外交使節の接遇と抑留者の視察がある。

まず外交の仕事だが、この件でユルバンは表立った働きをしていない。一時的に外務省に出向してモロッコからの使節団の接遇を手伝ったにすぎない。立役者となったのは、タンジェ領事館に赴任していたレオン・ロシュであった。ジブラルタル海峡の西に位置するタンジェは、モロッコ王国の外交窓口として諸外国の領事館がおかれた港市である。

モロッコは一九世紀の初頭以来、海外との交流をきびしく制限していた。だが一八四〇年代になると、宮廷内に西欧諸国との関係修復を模索する一派があらわれる。ロシュは彼らと連携して、フランスへの外交使節団の派遣を招請した。おもな交渉役として折衝をまとめあげたロシュは、使節団にも同行していた。一連の接遇のなかで、ユルバンとも同席していただろう。

一八四五年一二月、タンジェを出発したモロッコ使節団は、マルセイユをへてパリに到着した(31)。約二週間の旅程であった。使節団は二月にパリを出発するまで、接遇や視察に多忙な日々をすごした。スルターンからフランス王宛ての国書には、アブドゥルカーディルはおのずと孤立してモロッコ領を離れるだろうという見通しと、モロッコとアルジェリアの国境設定についての抗議が書かれていた。フランス外務省は、前者の問題について時間が解決するという方針を容認し、後者については明確な回答をあたえなかった。フランス側の目的は、具体的な問題の解決にはなかった。親善のために使節が派遣されたという実績を内外に宣伝することにあった。使節団はさまざまな社交の場に案内され、その様子は絵入り新聞に紹介された。フランス政府は北アフリカにおける影響力を誇示するという目的を達した。

モロッコの側からみても、フランスの圧力をやりすごすという当面の目標は実現した。タンジェではモロッコの外交担当者とフランス側の関係はますます密接になり、イギリス領事が自国の影響力低下を危惧するほどであった。[32] 外交官として経歴をあゆみはじめたばかりのロシュにとって、おおきな業績である。

　モロッコ側のもうひとつの目的は、フランスの国内事情を視察することにあった。五人の使節団の一人、ムハンマド・イブン・アブドゥッラー・サッファールは、帰国後に一冊の報告を著した。スルターンに提出するためである。サッファールの報告は、二〇年ほど前にフランスに滞在したエジプトの知識人タフターウィーの著作をふまえて作成された。東地中海のイスラーム圏で高まっていたヨーロッパの技術と文物への関心は、西のはてのモロッコにも反響をあたえていた。サッファールが報告した内容は、船舶、鉄道などの産業技術、フランスの国制、パリの都市計画、風俗、メディアなど多岐にわたるが、そのなかにつぎのような興味深い一節がある。

> 　ヴェルサイユ宮殿で私たちが見たもののなかに、歴史の始まりから現在までの戦争画があった。展示されているのは、彼らが勝利した戦だけである。つぎのような挿話がある。ある男が市場を歩いていくと、一枚の絵のまわりに人が集まっていた。獅子を打ちのめす人の絵である。そのまま歩きつづけて獅子に出会ったので、獅子にその絵のことを話してみた。獅子は言った。「もしも獅子が絵の描き方を知っていればどうするだろうか。獅子が絵の描き方を知らないから、それぞれが好きなように描いているのさ[33]」。

モロッコ人たちは、たんにフランスの先進技術に圧倒されていたわけでも、社交界の見世物として利用されていただけでもない。冷静な観察眼をもって、フランスをみつめていた。

虜囚となったアルジェリア人

つぎに、ユルバンが自伝のなかで記したもうひとつの任務である抑留者の視察について述べよう。一八四六年九月、ユルバンは南フランスのアラブ人抑留地の視察にむかった。訪れたのは、カンヌ近くの洋上に浮かぶサント・マルグリット島、港市セト、その近くの海上にあるブレスク砦である。これらの場所には、数十人から最大五〇〇人のアルジェリア人捕虜が抑留されていた(34)。そのなかには、本章の冒頭で述べた《移動陣屋《スマラ》の攻略》で捕らえられた人々もふくまれている。ユルバンにあたえられた命令は、捕虜たちの名や地位を聞き取り、入監台帳と陸軍側の記録を照合することであった。その程度の基礎的な情報もないまま、無秩序な抑留がおこなわれていたということである。ユルバンは「彼ら全員を訪ね、苦情を聞き取り、できるかぎり彼らを慰めた。夜を徹して名簿の照合にあたった」と友人に書き送った。視察後の報告では、政治的に危険な人物はほとんどふくまれていないこと、衛生状態の劣悪さなどを報告し、処遇の改善をもとめた(35)。

その後ユルバンは、一八四九年八月から一八五一年九月まで、数ヶ月おきにアブドゥルカーディルの抑留先を訪ねている。場所はすでに述べたとおり、フランス中部ロワール地方にあるアンボワーズ城である。革命の時代にかなりの部分が破壊された後、前王ルイ＝フィリップの静養地として改修された城に、アブドゥルカーディルとその家族ら数十人が留め置かれた。ユルバンは陸軍省の担当官として、アブドゥルカーディルの抑留生活にかんする諸事を差配する立場にあった。アンボワーズ城にはユルバンの友人ボワソネが駐在し、二人は緊密に連絡をとりあっている。

ボワソネはサン＝シモン主義に親近感をもつ軍人で、アラビア語に堪能であった。ユルバンと同じ時期にドマール公の側近であったこともあり、二人は信頼関係を深めていった。そして二人はアブドゥルカーディルに対して敬意をいだき、抑留下のアルジェリア人指導者に適切なあつかいがなされるために働こうとした。しかし、上層部の期待は異なっている。陸軍省からの指示は、アブドゥルカーディルを懐柔し、フランスの「協力者」に仕立てることをもとめていた[36]。ユルバンとボワソネは、個人としての信条と軍人・官吏としての義務とのあいだで綱渡りをしいられる。ユルバンはボワソネに対して「友よ、気をつけてくれ。君の心と良心の命じるところに逆らえとはもはや言わないが、できるだけ慎重に用心深く行動したまえ。目立つことは何の得にもならない」と書き送った[37]。

二人がとくに警戒したのは、宗教的な軋轢である。ひとつのエピソードを紹介しよう。一八五〇年の秋、アンボワーズ城に二人の若いアルジェリア人女性が到着した。女性抑留者の身の回りの世話をするという名目で、アルジェにひらかれたばかりのムスリム向け女子学校の生徒が送られてきたのである。この学校の創設者ウージェニー・リュスは、一八三〇年代に単身アルジェリアにわたって女子教育に邁進してきた女性である。この学校はどのような目的をもって設立されたのか、リュスが学校事業の目的を説明した一文を引用する。

女性の影響力はアフリカでもヨーロッパでも非常に大きいが、アフリカにおいてはとくに重要である。当地の社会の全階級と属州の全人種から、現地人の若い少女一〇〇人をわれわれの文明に転向させれば、彼女たちは、必然的に、それぞれの階級の男性たちにとって特別な妻となるだろう。そして彼女たちは、この国をわれわれの権威に服属させるための保証となるだろう。[38]

引用は、リュスがアルジェの行政当局にあてた文書の一節である。学校設立に財政支援を得るためのレトリックとして読むべきであろう。女性教育を支配の礎とする主張には、いわゆる「文明化」の論理とジェンダー意識の結合がみられる。

ユルバンはこの学校の設立を支持したこともあったが、いずれかの時点でリュスと距離をとったようである。リュスの生徒たちが到着するとすぐに、ユルバンはボワソネに書簡を送り、彼女たちをすぐにアルジェに送り返すように警告した。生徒たちがキリスト教に改宗していて、アブドゥルカーディルのお付きの者たちに布教をこころみるようなことがあれば、取り返しのつかないスキャンダルになるというのである。[39] ボワソネはユルバンの危惧にかならずしも納得はしなかったが、送還に同意した。

この小さな事件が、ユルバンの取り越し苦労であったかどうかは定かではない。ともかく彼は、アブドゥルカーディルの権威を傷つけることを神経質なほどに避けようとした。一方でユルバンは、前章でみたように、一人娘のバヒーヤをカトリックの学校に通わせ、後には洗礼を受けさせている。改宗という問題についての彼の態度には、状況に応じて幅があった。

瞳の色の謎

一八五一年の夏から秋にかけて、アブドゥルカーディルとユルバンのあいだには一定の信頼が生まれたらしい。ユルバンはアブドゥルカーディルのために馬や身の回り品を調達し、イスラームにかかわる書物を届けた。ユルバンが選書した本もあれば、アブドゥルカーディルが依頼して外国から取り寄せたものもあった(40)。アブドゥルカーディルはユルバンを友と呼び、ひんぱんな訪問を希望した。ユルバンはボワソネとともに偉大な指導者の釈放を願うようになった。大統領時代のルイ＝ナポレオンの独断によって解放が実現したのは翌年のことである。

一八五二年一〇月、その年の末に皇帝として即位することになるルイ＝ナポレオンは、かねてからの計画通りにアンボワーズ城を訪れ、みずからアブドゥルカーディルに対して釈放を告げた。アンボワーズには、抑留中に亡くなった幼児を含む二五名の墓標が残された。アブドゥルカーディルはパリを経由して東地中海へと去った。ユルバンの自伝によれば、離仏後もアブドゥルカーディルは新年の挨拶をユルバンに送りつづけたという(41)。

アンボワーズ城のエピソードを閉じるにあたって、ふたつの疑問にふれておこう。まず、かつてアブドゥルカーディルと親交を結んだロシュの行動である。右に紹介したモロッコ使節団の帰国後、ロシュのおもな任務はモロッコ宮廷とアブドゥルカーディルの関係にくさびを打ち込むことにあった(42)。アブドゥルカーディルを間接的に追い詰める役割をはたしたわけである。ロシュの自伝にはその時期もアブドゥルカーディルとロシュのあいだに連絡があったかどうかは不明である。抑留中のアブドゥルカーディルはつづいたと記され、アンボワーズ城からロシュのもとに送られた手紙の翻訳とされる文章が掲載されている(43)。しかしすでに検討したように（第4章）、ロシュの著作にはいくつもの作りごとが書かれている。

図12　アブドゥルカーディルの肖像（1850年代）
注）虹彩は淡い灰色で描かれている.

これまでの歴史研究のなかで、ロシュとの通信についての証拠はみつかっておらず、降伏後もアブドゥルカーディルと交流がつづいたというロシュの主張には疑問符がつく。

つぎに、一連の経験をつうじてアブドゥルカーディルはフランスとキリスト教徒のことをどのように考えていたのかという問題である。この点について明確な答えをだすのはむずかしい。抑留中のアブドゥルカーディルは受忍の態度をたもっていた。釈放後には、ナポレオン三世への熱烈な感謝をたびたび表明し、交流のあったフランス人に対して折々に好意をしめす書簡を送ったり、キリスト教を評価することばを残したりしている(44)。一方でアブドゥルカーディルは、論争を挑んできたカトリック神父に対して辛辣な反駁を記し、フランスを離れた後にアラビア語で書かれた著作では伝統的なイスラーム学を継承した思想を展開した(45)。

アブドゥルカーディルに態度のゆらぎがあるというよりは、立場の使い分けをしていたと解釈するべきかもしれない。いずれにせよ確かなことは、アブドゥルカーディルの声望はフランスにとどまらずヨーロッパ諸国におよび、彼自身と出会った人々を惹きつけた事実である。

そしてアブドゥルカーディルに惹きつけられたヨーロッパ人たちは、おそらく、その人自身に接近できなかった。アブドゥルカーディル（図12）に直接に会ったことのある人々の証言は、一致して彼の目つきの鋭さに言及する。しかし、その瞳が何色だったかという点についてはまったく一致がみられない。淡い青色、灰色、褐色、黒とばらばらである。(46) アブドゥルカーディルの肖像写真は複数あり、じっさいの瞳は褐色であったと推定されている。それではなぜこれほど証言が分かれるのか。想像を交えていえば、まなざしの鋭さを感じた来訪者たちは、その瞳を見つめ返すことができなかったのではないか。外来者たちはアルジェリア人の長《アミール》を観察しようとした。だがじつは眼光によって支配され、逆に観察されていた。

4　言説の生まれる場所で

オリエンタリズムとは何か

話がまなざしにおよんだところで、すこし寄り道をしてオリエンタリズムということばについてふりかえっておきたい。(47) この語には二重の意味がある。ひとつは、美術や文学における東洋趣味や、東洋に関する学問（東洋学）という意味で、一九世紀の西欧語に広くみられた用法である。もうひとつは、近代ヨーロッパに特有の言説またはイデオロギーをさす、学術語としての意味である[48]。こちらは二〇世紀後半に比較文学者サイードが理論化した概念であり、サイードはそれを、西洋がオリエントを支配するための「様式」と呼んだ。

一九世紀のオリエンタリズム言説についてサイードは、つぎのように主張した。一八世紀末から一九世紀にかけて、西欧、とくに英仏における東洋趣味・東洋学には特有の前提があった。それは、「東洋」とは「西洋」の対極にある他者であり、西洋と異なる特質をもっている何かである、という認識の仕方である。「われわれ」と「他者」のあいだに本質的なちがいがあるという二項対立の図式といいかえてもよい。その図式のなかで「東洋」は、後進的、停滞的、受動的、非合理的、といった負の価値を背負わされてきた。オリエンタリズム言説のなかの「東洋」とは、「西洋」が自己を際立たせるためにつくりだした鏡像のようなものである。

まれに誤解されることもあるが、オリエンタリズムは蔑視や嫌悪としてあらわれるとはかぎらない。西洋に失われたものへの憧れ、あるいは、官能的な美や野生の純粋さを強調することもオリエンタリズムの一面である。そうした本質主義的な二項対立にもとづいて、東洋についての表象が生み出され、西洋の人々が東洋をみるときにレンズのようにはたらく。文献学や言語学などの専門的な学術が発展し、東洋についての知識が制度化され、言説を権威づける。いったん成立した言説は、芸術や学問の範囲をこえて、「東洋」についての認識のありかたを構築してきた。さらに、二項対立の世界観は「東洋」の人々の側にも内面化され、一八世紀末から一九世紀をへて現代にいたるまで、西洋の覇権を支えてきた[49]。

こうした二重の構造に着目した分析は、時代と地域をこえて応用され、人文学の古典的な理論のひとつとなった。そして当然ながら、多くの批判や留保が提案されてきた。ここでは、ふたつの論点をとりあげておきたい。まず、サイードの議論は（第一の意味における）オリエンタリズムというものを画一的にとらえすぎているという指摘である。サイードの図式にあてはまらないような東洋学の展開は各地にみられた。たとえばドイツ東洋学や、イスラーム教徒による支配を自国史の一部としてとらえる南欧の東洋学を例としてあげることができる(50)。これらは、空間を移動させることによってオリエンタリズムの理論を再検討するこころみである。

つぎに、時間軸のなかでの再検討がある。（第二の意味の）オリエンタリズム、つまりオリエンタリズム言説についての反省はいつあらわれるのか。具体的には、言説が生まれた中心地とされる英仏において、「東洋」とは言説による構築物であるという自覚はいつ生まれたのか、という疑問である。この点については、二〇世紀の初頭あたりに転換点をみるのが一般的である。サイードは、ポーランド系の作家コンラッドの小説『闇の奥』（一九〇二年）を、イギリス帝国主義の世界観を反省的にとらえた作品の嚆矢としている(51)。人文学・社会科学の学説史においても、二〇世紀初頭から第一次世界大戦前後に、現代へとつながる異文化理解の態度のはじまりをみる見方は根強い(52)。

そうした見解の前提にあるのは、二〇世紀はまなざしが多様化する時代であるのに対して、一九世紀のオリエンタリズムは例外なく、東洋と西洋という二項対立の図式に貫かれていたという対比である。しかし思想史の文脈ですでに指摘されているように、征服と支配の意思は、いつでもそれに対する留保をともなっていた(53)。一九世紀半ばのフランスにおける異文化へのまなざしにはどのような揺らぎがあったのか。以下では、一八五〇年代のロシュとユルバンの著作から検討してみよう。

ロシュとサヌースィー教団

ロシュは、一八五二年五月から一八五五年六月にかけてトリポリ領事として駐在した。この時期の注目すべき業績は、現地の宗教運動について報告したことである。

第4章でもふれたように、一九世紀前半のリビアではトリポリの支配者一族が地位を追われ、オスマン帝国属州として直接支配が強まっていた。リビア属州は、西部沿岸のトリポリタニアとその内陸部に位置するフェッザーン、東部一帯をしめるキレナイカの三つの地域に分かれるが、オスマン帝国はこのうちトリポリタニアとフェッザーンに勢力を集中した(54)。その一方で、キレナイカに地歩を築いたのが、新興のスーフィー教団、サヌースィー教団である。

教団の創設者ムハンマド・イブン・アリー・アッ＝サヌースィーは、一七八七年にアルジェリア西部ムスタガーニム付近で生まれた。モロッコのフェズで教育を受け、カイロをへてメッカにわたり、高名な学者でスーフィーであったイブン・イドリースの高弟となった。師の没後、サヌースィーは一八四三年にリビアに移ってみずから教団をつくり、一八五九年に没するまで教勢拡大につとめた。彼の血縁者を後継指導者とするサヌースィー教団は組織を整え、各地に道場を建設し、キレナイカ一帯を事実上支配するようになっていく。その後の展開を先取りして述べれば、サヌースィー教団は一九世紀末にフランスのチャド湖方面への進出を阻み、二〇世紀初頭にはイタリア軍と戦うなど、西欧諸国と対抗する勢力となっていった。一九五一年にリビア連合王国が独立したときに国王となったのは、三代目の教団長ムハンマド・イドリースであった(55)。

このような歴史をもつサヌースィー教団は、一九世紀フランスにおける言論史のなかで独特の位置をしめている。この教団が、フランスの言論界、政界、軍部に広がったイスラーム脅威論の中心に位置づけられたためである。教団にあたるタリーカというアラビア語は、フランスでは「コンフレリ」(兄弟会)というキリスト教の語彙に訳しかえられた。そしてイスラーム教徒の「コンフレリ」は、秘密主義的な修道会のような組織として理解されるようになった。当時のフランス人が連想したのは、たとえばイエズス会である。近世から近代のフランスでは、イエズス会が政治の陰でうごめいて策謀をめぐらせているという陰謀論が根強く残っていた(56)。そのアナロジーにもとづいて、イスラーム組織が国境を越えてネットワークを広げて体制転覆をはかっているという俗説が定着していく。いわば、イスラームにかんする「黒い伝説」の形成である。そのなかでもっとも恐るべき組織とみなされたのが、サヌースィー教団だった(57)。

サヌースィー教団について浩瀚な研究をおこなった歴史家トリオによれば、同教団について最初の本格的な報告を残したヨーロッパ人は、ほかならぬロシュだった。一八五五年五月二三日、トリポリ領事館からアルジェリア総督府宛てに送られた文書において、ロシュはリビアの宗教事情について報告している(58)。創始者サヌースィーの出生、学問的師弟関係、教団の創設、トリポリタニアにおけるスーフィー教団同士の対立、オスマン朝総督との関係などを述べた報告書は、歴史家の検証に耐える正確な記述となっている(59)。

報告書は、アルジェリア総督府の要請により作成されたものだった。ロシュの報告書では、将来においてサヌースィーがアルジェリアの同胞を支援し、トルコとも連携してフランスに対抗しようとする可能性が示唆される。ただしロシュの分析は、後世に生まれるような陰謀論につらなるものではなかった。彼は、狂信的な陰謀家としてではなく、学識ある宗教者としてサヌースィーを描いた。ロシュはサヌースィーの脅威を過大にとらえようとはしない。同年の別の報告書では、サヌースィーの政治的影響力は早晩失われるだろうとも述べている[60]。この予想ははずれることになったが、ともかくサヌースィー教団の研究にかんするかぎり、ロシュの見解は巷説と一線を画していた。

不正確であいまいな流言の多い時代にあって、ロシュは卓越した情報収集力をもっていた。彼が情報源としたのは、サヌースィーと対立する別の教団、マダーニー教団の関係者であったと考えられている。マダーニー教団の指導者を「友人」と呼んだロシュは、宗教指導者たちの対立の機微にまで分け入って教団同士の関係を知ることのできた数少ないフランス人だった[61]。彼はみずからの功名心と周囲の利害に配慮しながら、内容を選択して報告を書いたはずである。結果として、彼の報告がおおきな反響をよぶことはなかった。一九世紀をつうじて、サヌースィー教団についてフランスで出版された文献や、当局内の議論において、ロシュの発見が引用されることはほとんどなく、誇張の少ない一八五五年の報告は、公文書の保管庫に眠ることになる。

サヌースィー教団と「黒い伝説」

オリエンタリズム言説は、いったん構造ができあがってしまえば、それに合致して流通することばと、流通しないことばとを選別するようになる。ロシュやユルバンが生きたのは、そのような言説流通の仕組みが形作られつつある時代だった。舞台となったのは第二帝政期パリの出版界である。じつは、サヌースィーを脅威とみなす「黒い伝説」の生成には、サン＝シモン主義者がかかわっていた。時間をすこし進めて、その経緯をみておこう。鍵となる役割をはたしたのは、前述のワルニエである。ワルニエは、ユルバンの友人でもあったシャルル・デュヴェリエの息子アンリを支援し、サハラ探検に向かわせた。アンリ・デュヴェリエは一八五九年にアルジェを発ち、オアシス都市トゥワートをめざしてサハラを探索し、二年後に帰還した。デュヴェリエの名で刊行された探検記では、サハラ北部の遊牧民トゥアレグについて地理、牧畜、歴史、宗教などさまざまな話題が五〇〇頁以上にわたってとりあげられている。そのなかでサヌースィー教団についての言及は数頁にすぎない。しかしこの数頁が、その後の「黒い伝説」の出発点となった。

じつはこの探検記は、デュヴェリエの草稿をワルニエが改変して出版したものだった。草稿で描かれたサヌースィーの姿は、ロシュのそれに近い。初期イスラームの原則に立ち戻り、俗世とのかかわりをさけるために隠棲を選んだ指導者というとらえ方である。デュヴェリエは、教団組織についても、政治、軍事、商業に関心をもたない集団と説明していた(62)。しかしワルニエの加筆をへて一八六四年に出版された刊本では、論調が一変する。サヌースィー教団は、「ムスリム諸国で影響を拡大するヨーロッパ諸国に抗い、サハラ・アフリカ中央部とヨーロッパとの関係を断ち切ることを目的とする」組織として特記され、この教団を監視しなければならないという主張が展開された(63)。警戒心をあおるような主張が展開された背景には、前述したようなイスラーム陰謀論があった。一説によれば、ワルニエがそうした考え方をもつようになったきっかけは、本章の冒頭で紹介した一八四三年の会戦で捕らえられた捕虜たちを尋問した経験にさかのぼるといわれる(64)。

ユルバンのイスラーム論

イスラームに対する好意《フィリア》と嫌悪《フォビア》は場面によって使い分けられ、ときには同居する。「文明の合一」を語ったサン＝シモン主義者たちのあいだにも両様の態度がみられた。さまざまな視点が共存するサン＝シモン主義者のイスラーム観は、流動する一九世紀の思潮を象徴する。ワルニエは陰謀論を流布した。それと対照的に、イスラームとの対話を重視する路線を代表したのがユルバンである。

時計を一八五〇年代に巻き戻すと、ユルバンをはじめとするイスラームに好意的なサン＝シモン主義者たちも、さかんな言論活動を展開していた。雑誌『東洋アルジェリア雑誌』（一八五二―一八五三年）のように、独自の媒体もあった。エジプト学者プリス＝ダヴェンヌを中心に発行されたこの雑誌に、ユルバンは、エジプト時代の経験をもとにした記事を執筆している。ユルバンが寄稿したもうひとつの媒体として、『パリ評論』があげられる。『パリ評論』は『両世界評論』と並び称される、文壇を構成する主要雑誌のひとつであった。ユルバンがこの雑誌に発表した記事から三本を紹介しよう。一八五一年から五六年にかけて、前節で述べたアブドゥルカーディルとの交流の直後にあたる時期の言論である。

第一の記事は、一八五一年一一月に発表された書評記事である。論評の対象は、東洋学者ニコラ・ペロンによるアラビア語文献の翻訳であった(65)。ペロンについては第三章ですでにふれた。サン＝シモン主義者で、ユルバンよりすこし前の時期にエジプトにわたって医学を教え、一八四〇―一八五〇年代にはフランスとエジプトを往復しながらアラビア語とフランス語の両方でさまざまな著作、翻訳を出版していた。なかでも大きな訳業として知られるのが、アルジェリア学術調査の一環として企画されたイスラーム法学書の翻訳で、原著はハリール・イブン・イスハークの『註釈』という一四世紀の書物であった。

ユルバンはこの訳業を絶賛し、現地の法制度についての知識がフランスの読者に共有されることが喜ばしいと評価した。しかし、訳者としてのペロンの態度は、現代人が考える異文化理解とはかけ離れている。訳書の序文でペロンは、翻訳の目的をつぎのように説明する。イスラーム法を研究することは、「植民地の利益のために、また、アラブ人の思想をより文明世界と調和した発展に導くために、(イスラーム法の)どこを尊重し、修正し、破壊すべきか、という重要な示唆」を得るためだというのである。[66]

修正と破壊という表現に、支配者の驕りがあらわれている。じつはペロンの訳業に対しては、専門的な見地からも批判があった。ペロンは、原語であるアラビア語の語彙について理解が不十分であり、訳語としてもちいられるフランス語の法律用語、宗教用語の使い方も素人的であるという、もっともな批判である。[67] しかし、そうした批判はごく少数の声にとどまった。ペロンの業績は優秀な東洋学者の仕事として賞賛された。ユルバンは大方の意見に同調し、ペロンの態度に対しても、訳業の内容についても批判していない。

第二の記事は、一八五二年七月号の「イスラーム教への改宗について」。編集長マクシム・デュ・カンとユルバンの共通の友人による体験談という前書きをつけて発表された、回顧録風の文章である。

内容はユルバンの自伝に記された改宗体験とかさなりあう部分が多く、時期、場所、経緯の説明はほぼ一致している。一八三五年にカイロにいたという語り手は、フランス人の父と黒人の母をもつ娘と恋に落ちたが、この女性がペストで亡くなったことをきっかけとして改宗を決心し、割礼を受ける。愛する人を失った悲しみから、改宗によって生きる目的をとりもどそうとしたという。整然とした物語には、煩悶や迷いは感じられない(68)。この記事のなかでは、信仰そのものが論じられることはない。結びの段落で、「イスラームの教義を通じて私の信仰がどのように広がったか、将来の人類の進歩のなかでそれが占めるべき位置はなにか、そしてなによりも、フランスはアルジェリアにおいて、キリスト教文明の代表者としてイスラーム教徒の住民に対してどのような立場をとるべきか」という課題については別に論じる、と予告されるにとどまる(69)。

『パリ評論』に掲載された二つの記事のうち、以上の二つの文章についていえば、改宗者ユルバンがイスラームの理解において独自の深みに達していたとはいえなさそうである。しかし彼のイスラーム論に個性がなかったというわけではない。つぎにとりあげる第三の記事には、ユルバンならではの独特の姿勢があらわれている。

「イスラームの寛容について」

一八五六年四月号の「イスラームの寛容について」では、西洋におけるイスラームのイメージが論じられる。著者の主張は単純である。イスラームとは狂信的な宗教であるという通説は誤解にもとづいている。イスラームは寛容な宗教である。狂信ではなく寛容がイスラームの本質であるという主張がくりかえされ、論拠としてクルアーンの章句が列挙される。たとえばムスリムだけでなくユダヤ教徒、キリスト教徒たちも、正しいおこないをしてアッラーと最後の日を信じるならば報酬があたえられる、という「雌牛の章」五九節をはじめとして、「雌牛の章」七六節、二五七節、「イムラーン家の章」七八節、九八節、一〇九節、一一〇節、一九八節、「女性の章」一六〇節、「食卓の章」七節、五一節等々、クルアーンの解説が展開される[70]。

論説のなかでクルアーンをさかんに持ち出してはいるが、ユルバンにとっての課題は宗教的、思弁的な探求ではない。彼の関心は、イスラーム教徒とキリスト教徒がともに暮らすときキリスト教徒の側がどのような態度をとるべきか、という点におかれている。スコットランドの歴史家ウィリアム・ロバートソンの著作『カール五世治世の歴史』から、「マホメットの信奉者たちは、宗教的熱狂者として、布教の熱情と寛容の精神とをむすびつけることのできた唯一の人々である」という一節を引用しているのも、そうした関心のあらわれといえよう[71]。以下に、ユルバンの論考の終わりに近い一節を引用する。

われわれは、イスラーム教徒たちが歴史上のさまざまな時代に、いくつもの場所で悪質で過激なおこないにおよんだことを否定するつもりはない。そうした過激さは怒りを呼びおこすだろうが、それを和らげるためにキリスト教徒も同じく忌まわしい行為に及んだことを指摘したり、不信仰者とされた人々に対する戦争、キリスト教徒同士の戦、ヨーロッパとフランスのほぼすべてをまきこんだ宗教戦争と比較したりするつもりもない。一方の罪によって他方の罪を正当化することはできない。ヨーロッパにおいて人道と寛容の感覚がこれほど支配的であるのは、ごく最近の文明化がもたらしたものにすぎないと指摘するにとどめよう。ほんの三世紀さかのぼれば、多くの点において、とくに社会的にみて、イスラーム教徒たちは西洋人よりも優れていたことがわかるだろう。……

だがなぜ比較するのか。論難するのか。虚栄心をかきたて、恨みを深めることには何の意味もない。われわれは、イスラーム教が西洋と敵対し、対立するとみなされる根拠を探し求めたりはしない。ひとつの人種を滅ぼしたり、ヨーロッパからイスラーム教徒を追放したり、彼らの信仰を滅ぼそうとしているわけではないのだ。われわれの関心は、それとは逆に、心を近づけ、お互いに対する敬意を生じさせるものすべてを強調することにある。アルジェリアにおいて、イスラーム教徒はわれわれにとって平等で名誉ある同じ市民でなければならない。東洋においては、われわれがアルジェリアのイスラーム教徒をあつかうように、彼らもキリスト教を遇するようになるべきである。範を示すことはいつでも、もっとも説得的な宣伝《プロパガンダ》なのだ。(72)

キリスト教もイスラームもどちらも暴力的な過去をもっている。両者のあいだに本質的な対立はない。むしろ、相互に敬意をもたねばならない。ふたつの宗教の出会いという主題は、かつての男性と女性の比喩から脱却して、それぞれが同じ地平に立っていることが強調される。だがユルバンの主張には危うさもある。数世紀前にはイスラーム社会の方がすぐれていたという指摘は、現在の停滞を強調することにつながる。そして結局、フランスには他国を教導する責務があるという、既成の図式を裏打ちすることになる。結びとして「宣伝」がいわれるのも、そうした印象を強めている。一連の主張は、植民地支配の残酷な現実を考えたときには空しい建前論である。そうした危うさをかかえつつ、ユルバンは西洋と東洋の共通性に目をむけよと主張した。それこそが両者を接近させるための前提であり、アルジェリア側ではアブドゥルカーディルが新時代の希望となると述べて、論説は閉じられる。

以上のような論説が、オリエンタリズム言説の絶頂期といわれる一九世紀半ばに、パリ文壇の主要誌に発表されていた。なかでも、イスラーム教徒はキリスト教徒と同様に平等で名誉ある市民となるべきだという表現は注目に値する。このようなことばづかいは、当時の読者にとって非現実的な飛躍と思われたはずである。引用文のなかで「同じ市民」と訳出した箇所は、原語のフランス語では「コンシトワイヤン」という単語がもちいられていた。同じ都市や同じ国の住民に対して、同胞として呼びかけるときに使われる語であり、相手を同列の存在としてあつかうという含意がある。そこには一種の言説の戦略がある。イスラーム教徒とフランス人の平等という主張には、無視できない潜在力があった。ユルバンのことばづかいが一〇年ほど後にフランス皇帝によって写し取られることになったとすれば、なおさらである。

第6章　アラブ王国の幻影――アルジェ、一八六五年

1　地中海革命の第二の波

皇帝と「アラブ王国」

一八六五年五月二日、アルジェ港の湾内に、皇帝ナポレオン三世の専用船エーグル号の姿があった。海岸沿いには、皇帝の訪問にあわせて計画された大通りの建設工事がほぼ完了し、ローマ水道を彷彿させるアーチが威容を誇っている。ヨーロッパ風の新市街とオスマン期の旧市街《カスバ》が接合された、キメラのような都市が姿をあらわしつつあった（図13）。

陸上では皇帝を迎える式典の準備がすすめられ、そのなかにユルバンの姿もある。熟練の行政官として野心を抱き、胸を高鳴らせていたことは想像に難くない。ドマール公という庇護者を失ってから十数年、ユルバンは地位を立て直し、アルジェリア総督府の事務官として最上級の地位にまで登りつめていた。一方で彼は、文筆活動もつづけていた。匿名、偽名で公表された文章も多いが、著者が誰であるかは政官界の関係者には周知のことである。植民地政策の理論家として独自の地位を築いていたユルバンは、この年、上陸した皇帝から近侍の通訳として指名され、一ヶ月にわたるアルジェリア

図13　1860年代のアルジェ

注）海岸線に特徴的なアーケードが建設されている.

視察に同行することになる。生涯のなかで、もっとも権力の中枢に近づいた瞬間であった。

一八六五年の視察は皇帝にとって、一八六〇年の短い訪問につづく二度目の滞在であった。二度の訪問の前後、ナポレオン三世はアルジェリア問題に関心を深め、独自の政策綱領を明らかにしていた。それを象徴する文言として、つぎの一節が知られる。

> アルジェリアは本来の意味の植民地ではない。アラブの王国である。原住民は入植者と同等の権利をもって余の保護を受けるのであり、余はフランス人の皇帝でありアラブ人の皇帝でもある。[1]（傍点は筆者による）

皇帝からアルジェリア総督へとあてられた公開書簡として発表された一節は、ナポレオン三世の「アラブ王国」構想として歴史に刻まれた。フランスの植民地史のなかでも特筆されるエピソードである。皇帝の発言は、当時の人々から驚きをもってむかえられた。入植者のために発行される新聞や刊行物に、皇帝に対する批判があふれた。「原住民」と入植者が同等の権利をもつという一節には、それだけの衝撃があった。

一九世紀後半の西欧では、ヨーロッパの外にいる異民族を劣った存在とみなすことが社会通念となっていた。「文明」の側にいる人々には「野蛮」な人々を支配し、教え導く責務があるという考え方が、常識となっていた。優れた人間の集団と劣った集団のあいだには生物的な越えがたい壁があるとする人種主義も広まりつつあった。文明論と人種論は、互いに互いを補強する。(2) そして、本国において国民のあいだの平等をおしすすめつつ、植民地では異民族を搾取するという二重基準を正当化する。(3) この二重基準は、本国の人々の世界観のなかに組み込まれていただけでなく、アルジェリアに住む入植者のよりどころともなっていた。

占領の開始から約三〇年、人口十数万人に達する入植者たちは、地方議会や経済団体をつうじて意見を発するようになっていた。現地で発行されるメディアは、ムスリムの権利をさらに制限して入植地を拡大すべきだという主張をくりかえしている。現地で統治を担当する陸軍関係者のなかにも、入植者たちの主張に同調する者は少なくなかった。

異能の皇帝ナポレオン三世は、そのような時代の常識からはみだすことばを発した。植民地における搾取について批判や反省を記したヨーロッパ人は、過去にも例がなかったわけではない。遠くさかのぼれば、一六世紀にラテンアメリカの先住民の惨状を論じたラス゠カサスがいる。(4) 一八世紀には啓蒙思想家たちの植民地批判もあった。

統治者が住民の公正な取り扱いを述べた直近の例としては、イギリスのインド支配をめぐる議論がある。一八五七年のインド大反乱後、本国のインド省による現地政庁の統括体制が整備される過程で、ヴィクトリア女王の名で施政方針が発布された。そこでは、すべての住民は公平な法の保護を受けること、官職の採用は人種や宗教信条にかかわらず平等におこなわれることが宣言された(5)。あくまで建前ではあったが、人種と宗派にかかわらない処遇が記された。

こうした動向は、当然、フランス政府関係者の知るところとなっていただろう。だが官職の採用における平等をとなえたイギリス女王の宣言と比べて、ナポレオン三世が平等ということばを限定なくもちいたことの意味は重い。一八六三年以降、「アラブ王国」において先住者と入植者は同等であるという皇帝のことばづかいは一貫していた。額面通りに受け取るならば、アルジェリアは本国とは区別された独自の領域であり、そこではアラブ人とフランス人とのあいだに優劣はない。フランスとアルジェリアという二つの国が一種の同君連合になるという解釈すら可能である。もしもそうした方向で法整備がすすめられればフランスの国制そのものが変わりかねない。重大な含みのある発言だった(6)。

気まぐれな皇帝は、なぜこの時期にアルジェリア問題に関心を深めたのか。歴史家のあいだに定説はない。たしかなのは、「アラブ王国」ということばを発する以前から皇帝のもとにユルバンの著作が届けられ、影響をあたえていたことである。右にあげた皇帝の「アラブ王国」書簡の三年前、ユルバンが匿名で発行した政論冊子に、つぎの一節があった。

原住民は……ヨーロッパ大陸から来たフランス人と同等である。つまり彼らは、自由、財産、宗教について国家から同様の保護を受ける。現在の不平等、すなわち、片方は市民であり、片方は市民ではないということは、抽象的な不平等でありいわば便宜的なものである(7)。「同等」という単語がもちいられ、国家からの保護が強調されている。皇帝の公開書簡との類似は明らかである。「現在の不平等」にふれた箇所の解釈については後述することにしよう。前章でみたように、植民地の住民たちを出自にかかわらず平等な存在としてとらえるべきだというのが、ユルバン年来の主張であった。その考え方に皇帝が関心をもったからこそ、ユルバンは一八六五年の視察で近侍に指名された。フランスが国制選択の岐路に立っていた時期、政策立案者としてユルバンはどのような役割をはたしたのか。本章は、ユルバンの職歴のなかでもっとも光彩を放つ数年間をあつかう。

図 14　1860 年代のイスマイル・ユルバン

ロシュとチュニジア

しかし本題にはいるまえに、ロシュとともに隣国を訪ねておこう。ここでもロシュの道程は、ユルバンとは別の意味で地中海世界の変革とかかわっていたからである。ロシュは一八五五年に在チュニス総領事となり、幕末の江戸へと旅立つ一八六三年までの八年間をすごした。日本から離任後は新たな任地をあたえられることはなかったので、チュニス駐在は彼にとって最後の地中海勤務となった。

すでに述べたように、ナポレオン三世は一八六〇年にもアルジェリアを訪れている。同年九月、わずか三日間の滞在ではあったが、フランスの近代史上はじめての国家元首による海外領土訪問である。その目玉として用意された行事が、チュニジアの支配者サディーク・ベイとの会談であった。サディーク・ベイはこの会談の手土産として、アラブ諸国で最初の近代憲法とされる憲法草案を持参した。ロシュはこの会談の準備に深くかかわっていた。マグリブ諸国を渡り歩いた外交官は、地中海両岸の接近を印象づける国家行事の影の主役となった。

チュニジアの一九世紀

南から地中海へと突き出すチュニジアは、シチリアとのあいだに海峡をつくりだす。そこからイタリア半島南部、バルカン半島へとつながる線が、東地中海と西地中海の境界である。イタリアとおなじようにチュニジアも、東の海と西の海をつなぐ界面に位置する国である(8)。

チュニジアという政体の起源は、アルジェリアとおなじく一七世紀に設置されたオスマン朝の属州にさかのぼる。一八世紀頃までに事実上の独立に近い状態にあったことも共通する。異なるのは、一八世紀に東地中海出身の父とチュニジア生まれの母をもつ武人によってフサイン朝が建てられ、チュニスの太守《ベイ》の地位が世襲となった点である。

　フサイン朝チュニジアにとって「短い一九世紀」は、外圧のもとでの変革の時代であった。一八三〇年には西隣のアルジェリアにフランス軍が上陸した。フランス政府からはアルジェリア東部の支配者としてチュニジアの王族を迎えるという打診があったが、交渉は決裂した。チュニジアにとって隣国の崩壊は大きな衝撃である。一八三五年には、東隣のリビアでも政変があり、オスマン朝の宗主権のもとで自立していた支配者一族が、イスタンブルの介入によって地位を追われた（第5章）。フサイン朝の指導者たちは、ヨーロッパ諸国とオスマン帝国からの圧力をかわしつつ、内側からの国政改革によって存続をはかった。

　その後のチュニジアは、一八八一年にフランスの保護領とされるまで、半世紀にわたる模索の時代をむかえる。事態の推移は、エジプトの場合とよく似ている。改革に先鞭をつけたのはアフマド・ベイ（在位一八三七―一八五五年）である。軍隊を強化し、それまでのマムルークとトルコ系有力者を中心とした政治体制にアラブ系住民の参加を拡大しようとした。つぎのムハンマド・ベイ（在位一八五五―一八五九年）は改革に消極的だったが、その後を継いだサディーク・ベイ（在位一八五九―一八八二年）の代に近代化政策が再開される。そのために導入された外債が一八六九年の財政破綻をまねき、英仏伊の国際管理がはじまる。一八七〇年代の宰相ハイルッディーンによる諸改革も甲斐なく、一八八一年にフランス軍がアルジェリアの治安を口実としてチュニジアに進駐し、チュニジアは保護領化されることになる。ちなみにエジプトの財政破綻は一八七六年、イギリスによる占領は一八八二年であった。

アラブ諸国最初の憲法

チュニジア史の独特さは、アラブ諸国で最初の憲法（カーヌーン・アル＝ダウラ）が制定され、短いあいだとはいえ立憲的な政体が実現した点にある。

この計画の背後には、内外の政治的意図が絡みあっていた。赴任して間もないロシュがとりかかった案件のひとつは、居留民保護を理由として、近代的な法制を導入するように外交圧力をかけることだった。この一件で英仏の方針は一致している。圧力への対応として、ムハンマド・ベイは保護盟約（アフド・アル＝アマーン、一八五七年）を発布し、憲法準備のための委員会を設立した。憲法案はつぎのサディーク・ベイの即位前後に完成する。サディーク・ベイは、憲法の制定によって西欧諸国からの評価が高まり、オスマン帝国との関係においても有利な立場を得られることを期待した。(9)

一一四条からなる憲法案は、フサイン家のベイを元首として、大臣と省庁の機構を整備し、最大六〇人の議員からなる最高評議会《コンセイユ・シュプレーム》をおくことを定めた。最高評議会は憲法の守護者とされ、立法をおこない予算執行を監督する。法に背いたベイは地位を失うとまで規定された憲法は、読み方によっては、君主の権力を立法府が制限することにつながりうる内容をもっていた。(10)

じっさいには最高評議会の人選はベイにまかされていたので、君主権の制限という事態が起きる可能性はほとんどなかった。他方で新憲法は、チュニジア社会の各階層に不満をよびおこした。地方有力者たちは憲法によって彼らの権威がそがれることを警戒した。伝統的なイスラーム知識人層の多くは、そもそもあたらしい立法によって政体を変えることに批判的だった。農民たちは、新体制のもとで増税に苦しんでいた。さまざまな不満が合流して一八六四年に大規模な民衆蜂起がおこり、憲法は停止された。

とはいえ、チュニジアにおける「上からの」改革が挫折を運命づけられていたと決めつけるべきではないだろう。自由主義の時代とよばれる同時代のヨーロッパにおいても、政治、行政、社会制度の変革は一直線にすすんだわけではなく、古い要素や反体制的な動きとのあいだで綱引きがくりかえされた。[11] 右に述べたチュニジアの改革と同じ時代、フランスは独裁的な皇帝のもとで、権威主義と自由主義のあいだを揺れうごいていた。政治と社会の変革には、外圧と内発の両面がある。地中海沿岸の国々は、連結したひとつの変革の波のなかにあった。

地中海から東アジアへ

ロシュは、チュニジア憲法が停止される前年にチュニジアを離れた。つぎの任地は日本である。外交官となって二〇年近く、大きな野心をいだいての旅立ちであっただろう。アブドゥルカーディル陣営への潜入、モロッコ開国にかかわる交渉、リビアでの情報収集、そしてチュニジア政府要人に対する人脈開拓とフランス資本導入による経済事業など、[12] 裏街道から表舞台まで豊富な経験をもつ外交官である。フランス公使ロシュと幕末日本の政治史とのかかわりについては、石井孝による古典的研究がある。[13] 以下では、三つの疑問について考えておきたい。

第一に、ロシュが東アジアに派遣された背景である。軍隊経験のあるロシュは、強圧的な交渉に長けていた。そうした資質が新しい土地での外交に役立つと評価されたと考えられる。より一般的な理由として、フランス外務省は、地中海のイスラーム圏と東アジアをひとつづきの「東洋」としてとらえていた。同時期に東アジアで活動した外交官には、地中海周辺のイスラーム圏で経験をもつ者が少なくない。ロシュの前任者ベルクールは入れ替わりにチュニスに任地替えとなり、ロシュの後任として日本に赴任することになるウトレは、ジェッダ、ダマスクス、ベイルート、アレクサンドリアに駐在した経験があった。領事たちも、一方の地域での経験が他方に応用できるという意見をもっていた。日本赴任後のロシュも、フランスの政策に対する幕府の反応がモロッコ政府とよく似ていると報告している(14)。

第二に、本国側の思惑と、現地におけるロシュの独走との関係である。この点については、資本主義の発展期にあったフランス政界・財界が積極的な極東政策をめざしたと石井の説があり(15)、さらに地域を限定して、ロシュの親族がフランス中部の商都リヨンに多かったことから、貿易の拡大をねらう同地の絹織物業界とフランス政府の思惑がはたらいていたという説もある(16)。ロシュが幕府と接近したきっかけについては、栗本鋤雲（幕臣、医師。箱館への派遣をへて、一八六三年から江戸に召還されて外交にかかわる）と、メルメ＝ドゥ＝カション（パリ外国宣教会から派遣された宣教師。栗本と同じ時期に箱館に滞在し、その後フランス公使館通訳となった）との交流も知られる。しかし周囲の状況をどれほどあげたとしても、ロシュの個性を無視することはできない。本国との通信に長い時間が必要であった時代に、ロシュは本省の命令の範囲を越えて外交的冒険をつづけた。そのことは、ロシュ本人が「個人外交」という表現をもちいていたことにあらわれている(17)。

第三に、サン＝シモン主義との関係である。すでに述べてきたように、ロシュをサン＝シモン主義者とみることはできない(18)。アルジェリアに赴任していた時期にビュジョーの派閥に属していたロシュは、人脈や交友関係からみてサン＝シモン主義者とのつながりは薄かった。思想においても、社会改革や宗教的探求に関心をもっていた形跡はない。チュニジアでロシュが提案した産業化政策が、サン＝シモン主義者の活動とかさなってみえることは事実である。だがそれは、彼自身がその思想的系譜に属していたことを意味しない。

第二帝政の時代、かつてのサン＝シモン主義者たちは政財界で重きをなすようになっていた。皇帝自身が「馬上のサン＝シモン」と渾名されるほど、サン＝シモン主義と体制の結びつきがふかまっていた。サン＝シモン主義の思想は通俗化して広められ、本来の思想運動のサークルを超えた影響をもつようになっていた。いわばそれは、時代の共通語であった。ロシュはそれを利用したのである。

一方で、ロシュが地中海での経験を日本にもちこんだことはたしかである。イギリスとの対抗、英傑の資質を認めた指導者への肩入れ、産業技術の導入による協力者の獲得など、さまざまな例をあげることができる。外交史家シムズがあげているエピソードを紹介しよう。一八六七年初め、ロシュは将軍慶喜から幕政改革の方針について諮問を受け、同年二月に将軍と会談した。会談後の報告のなかでロシュは、大名から選ばれた五〇人程度の評議会《コンセイユ》を設けて法の制定を担当させるという案を慶喜側が示唆した、と本国に書き送っている(19)。

一九世紀の日本には、西洋の政治制度を高く評価した儒者横井小楠（一八〇九—一八六九）をはじめとして、西洋思想に儒学の理想をかさねてとらえる知識人たちがいた(20)。彼らの学問をふまえた発言が慶喜の側からあったと考えることも可能である。他方で、評議会の規模と性格——人選によって君主の側がつねに多数派を確保できる——を考えると、チュニジア一八六一年憲法に規定された最高評議会《コンセイユ・シュプレーム》との類似点に気づかされる。会話の内容はロシュによる誘導であって、チュニジアを念頭においた情報提供がなされたと考えるのはゆきすぎた想像だろうか。

この想像の当否はともかく、ロシュの個性は、本国の訓令をときには無視して、個人間の信頼を梃子として相手に肩入れする姿勢にあらわれていた。ロシュが活動したのは、領事という官職につくことと私的な利害とがはっきりと区別されていなかった時代、いわば「公」と「私」が未分化であった時代から、外交官が本国政府の命令の忠実な実行者たることをもとめられる時代への移行期である。別の言い方をすれば、商業とむすびついて独自の世界を形成していた地中海の領事職が、しだいに帝国主義の尖兵へと変化していく転換期をロシュは生きた。それゆえ彼の冒険主義は一面では許容され、ある限度を超えたときに排除されざるを得なかった。

一八六六年にフランス本国で新しい外相が就任すると、日本の内政への介入をひかえるように指示が下された。本国からの訓令に縛られつつロシュはその後も二年間日本で活動をつづけたが、一八六八年に一時的な休息のためとして帰国を願い出て同年六月に日本を離れた。おそらく彼は、ふたたび東アジアに戻ってくることを希望していた。だが結果として、彼の外交官としての経歴は絶たれることになった(21)。

2　ナポレオン三世の気まぐれ

親アラブ派と反アラブ派

一八六〇年代のロシュとユルバンがとりくんだ課題はそれぞれ、本書が地中海革命と呼ぶ現象の中心にあった。ロシュはチュニジアの立憲改革をみずからの手柄として、表舞台の功績を誇ろうとした。日本に移動したロシュが幕府内の親仏派とむすんで術策をめぐらせていたちょうどその頃、ユルバンは影の助言者としてアルジェリア統治の新方針の策定にかかわることになる。焦点となったのは、身分制度と土地制度である。

図 15　陸軍軍人とムスリム有力者（1850 年代）

この時期、フランスのアルジェリア政策にかかわった軍人と行政官のなかでは、ふたつの路線が対立するようになっていた。それぞれ「親アラブ派」と「反アラブ派」と呼ばれる人々である。「親アラブ派」の多くは陸軍関係者であった。軍がおこなった残虐な行為が数多くあった一方で、軍人のなかには敵方に対する一定の敬意をもつ人々も少なくなかった。彼らは、アルジェリア支配の要諦はイスラーム教徒の協力をとりつけることだと主張し、入植の急速な拡大はさけるべきだと論じた。後述するようにナポレオン三世はしだいに親アラブ派の意見に傾いていったため、出世の野心からそれに同調する軍人たちもいた（図15）。

ユルバンは、この「親アラブ派」の人脈のなかにいた。しかし、一八四八年の革命で庇護者ドマール公を失った彼には、政権の中枢へとつうずる回路がなかった。それからの約一〇年は、人脈の再構築に費やされた。鍵となった一人は、フレデリック・ラクロワである。インド洋の仏領ブルボン島生まれで、サン゠シモン主義の初期指導者バローと同郷であった。ユルバンとは一八四〇年代に知り合っている。ラクロワは一八四八年から四九年までアルジェ県知事を勤めるなど行政にかかわる一方で、旅行記など数多くの著作を発表し、皇帝の近侍にも届く広い人脈をもっていた。たとえば、サン゠シモン主義者と交際のある軍人ラパセや、ダヴィド男爵である。後者はナポレオンの肖像画家として有名なジャック゠ルイ・ダヴィドの孫で、ナポレオンの血族であるという噂もあった政治家である。

一方、「親アラブ派」と対立する「反アラブ派」は、入植者の意見を代表している。「反アラブ派」と入植者にとっては、入植の推進と加速こそが目標である。そのため、先住民に対する圧迫はいわば必要悪とみなされる。彼らは、親アラブ派主導の軍政が入植を妨げていると非難した。その一方で、陸軍当局者のなかにも「反アラブ派」に共感する人々は多い。反アラブ派の軍隊批判はともかく、「アラブ人」に対する強硬策を支持する意見は軍部にも根強く、たとえば一八六〇年以降の歴代のアルジェリア総督、メルシエ゠ラコンブ、ペリシエらは、いずれも入植の拡大に積極的だった。

第5章で述べたように、かつてのサン゠シモン主義者とその友人たちは、どちらの派のなかにもいた。反アラブ派の筆頭にはワルニエがいた。ワルニエは農場経営の失敗を経験した一八六〇年代頃から、入植者の利益を代表するジャーナリストとして地歩を固めていた。一八七〇年にはアルジェ県知事となり、翌年にはアルジェ県選挙区から下院議員に選出されることになる。

サン゠シモン主義者のかつての幹部の多くは、ユルバンの運動に反対はしなかったものの、けっして協力的ではなかった。投資家となっていたアンファンタンを筆頭に、彼らのおもな関心は経済開発におかれていた。入植を抑制しようとする親アラブ派の主張を支持する理由はなかった。ユルバンの方でもアンファンタンと疎遠になっていたことはすでに述べたが、アンファンタンが一八六四年に卒中で急死したことについて、編年体で書かれたユルバンのふたつの自伝に言及はない。

気まぐれな皇帝

ナポレオン三世とアルジェリアの入植者のあいだには当初から緊張があった。ルイ＝ナポレオンが権力をにぎった一八五一年一二月のクーデタ後の承認投票では、アルジェリア住民の賛成票は過半数をわずかに上回ったにすぎない。入植者のなかには第二帝政に批判的な声が根強かった。皇帝がアルジェリアを流刑地に指定して政治犯を追放したこともあって対立はさらに深まる。対策のひとつとして、一八五八年から一八六〇年にかけてアルジェリアは陸軍省の管轄から外され、アルジェリア省という専門の役所がおかれた。大臣となったのは、ナポレオン三世の従弟ジェローム・ボナパルト（通称ナポレオン公）であった。皇帝は、従弟にアフリカの領地をあたえることで中央から遠ざけようとしたといわれる。しかしこの策は、ジェローム自身が消極的だったこともあり頓挫した。

一八六〇年にアルジェリア省は解体され、陸軍省の管轄が復活した。ナポレオン三世ははじめてアルジェリアを訪れた。サヴォワ併合を記念する下向の機会をとらえて、アルジェリア訪問の日程が組まれたのである。フランスの国家元首によるはじめての海外領土訪問であり、すでに言及したチュニジアのサディーク・ベイとの会談がおこなわれた。

この頃から、ナポレオン三世はアルジェリアに関心を深めたと考えられる。皇帝は、先住民を主体とした農業開発をすすめ、同時に、彼らを兵士として採用することを考えた。古代ローマのベルベル人のイメージを投影していたともいわれる。(22) 一八六一年の末には、皇帝はアルジェリア総督に書簡を送り、先住民の境遇に関心を払うようにうながした。

同じ年の一月、ユルバンは最初の本格的な政策論『アルジェリア人のためのアルジェリア』を匿名で出版した。ユルバンはすでに草稿をジェローム・ナポレオンに託していたが、芳しい反応は得られなかった。出版にこぎつけた本にしても、一部の関係者のあいだで読まれただけでおおきな話題になることはなかった。ナポレオン三世がそれを手に取ったかはわからない。しかし徐々に、親アラブ派の意を皇帝に届ける機は熟しつつあった。親アラブ派に近い将軍のはからいで、ユルバンとラクロワの意を受けたラパセに謁見の機会があたえられたのは一八六二年七月二七日のことである。

ナポレオン三世は、ラパセにさまざまな質問をなげかけた。皇帝は、アルジェリアの行政が機能不全に陥っていることに驚き、先住民のための手立てを講じなければならないという意見をラパセと交わしたという。

一八六二年一一月、ユルバンの二冊目の政策論『フランス領アルジェリア——原住民と移民』が出版された。ダヴィドをつうじて一部が皇帝のもとに届けられた。同月、皇帝は居城で催される宴会にアルジェリアのムスリム部族の代表者たちを招待する意向をあきらかにした。ラクロワは宴会に出席するダヴィドと面会をくりかえし、ユルバンの政策を注入した。ユルバンと友人たちは、出席する部族長たちにも、訴えるべき内容を助言した。

一八六二年一二月の宴会では、部族長たちのつぎのような意見が通訳をつうじて皇帝に伝えられた。すなわち、土地所有権の問題はアルジェリアのイスラーム教徒のあいだで大きな関心を集めている。それらの問題についてキリスト教徒の伝統がどのようなものであるかは知らないが、イスラーム教徒の側にも土地所有権の伝統がある。勝者の暴力にはしたがうしかないが、心の底ではそれを搾取であり略奪であると考えている。

こうした訴えをうけて皇帝は述べた。「原住民とヨーロッパ人の完全な平等。それこそが正しく、誉れ高く、真である[23]」。しかし、気まぐれな皇帝は具体的な行動をとることはなかった。「親アラブ派」に対して冷淡なアルジェリア総督ペリシエがパリに召喚されたが、彼が解任されることはなく、むしろ皇帝の信任を得たようであった。そうした流れのなかから人々を驚かせたのが、年が改まって二月、官報に掲載された皇帝の公開書簡だった。総督宛ての書簡は、「アラブ王国」の構想を述べたものとして史上に知られる。本章の冒頭で引用した一節をあらためて引用しよう。

アルジェリアは本来の意味の植民地ではない。アラブの王国である。原住民は入植者と同等の権利をもって余の保護を受けるのであり、余はフランス人の皇帝でありアラブ人の皇帝でもある[24]。

この文面は、皇帝自身が起草したとされる。あらためて考察すれば、ナポレオン三世の考えるアルジェリアは、フランスとは区別された独自の領域であり、そこでは、皇帝を頂点としてアラブ人とフランス人とが同等の身分をもつということになる。「アラブ人」と「フランス人」を「同等」ということばでつないだことの意味は大きい。アルジェリアの新聞紙上は批判記事であふれた。入植者たちが反抗し、路上に騒乱が広がることを恐れる意見すらあった。その後の一年間は、皇帝を動かそうとする親アラブ派と、総督府を拠点とした反アラブ派の画策がつづいた。皇帝の関心に沿う親アラブ派の運動は、二つの立法に結実した。

第一に、一八六三年四月二二日の土地制度に関する元老院議決である。わずか六条からなる短い法律で、第一条は、先住民諸部族は「彼らが永続的かつ伝統的に享受する領地の所有者」であると宣言し、第二条は、各部族の領地の確定と分割、さらに個人所有権のための手続きを後に定めると予告した。第三条以降は、国有地の範囲等の問題について一八五一年法を継承するという文面であった。

この立法は、第5章第2節で略述した論争、すなわち、先住民部族の土地所有権はフランスにおけるそれと同じように完全なものなのか、あるいは、フランスの法制度に照らしてさまざまな制限を受ける一種の使用収益権なのか、という一八三〇年代からつづいてきた論争に回答をあたえた。部族の人々は、植民地化以前から利用してきた土地に対して所有権をもつことが、原則として認められた。

第二に、一八六五年七月一二日の元老院議決である。これは、それまで法的な身分があいまいなままにおかれてきたアルジェリアの先住民の立場を明確にする法律であった。第一条は、「ムスリム原住民はフランス人である。ただし、引き続きイスラーム法の適用を受ける」と定め、ムスリムは軍事・非軍事の公職につくことができること、フランス市民と同等の権利を認められるためにはイスラーム法の支配を離れてフランス法の適用を受けねばならないことが規定された。第二条では「ユダヤ教徒原住民」についても同様のとりあつかいが定められた。

一八六五年の元老院議決によって、アルジェリアの先住イスラーム教徒とユダヤ教徒は、フランス人でありながら市民としての権利、たとえば参政権は制限されるという原則が確立した。ただし同法は、先住民が軍事、非軍事の公職につくことで公権力の行使にかかわる可能性をひらいている。解釈と施行しだいで、先住民の権利を強める可能性も残したあいまいな立法であった。

3 『アルジェリア人のためのアルジェリア』

「言葉には事実で」

一八六三年の公開書簡は、ナポレオン三世のアルジェリア政策の理念を宣言した。議論の運びにおいても、具体的な提案においても、ユルバンの著述が皇帝のことばで置きかえられたかのようであった。もちろん、ナポレオン三世のような複雑な人物の行動をひとつの原因から説明することはできない。「原住民と入植者は同等の権利をもって余の保護を受ける」という文言の直前には、広大なアフリカには入植者が満足するだけの土地が十分にあるという趣旨が併記されている。皇帝は、「反アラブ派」が期待する入植政策も肯定していた。だとしても、皇帝の周辺人物とユルバンとの書簡のやりとりからたどれば、ユルバンの起草した文章が皇帝のことばづかいに影響をあたえたことはたしかである。それではユルバンは、みずからの考えを政権中枢へと伝えるために、どのような論を展開していたのか。時間をさかのぼって、ユルバンの主張を検討してみよう。

ユルバンは、二冊の政論冊子『アルジェリア人のためのアルジェリア』（一八六〇年、図16）と『フ

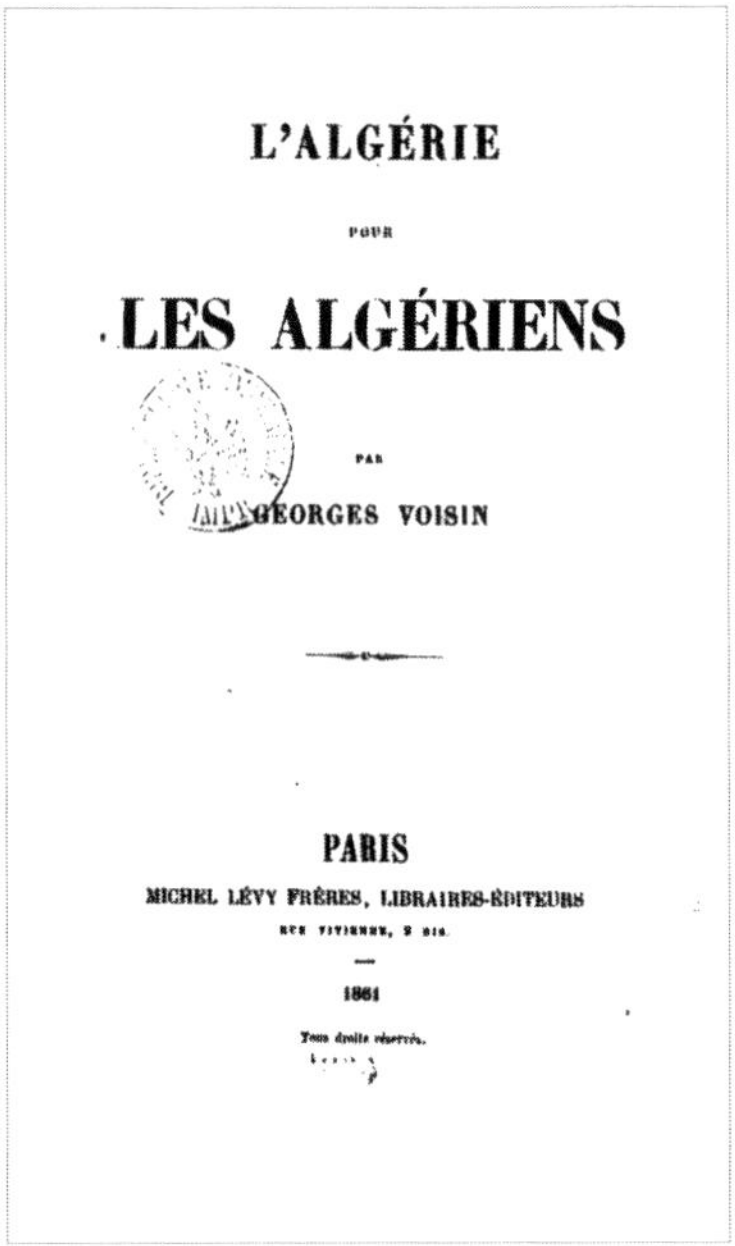
L'ALGÉRIE
POUR
LES ALGÉRIENS
PAR
GEORGES VOISIN
PARIS
MICHEL LÉVY FRÈRES, LIBRAIRES-ÉDITEURS
RUE VIVIENNE, 2 BIS.
1861
Tous droits réservés.

図16　『アルジェリア人のためのアルジェリア』扉

ランス領アルジェリア——原住民と移民』（一八六二年。以下、『原住民と移民』）を著した。一冊目の冊子は題名がそもそも刺激的である。当時のフランスでは、アルジェリアのアラブ系、ベルベル系住民を「アルジェリア人」と呼ぶ習慣はなかった。「アラブ人」あるいは「イスラーム教徒」ということばが先住民の総称となっていた。「アルジェリア人」ということばがもちいられることは少なく、かりにもちいられるとすれば、入植者のことをさしていた。集団の呼び名を選ぶことは、すぐれて政治的な問題である。もしも先住民を「アルジェリア人」と呼べば、彼らが「フランス人」と対立する一個の民族として浮上することになる。ユルバンはその点を衝いた。二冊目の題名において、「原住民」を「移民」の前においたのも、同じ意図からであろう。

『アルジェリア人のためのアルジェリア』の序文は、執筆の目的をつぎのように述べる。それは、「アルジェリアのムスリム原住民とフランス人のあいだに融和をさまたげるものは何もないと論証する」ことである[25]。著者は、ふたつの論敵を名指して反駁する。第一に「学者たち」である。「学者たち」とは、イスラーム教徒は狂信者であり、退廃を運命づけられた民であり、進歩と文明に敵対しているという立場にたつ人々である。「フランス人と原住民の敵対関係に融和はありえず、進歩は不可能であり、聖戦と終わりなき蜂起がつづく」と主張する人々である。こうした態度は当時の異文化蔑視を要約したものといえるが、ユルバンのみるところ、真の問題はこうした「学者たち」にはない。むしろ、その裏で糸を引いている人々である。

こうした学者たちの多くは、彼らの言説がどこをめざしているのかを分かっていないのだと思われる。彼らは、悪意なく奈落へと歩んでいる。だがもっと狡猾な人々は、自分たちのしていることをわかっている。その一部は、アラブ人を砂漠に追い出して彼らの土地を奪おうとしており、また別の一部は、異教徒の改宗か絶滅を願っている。(26)

ユルバンは、アルジェリアをめぐる政策論議の根底に、第一にフランス人とイスラーム教徒は絶対に交わらないという「言説」があることを指摘した。そしてさらに、そうした「言説」について、それを「悪意なく」信じる人々と、下心をもってそれを利用する「巧妙な人々」とがいると看破した。こうした状況に対して、ユルバンは「言葉には事実で」対抗すると述べて、フランス人とイスラーム教徒の和解の道は開かれていると主張する。フランスはたしかに「先導者」の役割をはたすべきなのだが、そのためには相手を尊重するという原則をもたなければならない。

敬意なきところに、調和がありうるだろうか？　敗者と征服者のあいだで反感が高まる理由はいくつもある。それらを緩和するどころか、憎しみの火に油を注ぐとするなら、それは殺人と叛乱と戦争を準備することにほかならない。[27]

進歩することが人類の法則であるとすれば、信仰ゆえに一つの人種、民族、生者の集合がそうした一般法則の例外におかれるなどということがあろうか。近代哲学の素晴らしい理論がフランス人、ヨーロッパ人、キリスト教徒だけにあてはまるということはないだろう。アラブ人、東洋人、イスラーム教徒も同じ法則にしたがうはずである。われわれと同じく彼らも向上し、進歩する。この点に異論の余地はない。……われわれはこの表現を、前進する動きだけを意味するものとして用いる。どこから出発し、どこに向かうのかはひとまず問題としていない。というのもそれぞれの人種、民族、人間は、それぞれに固有の出発点から、固有の目的にむかって個性的に歩むものだからである。人類の過去においても未来においても、完全な統一というものはない。……したがって、いずれかの国民や宗教が、模範や進歩の典型を自認するとしたら、それは傲慢というべきだろう。わが政治、社会制度、風習が人類進歩の最終形態であり、わが足跡を追って共に歩まぬ者は過ちと野蛮と停滞に陥るだろうなどとは誰にも言えないのだ。教会の外に救い無し、ということばは、今日の政治と宗教において、もはや意味をもたない。[28]

第一の引用は、ユルバンがみたギアナの状況を思いおこさせる。当時の旅行者が述べたように、白人から差別されていた人々にとって大きな課題は、政治参加や法的保護といった抽象的な権利よりも、敬称で呼ばない、宴席を共にしないといった日常的な経験であった（第1章）。

第二の引用では、西洋こそが進歩の模範であるという通説がはっきりと否定される。教会の外に救い無し、という一節は、カトリック教会に対するユルバンの批判をあらわしている。進歩するヨーロッパと停滞する非ヨーロッパという図式は否定され、ヨーロッパへの同化も否定される。ユルバンによれば、先住民がフランスの支配を受け入れるためには、先住民の過去と伝統を尊重し、彼らが彼ら自身でありつづけるような進歩のあり方を探らねばならない。イスラーム教徒とフランス人は別々の経路をたどって、たがいの違いを保ちつつ、共通の未来へと向かう。ここまで明確な相対主義は、ヨーロッパ以外の文化を好意的に論じた一九世紀の出版物のなかでもめずらしい。ユルバンの立場は、一八三〇年代のマグリブ人たち、第2章でとりあげたハッスーナ・ダギーズとハムダーン・ホージャの文明論に近づいていた。

もちろん他面において、ユルバンの言論は、植民地支配を強化しようとする政策論の系譜のなかにあった。先住民にはヨーロッパ人とは異なる道を用意すべきであるという意見は、二〇世紀はじめ頃からフランスやそのほかの国々の植民地政策論にしばしば登場するようになる。フランスでは「同化」政策から「協同」政策への転換が論じられ、イギリスでは「間接統治」の伝統が誇られた。現地の伝統を尊重するという名目をかかげた、一群の政策論である。

「協同」政策は、ヨーロッパ以外の文明には固有の道があるという立場から、差別的なとりあつかいを正当化する。ユルバンの意見はそうした政策論の変形として読むことも可能であり、じっさいにそう受け入れられた部分もある。だが、ユルバン自身のことばには、一般的な「協同」政策論からの脱線が各所にあらわれる。一例は、つぎの引用である。

原住民はつぎのようにわれわれに問う権利がある。「あなたたちは、私をあなたたちに似たものにしたいという。父祖を否定し、信仰と風習と個性を一朝一夕に変えて、私自身を否定させようとする。だが、私があなたたちを追ってそのような道を歩むことはないだろう。弟子が師に似ているような関係になるのは結構だが、私は私自身でありつづけたい。私はみずからの過去を守りたいし、生き方を乱暴に変えたくはない。別の場所から出発した私たちは、共通の未来において出会うかもしれないが、私があなたたちのなかに吸収されることはない」と。(29)

支配者の温情としてではなく、「原住民」つまり支配された人々の立場から現状を批判した点において、この一節は異彩を放っている。差異と平等とは両立する。それがユルバンの理想であった。彼の立論は、もしも時代の文脈から切り離して読まれるとすれば、二〇世紀後半の地球上で各地にあらわれた政治理念と共鳴するようにすらみえる。すなわち、多様性のなかの統一という考え方である。もちろん、剝き出しの暴力に支えられた一九世紀の状況と二〇世紀のそれとはまったく異なっているのだが、それにしても、彼のことばが特異な現代性を帯びていることは認めねばならない。

「原住民」との平等、男女の平等

『アルジェリア人のためのアルジェリア』の結論部には、未解決の法律問題がとりあげられていた。アルジェリアのイスラーム教徒の身分の問題である。当時のフランス法のもとでは、フランスの領土内で外国籍の両親から生まれた子は成人時にフランス国籍を申請することができた。さらに一八五一年の立法によって、外国籍の子の両親がフランス生まれであった場合、その子はフランス国籍を得ることになっていた。単純にいえば、移民の第二世代より後の子孫は自動的にフランス国籍を得るということである。これらの法は、別に定めがなければ、居ながらにしてフランス領内に組み込まれたアルジェリアのイスラーム教徒にも適用されるはずである。ユルバンは、近い将来に多数の「原住民」がフランス人としての資格を得ることになると予告した(30)。

この点についてさらに論じたのが、二年後に刊行された『原住民と移民』であった。ユルバンは、先住民を「レグニコル」と定義することからはじめる。これは一八世紀以前にフランスでもちいられていた法律用語で、王国《レグヌム》に生まれ、そこに住む者をさすことばである。「国民」ということばが生まれる以前に、国内の民を外国人と区別するためにもちいられていた概念であった。

前世紀の語彙を引き合いに出しつつ、ユルバンは論じる。アルジェリアのイスラーム教徒は、レグニコルとして、フランス政府の外交上の保護を受ける。つまり彼らは、フランスの国籍をもっている。ただし、フランスの国内法においては、市民としての権利をもたない。なぜなら彼らは、独自の宗教法にしたがっているためフランス民法を適用されないからである(31)。

ユルバンの説明は、書籍執筆と同年に発された判例に依拠していた。先住民は国籍をもちながら市民としての権利を制限されるという身分制度の礎となったとされる、歴史に残る判例である(32)。アルジェ控訴裁判所によるこの判決は、アルジェリアだけでなくインドシナでも参照され、先住民に対する差別の根拠となった。ただし、若干の留保も必要である。前節ではユルバンが、フランス民法の規定によって先住民が成人に達したときに市民としての権利を申請できる可能性を指摘したことを紹介した。そしてじっさいこの時期に、十数人のイスラーム教徒、ユダヤ教徒がそうした届け出をして、裁判で希望をかなえた例もみられた(33)。ユルバンによれば、入植者と先住民の不平等は、暫定的なものとして考えるべきであった。本章の冒頭ですでに引用した一節を、後段を補って紹介する。

原住民は、レグニコルとして、ヨーロッパ大陸から来たフランス人と同等である。つまり彼は、国家から自由、財産、宗教について同様の保護を受ける。いまある不平等、すなわち片方は市民であり、片方は市民ではないということは、抽象的な不平等であり、いわば便宜的なものである。何人もそれに驕って個人的利益に走り、原住民に劣等な立場を感じさせることがあってはならない。アルジェリア人原住民とフランス人移民はどちらも、資格と程度のちがいはあれ、フランスの臣民である。国家の原住民に対する優位を引き合いにだして、フランス生まれの臣民が長子のような権利をふるうべきではない。見方を変えれば、こうした不平等は、法が認める両性の不平等と似ている(34)。

ユルバンによれば、先住民と入植者の不平等は一時的なものである。その例として、両性の不平等が言及される。初期のサン＝シモン主義運動は女性の権利拡大を訴え、自由を求める女性たちから支持を集めた実績があった。その精神は一九世紀半ばにもひきつがれていた。たとえば一八五九年、かつての幹部アルレス＝デュフールが、女性の賃金を男性と同等にして女性に新しい職業の道をひらく方法、という課題をリヨン科学・文芸・芸術アカデミーの懸賞論文として出題させた。その応募者のなかから奨学金を受けて、ジュリ＝ヴィクトワール・ドビエが女性として初めてのバカロレア（中等教育修了の国家資格）取得者となったのは一八六一年のことである(35)。女性に対する考え方が変化する兆しを感じつつ、ユルバンは右の一節を記したのかもしれない。

しかし、両性の不平等への言及には逆向きの作用もあった。第二帝政時代の爛熟した文化のなかで姦通や娼婦が一部の人々にもてはやされたとしても、全体としてみれば自由な女性は男性から敵視され、従順で家庭的な女性だけが許容されるのが現実であった(36)。ユルバン自身、自分よりはるかに年下で立場の弱い女性を再婚相手として選んでいた。女性は男性によって庇護されねばならないという言説が、性差別を正当化する。フランス本国では、男女の法的な不平等は二〇世紀までつづいた。女性の参政権が認められたのは一九四四年、憲法前文に女性と男性の平等が明記されたのは一九四六年のことである。ちなみにアルジェリアで「原住民」の男性に普通選挙権が認められたのは一九四四年、女性については一九五八年だった。ユルバンの身分論には、ヨーロッパ人と他民族が本来的には同等であると主張した大胆さがあった一方で、女性差別と同じようにいつまでつづくとも知れぬ差別を容認する含みがある。ここにも、支配と被支配のあいだの隘路をたどろうとしたユルバンのあいまいさが現れている。

ジャヴァとアルジェリア

ところでユルバンの政策論は、アルジェリアとフランスというふたつの極のあいだに閉ざされていたわけではなかった。『原住民と移民』では、重要な論拠として外国の事例が参照されている。情報源は、前述のラクロワから紹介された英語の本であった。題名は『ジャヴァ――あるいはいかに植民地を経営するか』（一八六一年）。いわゆる強制栽培制度の時代のオランダ領インドネシアについての報告で、著者マネーはインド生まれのイギリス人法律家である。

オランダ領植民地ジャヴァ島では、一八三〇年代から新しい経営方式が導入されていた。奇しくもアルジェリア征服と同時期のことである。その要点は、少数のオランダ人官吏が現地人の首長たちを仲介者として農民を動員し、コーヒー、サトウキビ、藍などの輸出用作物を生産させることにあった。この仕組みはオランダ本国の財政を好転させるほどの巨額の利益をもたらした(37)。

マネーの『ジャヴァ』は、これを植民地経営の成功例ととらえて英語読者にむけて解説する。同書によれば、現地ではオランダ人の現地人に対する優越という原則が徹底されている。両者の平等という幻想は存在しない。身分の区別は厳密であり、身分のちがう集団のあいだでは、経済活動の利益を分けあうことで一定の「友好」が実現されている(38)。こうした議論が念頭においているのは、同時代の英領インドであった。本章の冒頭で紹介したように、大反乱後のインドでは、高等文官職の採用についてイギリス人とインド人に平等な機会をあたえるという改革案が論じられていた(39)。マネーは、カーストを重んじるインド人は平等を望んでいないと断定し、現地人と支配者とのあいだの身分格差を徹底させるオランダに学ぶべきだと主張した(40)。

つまり『ジャヴァ』には、ユルバンがめざしたものとはほぼ正反対の内容が書かれていた。もとになったとされる文献をユルバンとラクロワがどれほど読み込んでいたかはわからない。ともかく二人は、英語の議論をつぎはぎにして、まったく方向の異なる結論を導き出した。イギリス人著者マネーの名は、外国における斯界の権威として利用されたにすぎない。ユルバンは、ジャヴァから得られた知見をそのままアルジェリアにあてはめることはできないと断ったうえで、現地の統治機構に大きな権限をあたえること、先住民の生活状況を改善すること、農業は先住民に任せること、入植者は産業を担うこと、先住民を軍に積極的に採用することの五点をあげる(41)。入植者と先住民の平等を否定したマネーの議論は切り捨てられて、両者の役割分担という側面だけが強調された。

4　土地制度の革命

土地所有の原則

入植者と役割を分担し、イスラーム教徒が農業を担うとすれば、その土台にある土地制度はいかにあるべきか。『アルジェリア人のためのアルジェリア』第二章は、この点を論じている。ユルバンはヨーロッパ人の入植を制限し、かわりに先住民の土地所有権を広範に認めるべきだと力説した。彼が反駁しようとしていたのは、つぎのような世論であった。

植民地化の以前から、フランスには一連の俗説が流布していた。単純にいえば、遊牧民であるアラブ人に土地私有の観念はない、したがってフランス政府はほしいままに土地を利用することができる、とする説である。サン＝シモン主義の指導者アンファンタンがそうした立場をとったことについてはすでに述べた（第5章）。東洋学の分野では、一九世紀半ばにそうした通念を大筋において支持する学説が確立する。なかでも後々まで参照されることになったのが、軍医ウォルムスによる論考であった。

ウォルムスは、大略つぎのように主張した。イスラーム教徒が征服した土地は「戦利品」として信徒の共同体全体に留保されている。土地の保有者は、その土地の完全な所有権をもっているわけではない。ここでいう完全な所有権とは、西洋近代の法が前提としているような、所有者と所有の対象物とが一対一に対応し、前者が後者に対して絶対的な支配をおよぼす私的所有権のことである。ウォルムスによれば、都市とその近辺には（ヨーロッパと同様の）私的所有権が例外として確立しているが、それ以外の地域の住民は、土地に対してかぎられた権利しかもたない。彼らは、地租を支払うかぎりにおいて土地を使用し、収益するという限られた権利（用益権）を認められているにすぎない。ウォルムスによれば、この原則はインドやトルコ、エジプトに該当し、アルジェリアにもあてはまる。こうしたウォルムスの主張は、イスラーム法学の考え方をある程度まで反映したものでもあった。しかしそれは、目前の現実をふまえたものではなかった。

たとえば一八世紀以降のエジプトやシリアでは、一方には土地の事実上の私有が一般化し、他方では為政者が土地の国有を主張しているという乖離が広がっていた。こうした矛盾について、一八世紀から一九世紀のムスリム法学者たちはさかんな議論を戦わせていた[42]。そうした事情を無視してウォルムスは、文献のなかに固定された過去から現在を説明しようとした。彼の学説は、アルジェリアのイスラーム教徒は原則として土地所有権をもっていないので、フランス政府がほしいままに住民を移動させ、土地を接収して分配できるという主張につながる。植民地当局にとって都合の良い学説であった。

事実と法

以上のような世論にユルバンは反駁する。フランスの学者の多くは、「まことに大地はアッラーのもの」というクルアーンの章句（第七章一二八節）を口実として、前政権にかわってフランス政府がすべての土地を所有していると主張してきた(43)。ユルバンによれば、そうした解釈は誤りである。占領の初期からおこなわれた現地調査は、はるかに複雑な実情をあきらかにしてきた。ユルバンの立脚点は、以下の一文に要約されている。

これらの調査から、アルジェリアの土地所有の基礎は、法に定められた権利の問題というより、事実と歴史の問題であるとわれわれは結論した(44)。

文献から導きだされた法理ではなく、それぞれの場所において観察された実情から考えねばならないという立場である。じっさい、土地と人との結びつきにはさまざまなかたちがあった。ユルバンによれば、占領時のアルジェリアには、公有地もしくは特定の用途のために専用される土地、モスクに付属するなど土地があった。都市部では土地の個人的な所有が広く認められており、その権利は政権の交代ごとに文書で確認されてきた。アルジェリアの西部と中部の内陸部では部族が所有する土地の範囲が明確であり、東部の部族たちは移動が多く土地の使用権だけをもつ傾向がある。そうした変化のおおきさは、外来者であるフランス人の眼にはたんなる混乱として映った。土地所有が確立しておらず、土地と人との結びつきが希薄であるかのように受け止められた。しかしそれは誤解であるとユルバンは述べる。土地利用の複雑さは、過去にくり返されてきた政権交代と人々の移動の結果であり、全体としてみれば、「事実が法を置きかえていた」というのである。(45)

ユルバンによれば、一見精緻な東洋学の法律論は事実とかけはなれた言説にすぎない。必要なことは、実情にそった新しい立法である。そうした観点から彼は、一八五一年の法律を高く評価する。一八五一年法は、それまでのフランス政府の立場、つまり土地は本来国有であり、先住民は用益権をもつにすぎないという説を明確に否定し、先住民にも土地所有権があるという原則を認めたものだったというのである。だが問題は、実施のありようにあった。当局は、国有地の接収を優先した。先住民の権利を守るという配慮はほとんどなされなかった。ユルバンの考えによれば、伝統的な権利関係を所有という明確な法理のもとに置きなおしたことは一定の前進であった。しかし、土地の個人所有という考え方は、アルジェリア側の事情に即したものではない。

所有の帝国

ここでユルバンにとって二番目の論敵があらわれる。土地の個人所有の導入を植民地化の要石と考える人々であり、そのなかにはかつての同志たちがいる。

一八四〇年代のフランス政府は、軍が接収した土地を払い下げて入植地を建設しようとする政策をおしすすめた。だが事業の多くは失敗に終わった。より多くの肥沃な土地をもとめて、入植者たちはますます強硬に入植地拡大策をもとめるようになっていた。接収につぐ論点とされたのは、残存するイスラーム法を一掃し、フランスの法を適用して土地買収を容易にするべきだという主張であった。

　このような意見に対してユルバンは、変化をおしとどめるべきだと論じた。集団的な土地所有という実態を追認し、区画を画定するにとどめ、あとは時間のなかでゆるやかな変化を待つべきだというのである。ユルバンは、ヨーロッパ人による入植を進めるという原則自体は否定せずに、折衷策を提示した。

> たしかに、農業の発展と改良のために最も前進的で有利な形態は、個人土地所有であろう。しかし、未だ一様でないイスラーム社会において、独立かつ神聖な所有権を享受する準備が整っていない人々にそれを与えることは、かえって彼等の所有権を損ねることになりはしないか。集団的形態は、用益権から個人所有権へのよい橋渡しとなる。……集団所有権から個人所有権への移行は、時とともに進むだろう。(46)

　この引用文は、敵対する陣営の主張、すなわちフランスと同様の土地所有制度が優越するべきだという意見を認めつつ、変化の速度に論点をずらそうとしている。別の面では「進歩」を支持したユルバンは、ここではむしろ停滞こそが正しい策であると述べたことになる。

「車輪は回る」

ユルバンは一貫して、フランスが教導する新しい文明を作り出すためには、アルジェリアの伝統に軸足をおかねばならないと主張した。イスラーム教徒のあいだの身分差を論じた一節にこうある。

原住民たちにとって、貴族《アリストクラシー》ということばの意味と範囲はヨーロッパと異なっている。イスラーム教徒の社会組織の根底にあるのは民主主義である。人間の尊厳に対する気高さは、これらの人種に固有の特質である。地位や財産の不平等は、いってみれば浮き世の格付けとして受け入れられ、尊重されている。それらはけっして、一人一人を排除したり辱めたりするものではない。アラブの諺に曰く、車輪は回る、一方は上に、他方は下に。(47)

イスラーム教徒の社会に貧富の差や身分の違いがあるとしても、それは固定されたものではない。本来は対等な人々が、この世の一時的な取り決めとして上下の関係におかれているにすぎない。ユルバンいわく、イスラーム教徒の社会こそが民主的なのだ。当時のフランスにおける紋切り型は、東洋の専制と西洋の民主制を対比させるというものだった。ユルバンは、「専制」に言及するときにはそれをトルコの支配に限定し、アラブ系、ベルベル系の人々は異なると論じた。(48)

ユルバンの政策論には、二つの視点が交錯する。第一に、フランスによる支配を正当なものとしてとらえ、イスラーム教徒を文明化の対象としてみる立場である。「車輪は回る」とはいっても、フランス人とイスラーム教徒の上下が逆転する可能性が語られることはない。第二に、優劣を相対化しようとする姿勢である。ユルバンはさまざまな例をあげて、イスラーム教徒が独自の進歩をたどろうとする主体であることを描こうとした。一方が他方を文明化するという常套句のあいだには、ヨーロッパ人とイスラーム教徒は対等であるべきだという主張が、執拗にくりかえされる。

こうしたゆらぎを、著者の立場があやふやであることの現れとみるべきか、あるいは、読者の常識にあわせた自己検閲とみるべきか。それとも、ユルバンの草稿を出版するために改筆を加えた第三者、たとえばラクロワの影響を読みとるべきか。草稿から出版にいたる推敲の過程をたどる術はなく、解釈を定めることはむずかしい。ともあれユルバンの身分論と土地制度論は、一方ではフランスの、他方ではフランス以外の海外植民地の事例を参照しつつ、独特な展開をみせていた。

ユルバンの奮闘

土地制度にかんする元老院議決は、一八六三年四月二二日に成立した。あらためてこの法律の内容を確認すると、同法によってイスラーム教徒たちは「かれらが永続的かつ伝統的に享受する領地の所有者」であることが確認された。一八六五年に現地を視察した皇帝は、総督に対して再度の公開書簡を発して、「アラブの王国、ヨーロッパの植民地、フランスの基地」と呼んだ（一八六五年六月二〇日、総督ペリシエ宛ての公開書簡）。表現はやや変化したが、ユルバンの主張がほぼそのままとりいれられていた。皇帝の近侍は、ユルバンの提案が実施に移されるのは間近であると書き送った[49]。

ユルバンは、元老院議決の可決から一八七〇年まで、アルジェリア総督府の事務官として、法律の実施を見守ることになった。つぎの課題は、土地調査であった。その手順は以下のとおりである。まず各地に調査官が派遣され、部族ごとの土地使用状況を調査し、設定された権利の種類ごとに土地を分割する原案を図面とともに作成する。現地調査の結果は総督府評議会に集められ、報告参事官による検討と報告書が作成され、評議会の審議に付される。評議会の決定は政令として発布され、各地に伝達される。現地ではそれにしたがって土地区画がおこなわれる。

作業の頂点におかれた総督府評議会は、総督のもとにおかれた事務的な調整機関で、民政長官、副総督、工兵部長、検事総長、財務長官と二名の報告参事官からなっていた。ユルバンは報告参事官の一人であった。つまり彼は、土地調査の実務を事実上とりしきる立場にいた。ユルバンは各地から送られてくる現地調査をとりまとめたが、その件数は、一八六四年から一八七〇年までに対象となった部族の数にして三七二、調査面積は、砂漠をのぞいた領土のおよそ半分、六八〇万ヘクタールにおよんだ。(50)そのうち面積にして四割ほどを、ユルバンが担当した。

ユルバンはこの作業をつうじて、部族共有の土地をより広く確保しようとした。審議の過程でユルバンは、それぞれの部族の事情が異なることを強調した。たとえば、一人あたり二ヘクタールという基準を機械的にあてはめようとする同僚に対して、地質の悪さを指摘してより広い土地をわりあてようとした。法を柔軟に解釈し、ときには、皇帝の威光をもちだして説得につとめることもあった。結果として、ユルバンのあつかった書類においては部族の所有地の面積は五〇％を越えた。他の報告者の書類では平均三〇％であった。数にあらわれた結果から意図を推定するとすれば、ユルバンが同僚たちとは異なる姿勢で作業に臨んだことはたしかである。(51)

土地改革のその後

しかし、時局はユルバンに不利に働いた。皇帝と政府にとって、課題は国内外に山積していた。国内では、一八六〇年代の自由主義的改革が政府に批判的な勢力を勢いづかせていた。対外的にも失敗がつづいた。一八六一年のメキシコ出兵は、フランスが支援した皇帝マクシミリアンが処刑される結果に終わった。一八六六年の普墺戦争をめぐる外交でも成果をあげられず、プロイセンとの緊張が高まった。そのなかでアルジェリア政策は、優先的な位置づけをあたえられなかった。一八六七年、気候不順による飢饉で多数のアルジェリア人が犠牲となり、失政に対する批判が高まった。本国で議会により大きな権限をあたえる政治改革がすすんだのにあわせて、アルジェリアでも統治のあり方が見直されることになった。具体的には、それまでの軍政にかえて民政の拡大が模索されるようになった。県議会などの権限が強化され、入植者の意見がより強く反映されるということである。軍政のもとで先住民を庇護しようとするユルバンにとって、望ましくない改革であった。

一八六九年に本国にわたったユルバンは、七月二三日にナポレオン三世に謁見を許されて自説を述べた。ユルバンは別送した覚書のなかで、もしも議会の権限を強めるのであればむしろ先住民の代表の役割を増すべきだと主張した。皇帝はユルバンの意見に興味をひかれたようではあったが、献策が取り入れられることはなかった(52)。ユルバンにとっては、これが皇帝との最後の謁見となった。時局はとどめがたく、一八七〇年三月には本国の議会でアルジェリアの民政移行をもとめる決議が採択された。同年夏にはフランスがプロイセンに宣戦し、敗北する。独仏戦争に敗れたナポレオン三世は退位し、「アラブ王国」の構想は頓挫することになった。

一八七〇年の終わり頃、ユルバンは総督府の職を辞してフランスに居を移した。「親アラブ派」の代表とみなされたユルバンは、アルジェリアで身の危険を感じるほどになっていたためである。帝政の瓦解によって、入植者たちの意見は選挙をつうじて政府に直接の影響をあたえるようになった。そしてじっさい、彼らの期待どおり入植地拡大のための方策が打ち出された。ユルバンの意図に反する土地改革がはじまる。

一八七三年には、フランス民法にそった個人土地所有権を広範に導入するあたらしい法律が制定された。立役者となったのはワルニエである。彼の名をとってワルニエ法とよばれるこの法律は、一八六三年の元老院議決の延長上にあるという体裁のもとで、イスラーム教徒の慣習や法にもとづくさまざまな規制を廃止し、土地買収を容易にすることを目的としていた。じっさい、一八七〇年代から一八九〇年頃にかけて、四〇万ヘクタール弱の土地が入植者によって購入された(53)。それまでの半世紀にはない速さで、アルジェリア人の土地が奪われていった。外部からの証言をひとつ紹介すると、一八八二年に初めてアルジェリアを訪れたマルクスは、ワルニエ法によってムスリム社会が根底から破壊されていくと懸念を記している(54)。

ただし、一八六三年の元老院議決が効力を失ったわけではない。部分的にイスラーム法を参照する同法と、それにもとづく土地調査の結果は覆されることなく残りつづけた。ワルニエ法にもとづく土地調査が、費用と人員の不足からなかなか進まなかったためである。一八九〇年代には、土地問題の複雑さを解決するためにトレンズ法を導入せよという議論がおこった。トレンズ法とは、イギリスの経済学者トレンズが発案し、一八五八年にオーストラリアで導入された土地登記制度である。その要点は、植民地政府のもとで一元化された土地登記をおこない、政府が所有権を保証することによって土地譲渡の手続を円滑にすることにあった。トレンズ法の思想は英領以外にも波及し、明治期日本の地券制度にも間接的な影響をあたえたといわれる(55)。だがアルジェリアにおいては、土地調査を再実施することの莫大な費用などからトレンズ法が導入されることはなかった。結果として、法制度のパッチワークのような状態は、アルジェリアの独立後まで残存した。

一般に、フランスの植民地政策は同化主義を基調としていたといわれる。植民地圏の中核アルジェリアがフランス本国の延長と称され、内務省の管轄下におかれたことはその象徴とされる。だが帝国の中心部アルジェリアでは、空間の構造は他の植民地よりもはるかに入り組んでいた。その複雑さは、二〇世紀になっても、強硬な入植拡大派の政治家をして「第二帝政の時代にかくも軽率に設定された土地制度が、植民地化の妨げになっている」と言わしめたほどであった(56)。

そのような逆説の背後には、ユルバンのはたらきがあった。歴史上の革命とよばれる現象の意義は、理念がただちに現実化されることにはない。理念が広く認められてはいない段階で、それが高らかに宣言されること自体にある。一八六〇年代のユルバンは、植民地において先住民こそが土地の主であると主張した。そのとき彼は、幾重にもあいまいな生涯のなかで、あたかも一個の革命家のごとき形相をみせていた。

終章　両岸の旅人、あるいは未発のポストコロニアル

1　伝えられたことば

いくつもの名前

大西洋の横断にはじまり、地中海両岸の往復をくりかえした旅も終わりが近い。第二帝政が倒れたことで立場が危うくなったユルバンは、一八七〇年暮れにアルジェを離れ、フランス南西部の農村ボルガールに移転した。妻の親戚をたよっての転居であった。総督評議会の解散後は公職につかず、五七歳で年金生活にはいる。

一八七一年二月、初めての男子オヴィドが生まれた。その直後に執筆されたのが、第一の自伝である。「自叙」と題された手稿は、冒頭に一八七一年五月二三日、末尾に同年六月九日の日付があり、イスマイルを略して「イスム・ユルバン」と署名がある。「自叙」の冒頭には、前夜に遺言状を作成したことが記されている。当時、フランスの男性の平均寿命は四五歳前後であった。ユルバンは晩年にさしかかっていることを自覚し、我が子が成長したときに読ませるために、それまでの一生をふりかえる文章をしたためた。父母のこと、姉妹と弟のこと。家族の結びつきを強調する筆致で書かれた

自伝の末尾には、つぎの一節がある。

この物語によって、息子が私の人生を理解し、愛することを願う。息子はここに私の足跡をたどり、私を越えていくための指針を読みとるだろう。息子の誕生は大きな喜びであったが、なかでも大切なことは、私は完全に死することなく、彼のなかに生きつづけなければならないという思いを得たことであった(1)。

つぎの世代への希望を胸に、ユルバンは発言をつづけた。一八七二年にマルセイユに転居すると、在野の言論人としての一〇年がはじまる。イザーク・ペレールが経営する新聞『ラ・リベルテ』をはじめ、いくつかの定期刊行物に連載をもち、アルジェリア時評を発表しつづけた。この時期の論説では、以前のような大局を直截に切り取る鋭さは影をひそめ、個々の出来事についての間接的な批判がふえている。その一方でユルバンは、語学力をいかした活動をつづけた。友人の遺稿をもとにしたクルアーン注釈書を監修したのは、この時期の仕事のひとつである(2)。サン＝シモン主義者との交流も復活した。物故したアンリ・フルネルの遺稿整理に協力し、デシュタルとの文通も頻繁になった。デシュタルは、ユルバンの息子の養育費として一万フランを贈った(3)。

裕福とはいえないが穏やかな数年がすぎた。一八七二年、セネガルで暮らしていた弟が南仏に合流して一緒に暮らすようになった。疎遠になっていた娘との関係もいくらか改善したらしい。だが、しだいに暗い影がさしはじめる。一八八〇年、ユルバンは体調の悪化のため『ラ・リベルテ』紙への定期寄稿を辞した。翌年五月に弟が死去する。さらに次の年の一一月には、一一歳になったばかりの息子が急病で没した。弟の死後に作成された遺言状には、息子の死を受けてさらに追記したとみられる一節がある。「私にとって未来は閉ざされ、生き続ける希望もない。私の精神を受け継ぐ者はいなくなった。世界はまるで空っぽで、信心がかろうじて支えとなっている」(4)。遺言状の署名は「トマ＝ユルバン・アポリーヌ 通名イスマイル・ユルバン」。出生記録と同じ様式で母アポリーヌの名を姓のかわりに記したのは、遺言状が公文書としての性質をもつことに配慮したためであろう。

ユルバンと妻は、終の棲家としてアルジェに転居した。それと前後して、第二の自伝が書かれた。それが「年譜」と題された手稿である。以前からデシュタルに依頼されていた文章であった。「年譜」は終始、サン＝シモン主義者としての信条を強調する筆致で書かれている。デシュタルの目を意識したためとも、また、思想信仰に心の支えを求めたユルバンの思いによるものとも考えられる。手稿自体に日付はなく、付箋に「アルジェ、一八八三年二月一八日、イスム・ユルバン」と記されている。

客地での死

その翌年一月、ユルバンは七十余年の生涯を閉じた。

当時の新聞によれば、葬儀にはアルジェリア総督、アルジェ控訴院院長をはじめとする高官たちが出席した。追われるように公職を離れて一〇年以上たっていたことを考えると、手厚い弔いといえる。弔辞を読んだアルフレッド・クレールは、エジプト時代からの知己で、ユルバンより一回りほど年少のアラビア語通訳であった。新聞に掲載された弔辞は淡々とした経歴紹介で、体制の批判者としての横顔にふれない(5)。反逆者とならず、体制のなかに生きたユルバンらしい最後といえようか。

遺体は、アルジェを見下ろす丘のカトリック教徒墓地に埋葬された。死亡通知に記された名は「トマ゠イスマイル・ユルバン(6)」。墓碑銘も同じである。キリスト教徒としての名と、イスラーム教徒としての名が併記されている。公的文書の記載をのぞけば、生前の彼が、このようにふたつの名を並べて名乗ったことはほとんどなかった。

トマとして生まれ育ち、イスマイルと名乗って半生をすごした旅人は、トマ゠イスマイルとして葬られた。彼は、サン゠シモン主義者となって以来カトリック教会と距離をとっていた。その関係が微妙になったのは、一八六七年に再婚したときである。再婚の相手ルイーズはフランスから入植した薬剤師の子で、カトリック信仰が篤い女性だった。イスラームへの改宗を公言していたユルバンは、再婚を民事婚だけですませようとした。周囲は圧力をかけた。総督府の幹部として、入植者社会の上層に属する者として、教会で結婚式をしなければならないというのである。説得のために聖職者がやってきた。そこでユルバンは条件をつけた。自身は信条を曲げることはないが、教会の側がユルバンの改宗を不問に付して彼の現在の信仰について問わないのであれば、教会での結婚式を受け入れる、と。教会はその条件を受け入れ、大司教自身の司式でひそかに教会婚がおこなわれたという(7)。以上は自伝に記された経緯だが、本当にそのような特別扱いがあり得たのか、謎は残る。

ユルバンは、死去する数年前に書かれた遺言状に「信仰の複数性をつうじて宗教の一体性」を信じると記した(8)。そのような信条をもつことと、カトリック墓地に埋葬されることとのあいだには矛盾がある。遺言状作成のあとで心変わりがあったのか、あるいは、妻と教会を交えてなにかの取り決めがなされたのか。ともかくユルバンの埋葬にはあらためて教会復帰の手続が必要であったはずだが、その点も委細は不明である。

遺稿の行方

遺言状のなかでユルバンは、アルジェリア行政に関する遺稿類はアルジェ市の図書館に、自伝や書簡、サン＝シモン主義にかかわる文書類はデシュタルに託すことを指示した。前者はその後、アルジェリア総督府の文書に統合され、アルジェリアの独立前後にフランスに運ばれて現在は、フランス国立公文書館海外部門に所蔵されている。後者はパリに送られて、しばらくデシュタルの手元におかれたあと、フランス国立図書館に収められた。これら現存する私文書のほとんどは、ユルバン自身が整理し、後世に伝えようと望んだものである。ふたつの自伝のうち、デシュタルの依頼によって書かれた「年譜」については、将来公表されることを予想していたと考えてよい。息子宛ての「自叙」についても、家族をつうじて後世のまなざしを意識していたことは共通する。

つけくわえると、ユルバンの遺稿が現在のようなかたちで残されるまでには若干の曲折があった。ユルバンの死後、未亡人ルイーズはデシュタルに対して一部の文書の受け渡しを渋った。なかでも彼女が気にかけたのは、ユルバンと生まれの父ユルバン・ブリュとの書簡であった。夫の「一生の深傷」である出生の秘密にふれる一部の書簡は引き渡せない、とルイーズはデシュタルに書き送った(9)。しかしデシュタルは説得を続けた(10)。ルイーズは折れて、一読したあとに廃棄してくれるようにと依頼をそえて問題の書簡類を送付した。その願いをデシュタルは無視した。ルイーズからの手紙もあわせて、書類一式が保存された。

デシュタルは「自叙」と「年譜」に丹念に目を通し、抜き書きを作成した。手稿を補筆、改訂しようとした形跡もある。デシュタルはそれらを資料として、ユルバンの伝記を執筆しようとした。だがユルバンの二年後に没するデシュタルに、それを完成させる時間は残されていなかった。デシュタルが口述したとみられる未完の草稿には「声望高いクレオールの家に生まれ」と記され、ユルバンが私生子であったことや、奴隷の血をひいていたことははっきりとは記されない(11)。だがそもそも、自らを友と慕う人を観察の対象としたことにおいてデシュタルは酷薄であった。そのような人を介して、家族の意志に反するかたちで保存された文書が、歴史の史料となっている。

存命中の本人を知る人々が退場するとともに、イスマイル・ユルバンの事跡は忘れられていった。死去から数年後には、故人の業績を思いおこす人がいなくなることを惜しむ一文をアルジェの知識人が残している(12)。遺稿類は、没後半世紀以上のあいだ、ほとんど注目されることはなく書庫に眠ることになった。ユルバンの名がナポレオン三世の助言者として歴史書に登場するのは両大戦間期、遺稿の本格的な研究がはじまるのは、二〇世紀後半のことである。

ロシュの名声

対照的であったのは、ロシュの晩年である。日本での独自外交という冒険に破れたロシュに、新しい任地があたえられることはなかった。ロシュは赴任先の割り当てを願い出て、外務省本省に書簡を送った。そのなかで彼は、自らの経験は北京、ペルシア、モロッコなどで役に立つはずだと述べる。

東アジアから北アフリカまで、当時の人々が考える「東洋」のどこでも働けるというのである。しかし彼の願いは外務省本省から冷然と退けられた(13)。故郷であるフランス南東部のドフィネ地方に居を定めたロシュは、元全権公使の称号をもって長い隠退生活を送ることになった。

第二帝政の終焉とともに職歴を絶たれた点で、ユルバンとロシュの晩年は似ている。だが、共通点はそこまでであった。ロシュは、存命中に伝記を献呈されるほどの地元名士になった(14)。娘の一人はボルドーの有名な葡萄酒醸造家に嫁ぎ、孫娘二人はそれぞれ外交官と結婚した。家族の後ろ盾なく外交官となったロシュは、女系の子孫をつうじて外交官家系の祖となった。

一九〇〇年に没する直前まで壮健な姿をみせていたというロシュの名声を高めたのは、回想録『イスラーム遍歴三二年』（一八八四―一八八五年）の出版である。同書は、作者の没後に『イスラーム遍歴一〇年』と改題して再刊され（一九〇四年）、征服の時代の証言として読み継がれた。刊行元は、初版時にフィルマン・ディド、再版時にペランとそれぞれ有力な出版社であった。

すでに解説したように（第4章）、ロシュの回想は虚実とりまぜた冒険譚というべき作品である。それにもかかわらず、物語はあたかも事実の証言のように読まれ、死後数十年にわたって参照されつづけた。現在では、ロシュの著作が脚色に満ちていることは広く知られている。しかしイスラーム世界の冒険者という浪漫主義的な自画像は残り、それに代わる伝記は今日まで書かれていない。

ロシュは、硬筆《ペン》によって後世のまなざしを支配することに成功した。ただしそれは、時限付きの成功であった。二〇世紀の後半、脱植民地化の時代が到来すると、英雄譚の主人公としてのロシュの名は急速に忘れられていった。今日フランスでその名を記憶する人は地元にも少なく、歴史家のあいだでもごく一部の専門家にかぎられている。

予告された『イスラーム遍歴』の続編、つまり、外交官となってからの経験について、ロシュが著作を出版することはなかった。日本での経験についてのまとまった文章も発表していない。当時のフランスでは、日本趣味が流行していた。長崎を舞台とした小説、ピエール・ロティ『お菊さん』が出版され大好評を博したのはロシュの回想録刊行の二年後のことである(15)。日本についても例によって虚実を織り交ぜた文章を発表すれば、一定の反響を期待できただろう。しかし彼は沈黙を守った。外交官家系につらなる者として、職務上の経験について書くことをさけたのだろうか。ロシュが黙した理由はさておくとしても、彼のことがフランスではほぼ忘れられ、彼自身が語ろうとはしなかった日本でもっぱら名が残ったというのは皮肉な巡り合わせである。

詩人バルハイル

ことばを残すといえば、一九世紀の後半から二〇世紀初めにかけて、みずからのことばを後世に伝えることができたアルジェリア人はきわめて少なかった。貴重な例外は、ムハンマド・バルハイルによる一連の詩である。その生涯について書かれた同時代の文献はほとんどないが、二〇世紀になって採録された口伝から概要を知ることができる(16)。

バルハイルは、一一世紀に東方からマグリブに移り住んだヒラール族につらなる遊牧部族の子として、一八二二年(イスラーム暦一二三七年)頃に生まれた。所伝によれば、若くして詩才をあらわし、数多くの作品を残したという。老境にはいった一八八一年、シャイフ・ブー・アマーマの蜂起に加わって、アトラス山脈とサハラ砂漠の境界地帯で戦いをつづけた。闘争の末、フランス軍にとらえられたのは一八八四年。奇しくもユルバンが没した年である。仲間の裏切りによる捕縛であったと伝えられる。流刑となった彼は、アルジェリア西部のオランからフランス南部のマルセイユへ、つぎにマルセイユからコルシカ島の港町カルヴィへと送られた。流刑を解かれてアルジェリアに戻るまで、五年前後をコルシカですごした。

もう問わないでくれ
万有の主の裁きに私を委ねてくれ
私が待つのは完徳の人
正義の徒の導師の純白な旅立ち
私の悲嘆は
子との別離と主人《サイイド》への愛のため
カルヴィにさまよい
私とシャイフ・ベン゠ドゥイーナは補囚の身
創造主よ、あなた次第です、私を助けてくださるか
ふたつの海から遭難者を解放してくださるか
私の魂は締めつけられ旅立ちを願う
不信仰者《カーフィル》の地からムスリムの地へと(17)

流刑地での作品とされるバルハイルの詩の一節である。「ふたつの海」という表現は、彼が知っていたアルジェリアの海とコルシカの海とをそれぞれ呼んだものとも、オランからマルセイユへ、つぎにマルセイユからカルヴィへというふたつの航路をさしているとも解釈される。だとすればこの詩には、ひとつの海によって陸がつながれているという意識は希薄である。つながりよりへだたりが意識されていた例としては、ムスリムとしての葬儀を許されずに流刑地で埋葬されることへの不安を詠った作品もある。

バルハイルは、コルシカで数十人の同胞とともに暮らした。日常を城の敷地内ですごし、週に一度、城外での散策を許される程度であった。現地のコルシカ人との接触はほとんどなかった。一方で、検閲のもとではあったが、アルジェリアとの書簡のやりとりは許されていた。流刑から解放されたり、収監されたりする人の出入りも多少はあった。詩の一部は、コルシカから口伝えにアルジェリアに届いていたかもしれない。彼自身が帰国したのは一八八八年または一八八九年頃。口承によれば、歓迎と冷遇が相半ばする帰郷であった。歴戦の闘士との再会を喜ぶ人々がいた一方で、フランスに帰順した有力者のなかには、彼を厄介者とみなす者もいた。没年は一九〇四年から〇六年頃とされるが、死去をとりまく状況はよく知られていない。彼の詩と事跡は、ほそぼそと、しかし脈々と伝えられ、二〇世紀半ばのアルジェリア独立戦争の時代にも、ゲリラ戦を戦う兵士たちのあいだで吟じられていたという。誇り高き遊牧民の詩人は、アルジェリアの文学史に名を残した。

2　境界者の思想

時代と人

歴史家ブロックが指摘するように、人間は自分の先祖よりも自分が生きた時代に似ていることがある(18)。それに倣っていえば、本書に登場した人々は皆、地中海の短い一九世紀という時代、または地中海革命の時代に似ていた。だが一方で、一人一人の立場の違いもおおきい。

華やかなオリエンタリズムを体現するロシュと比べれば、ユルバンは日陰の人であった。だが、虜囚となった詩人バルハイルと周囲の人々のことを考えるとき、ユルバンが時代の強者の側にいたことが際立つ。ユルバンは存命中から多くのことばを書き記し、通信と出版をつうじて考えを伝えることができた。遺稿を公共の図書館に託し、それらが後世に伝わることを期待して世を去った。前述したように家族の意に反して保存された書簡類もふくめて、多くの文書が残された。

奴隷制と人種主義、キリスト教圏とイスラーム圏の相克、ヨーロッパの海外支配という近代史上の大問題が一人の人生のなかに重なりあうさまを、駆け足でたどってきた。短い一九世紀という時代のなかにユルバンの思想を置きなおしたとき、その個性は奈辺にあったといえるだろうか。

人　種

はじめに、人種について。カリブ海域の有色自由人として生まれたユルバンは、黒人の血を八分の一だけ受け継いでいた。異国の人々が行き交う地中海の港町で少年時代をすごした彼は、おそらく、みずからの本質を「黒人」として意識してはいなかった。すくなくとも彼が知っていた世界は、「白」と「黒」の二元論にもとづいてはいなかった。ユルバンの身体のなかにある黒人性という主張は、サン＝シモン主義との、とくにデシュタルとの出会いによって植え付けられたものである。一八世紀から一九世紀前半にかけて、人種の概念は形成の途上にあった。人種こそが人類史の核心であるとする考えが芽生えつつある一方で、人種を不変の刻印としてとらえる思想は、世紀後半のような圧倒的な影響力をまだ獲得していない。

だからこそ青年期のユルバンは、サン＝シモン主義者の使徒の一人として、ほかの誰ともちがう「黒人」という属性を積極的に引き受けることができた。一八三〇年代の彼は、白人と黒人の通婚による人種の融合こそが未来であるという夢想をデシュタルと共有した。しかしユルバンが壮年に達する頃から、思潮の変化が明らかになっていく。一九世紀後半の人種論を代表するゴビノー『諸人種の不平等に関する試論』が出版されたのは、一八五五年のことである。学知としての人種主義と、一般の人々のなかにある差別意識とが結びつき、しだいに社会通念となっていった。そのことは、ユルバンが日陰の実務者にとどまったことともかかわっていただろう。アルジェリア総督府の事務官としてほぼ最上位にまで昇進したユルバンを、アルジェリアの県知事、あるいは本省の総局長といったさらに日の当たる地位に推す声もあった。だがそれが実現することはなかった(19)。

おそらくそうした後半生が影響をあたえ、晩年のふたつの自伝には、出生が一生の傷となったことが強調される。たとえば、「出生による素性の汚れ」が裕福な家の女性との結婚をあきらめさせたという説明である。[20]あるいは、結婚や年金などの公的書類に母の通名アポリーヌが記されているのは「悲しい素性」のためである、といった一節もある。[21]黒人の血を引いていること、庶子として後ろ盾をもたないことがないまぜになってユルバンの人生に影を落としていた。

　自伝のなかで、「人種」ということばはもっぱらキリスト教徒とイスラーム教徒を対比するためにもちいられる。この場合の「人種」は、宗教的な帰属のことであり、文化的な差異であり、血統や肌色の違いはかならずしも強調されていない。一方で、黒人を「人種」と位置づける表現はほとんど登場しない。数少ない例外は、「私を黒人種に結びつけている血筋」[22]（強調は筆者による）というやや遠回しな表現である。この一節では血統が問題とされ、前後の記述ではイスラーム圏とカリブ海域の黒人奴隷の境遇が比較されている。ユルバンが黒人という存在に対してある程度まで感情移入する一方で、自身を彼らと同一視していなかったことがうかがわれる。

奴隷制

　それをふまえて、奴隷制に対する態度についても付言しておこう。史料から浮かび上がるのは、奴隷問題についての沈黙である。自伝では奴隷制時代のギアナが「夢の世界」と短く回想されるが（第1章）、一八四八年にフランス植民地で奴隷制が廃止されたことには言及がない。一九世紀前半のフランスでは、上流階級の人々を中心に奴隷制廃止論が熱心に論じられていた。だがユルバンは、デシュタルの勧めにもかかわらず、奴隷制廃止運動に積極的にかかわろうとしなかった。[23]文筆家としての活動のなかで、正面から奴隷制への賛否を論じることもなかった。

沈黙の理由として第一に考えられるのは、家族との関係である。彼にとって人種と奴隷制は、観念的な課題ではなかった。黒人と有色自由人が織りなす大西洋世界とのつながりは、家族の生活にかかわる具体的で物質的な問題だった。ギアナで暮らす姉妹たちと、セネガルのゴレで働く弟との交流は生涯つづいた。姉妹はプランテーションを経営し、弟はおそらく奴隷取引にもかかわっていた。ユルバンの親族の立場からみれば、奴隷制廃止は親の代から馴染んできた生業をおびやかす圧力と感じられただろう。

一八四八年にフランスの海外植民地において奴隷制が公式に廃止されたあとも、各地の仏領で奴隷がいなくなったわけではなかった。アフリカ大陸の内陸では奴隷の存在が容認されており[24]、カリブ海周辺の仏領でも、アフリカ系農夫に対する過酷な搾取がつづいた[25]。一九世紀の末まで、奴隷あるいは奴隷に近い境遇の人々に対する搾取は世界各地で黙認され、存続していた。そうしたあいまいな実態を、ユルバンは知っていたはずである。アルジェリアでは、黒人の使用人が家内奴隷とかわらない隷属状態におかれている例が少なくなかった。ユルバンの自伝にも妻と娘の召使いについて言及があり、女性黒人奴隷をさす「ネグレス」と呼ばれている[26]。

奴隷問題についてユルバンは、フランス本国の上流階級にみられる自由主義的な価値観と距離をとっていた。しかし彼がパリの上流階級の文化と断絶していたわけではない。むしろ、そこにあこがれをもちつづけていた。第一の自伝「自叙」には、二人目の妻を社交界に連れ出し、ベートーヴェン、メンデルスゾーン、モーツァルト、ウェーバーの音楽を聴いたというエピソードが喜ばしげに記されている[27]。それと対照的なのは、第二の自伝「年譜」のなかの、「セネガルの習俗は私たちのそれと相容れない」という一節である[28]。この文章は、晩年に南仏で同居した弟と不和に陥り、決別を覚悟したくだりにあらわれる。ユルバンいわく、不和の原因は長年の海外生活で粗野な風俗に慣れてしまった弟の側にあった。兄弟のあつれきは、習俗の断絶によって説明される。イスラームに対しては慎重にさけられてきた本質主義が、アフリカに対しては露呈する。

宗　教

つぎに、宗教に関して。おそらくこれが、ユルバンがもっとも個性を発揮した領域である。ロマン主義の時代のヨーロッパで、青年がイスラームに関心をいだくのはけっして珍しいことではなかった。しかし、一時的にせよ終生のことにせよ、改宗にまで至った例は少ない。まして、キリスト教の信仰にイスラーム教の信仰を「つけくわえる[29]」という彼の立場は独特である。管見のかぎり、中東北アフリカとフランスで活動した同時代人のなかでこうした立場を明言した例は、ユルバン以外に知られていない。

ユルバンの説明を信じるならば、イスラームへの入信はキリスト教の否定ではなかった。逆に、後半生に礼拝などイスラーム教徒としての実践をつづけていなかったとしても、それは彼にとってイスラームの放棄を意図してはいなかったと推定することもできる。信仰の複数性についてふれた遺言書の一節を、前後をふくめてあらためて引用する。

私は、未来が私の信条を裏切ることはないと心から望む。すなわち、父と母たる神、男女の平等、生命の永遠、生者の行為に対する報いと罰、諸世界の人類の道徳的、知的、肉体的改良の無限性、そして信仰の複数性をつうじた宗教の一体性である。(30)

神のなかに父性と母性の共存をみる表現、男女平等の主張は、サン＝シモン主義の特徴である。最晩年のユルバンは、信仰としてのサン＝シモン主義に回帰したように思われる。後半生に疎遠となっていたアンファンタンの名も遺書の冒頭に記されている。右の引用文では、「世界」ということばが複数形で書かれている。複数の世界それぞれのなかで、人間がより良き状態へと歩み続けるという展望である。既存の信仰のかたちを越えた普遍的な宗教を渇望する点で、ユルバンの姿勢は一貫していた。彼が「信仰の複数性」と「宗教の一体性」は両立すると述べるとき、そこにどのような含意があったのか。

カトリックとスンニ派イスラームを架橋するユルバンの宗教観は、神と生命の永遠を信じつつ、そこにいたる信仰のかたちは複数ありうるという立場として読むことができる。現代であれば、宗教多元主義と呼ばれうる思想の兆しがみられる(31)。だが、残された史料から読みとれるのは思考の入り口にすぎない。哲学と神学にかかわる数々の難問について、ユルバンがどこまで考えを深めていたのかはわからない。彼は、周囲の社会とかかわるために改宗を選んだ。形而上学的な思惟や神秘主義的な探求は、彼の本領ではなかった。かりに思索の芽があったとしても、壮年期には実務に忙殺され、晩年になって宗教心を篤くしたときには思考を深めて書き記す時間も気力も残されていなかったとも考えられる。

ともあれユルバンの選択は、信仰のかたちは個人の選択によって決めることができるという確信に裏づけられていた。彼は、フランス革命後に生まれ信仰の複数性を論じることができるようになった世代に属していた。[32]ここで興味深いのは、同時代の思想家ジャン＝マリ・ギュイヨ（一八五四―一八八八）との比較である。今日ではあまり知られていないが、デュルケムやニーチェに影響をあたえたといわれるギュイヨも、信仰の複数性について考察していた。ただしギュイヨが関心をもったのは、既成宗教の後退と、そのうえでも存在しつづける宗教的なものとの関係であった。それは、近代フランスにおける宗教と社会の独特なかかわり、いわゆる「ライシテ」（脱宗教化、または世俗化）にかかわる問題でもある。[33]

ギュイヨは、主著『未来の無宗教――社会学的研究』（一八八七年）のなかで、将来の宗教は単一のものではなくなり、ますます複数性を帯びていくだろうと論じた。そして、未来の特徴は宗教的アノミーまたは宗教的個人主義にあると述べた。[34]『未来の無宗教』はユルバンの死後に出版された作品である。生前のユルバンが別の著作をつうじてギュイヨの影響を受けたのか、あるいは、偶然の一致なのかはわからない。ともかくユルバンは、炯眼な思想家とかさなる問題について考えていた。それだけではなく、宗教の一体性と複数性が両立するという、もうひとつの未来を展望しようとしていた。集団の規範を越えて、個人の選択として独自の道へとふみだす信仰のあり方は、一九世紀という時代の枠を飛び越えていたといえるかもしれない。

政策

政策思想について述べると、言論人としてのユルバンが読者として想定していたのは、アルジェリア人ではなく、フランスの論壇と政官界であった。そのため彼の議論は、つねに、フランスの利益という視点にそって書かれている。フランスがアルジェリアから立ち去るという選択肢が検討されることはなかった。ユルバンは、植民地化にともなう被害を批判はしても、植民地を支配すること自体は肯定した。そのあいまいな立ち位置について、人道的で柔軟な統治をめざしたといった評価を与えることはできない。

しかし彼の提案には、余人をもって代えがたい個性があった。第一の冒険は、フランスの統治のもとで入植者と先住民は本来的に同等であるという前提を導入したことである。本書の序章でふれた「目玉焼きの帝国」と「スクランブルエッグの帝国」という喩えをふたたびもちいるとすれば、ユルバンの政策論は、「フランス人」と「アラブ人」がそれぞれの役割を分担し、上下関係のないスクランブルエッグの状態にある社会を目指そうとしていた。いいかえれば、不平等のなかの共存を旨とする「古い帝国」のありかたと、人の平等というフランスの国是とを両立させようとしていた。結果として彼の提案は、一般的な「文明化」の論理と大差ないものであったようにみえる。だがたとえ建前としてであっても、平等という原則から出発して現実の不平等に取り組もうとした態度には、この時代において独特のものがあった。

ユルバンの第二の挑戦は、所有を政策の基礎においた点にあった。植民地化の本質は、先住民の土地を奪うことにある。それを押しとどめるためには、先住民がその土地の本来の所有主であるという事実を認めさせねばならない。そのような確信にもとづいてユルバンは、文献から導かれる理論よりも目前の事実を優先して、アルジェリア人の側に土地の所有権があるということを論証しようとした。

当時の植民地政策の主流となっていたのは、ムスリムの私的な土地所有権を否定しようとする東洋学の理論だった。政治と結びついた「学」が生み出した理論は、いわば仮構の体系である。そのことをユルバンは知り尽くしていた。オリエンタリズムの言説はつくりものであると見抜いていた同時代人は、彼だけではなかった(35)。だがその着眼を具体的な政策の提案にまで結びつけることができたのは、彼一人にかぎられていたといってよい。ところが結果として、彼の構想した土地制度は、十分な実現をみるまえに別の意図によってねじまげられることになった。土地制度の「フランス化」と市場化をつうじてアルジェリア人たちは大量の土地を手放し、貧窮化していった。ユルバンの考えるゆるやかな変化は、実現されることはなかった。

進　歩

サン゠シモン主義者としてのユルバンは、人類の改良がはてしなくつづくことを希求した。いいかえれば、進歩への信頼をいだいていた。そして彼の主張は、文明が野蛮を教導するという通俗的な見方と一線を画していた。ヨーロッパが模範となってほかの人種、民族がそれにしたがうという単一の経路があるとユルバンは考えない。それぞれの土地に生きる人々に固有の道があるという見方が強調される。

したがってどの民族も宗教も、進歩の模範、典型としての地位に驕り高ぶるべきではない。何者も、みずからの政治規範、社会体制、習慣が人類にとって進歩の最終形であるなどと言うことはできないし、みずからを範例としてともに歩まぬ者は誤りと野蛮と停滞に陥るなどと言うこともできない[36]。

（進歩の）理想の概要が誰にとっても同じであることは明白である。いくつかの大原則は共通している。しかしその多様な容貌は、単調な画一性に回収されることはない。むしろ調和した多様性を生み出すだろう。進歩は、アラブ人とフランス人、イスラーム教徒とキリスト教徒にとって同じ形、外観をとることはありえない[37]。

ユルバンは、西洋は唯一の模範ではないと強調した。ここだけを取り出してみれば、二〇世紀後半の多文化主義と並べてもさしつかえないような文章である。外見は異なっていても、進歩という原則はすべての民族に共通しており、たがいに優劣はない。このように述べたユルバンの思想は、一九世紀の自由主義のなかでも、文明と野蛮の断絶を強調して植民地支配を肯定したJ・S・ミルではなく[38]、「アフリカ人」に固有の自由主義を論じたハッスーナ・ダギーズたちの流れに接近する（第5章）。

そして興味深いことに、ユルバンの議論はフランス政府の綱領にとりいれられた。背景には、ナポレオン三世を頂点とする体制があった。第二帝政のもとで、異能の人材の登用はめずらしいことではない。ユルバンに触発された皇帝は、公式の発言のなかで平等という標語をもちいた。もちろん、どのような標語がもちいられたとしても、じっさいに支配者と被支配者の優劣が逆転するはずがないという確信は支配層の人々に共有されていただろう。さはさりながら、西洋ならざるものの本質は停滞と退廃であると、すべての人々が考えていたわけではない。それぞれに進歩の道があるという議論にも、一定の居場所があたえられていた。

到達と限界

ユルバンの言論はなぜ、現代的にみえるのか。そして、読み手の心を波立たせるのか。人文学の常識にしたがえば、一九世紀はオリエンタリズムの最盛期である。ヨーロッパの人々のほとんどが、世界を「われわれ」と「他者」に二分し、東洋やイスラームという変わらぬ本質があるかのように語っていた。主流となっていたのは、他者とのへだたりを絶対視する思考様式である。だが一方で、ちがいを相対化する視線も伏流として存在しつづけている。なかでもユルバンのそれは、境域にいる人のまなざしであった。

有色自由人という身分に生まれ、ふたつの宗教を一身に引き受けようとした彼が、現前の植民地体制のなかで批判を志したとき、「われわれ」と「他者」が違いを保ちつつ共存するという構想に行き着く。それは論理的な帰結といえるかもしれない。だが時代の制約のなかでじっさいにそこまで到達し、ことばを紡いだ点に、ユルバンの突出した個性があった。

一九世紀には独自のきらめきを放っていた彼のことばは、時流に逆らう義憤を感じさせる一方で、相手の意思にかかわらず干渉しようとするパターナリズムを露わにしている。その矛盾に、ユルバンは気づいていないかにみえる。平等という理想を説きながら、現実の上下関係が覆されるような状況に言及がおよぶことはない。ユルバンの主張は、現代の読者からみれば、寛容を装った支配者意識として映る。彼が直視しようとしなかった矛盾はやがて、アルジェリア人ナショナリズムが高揚する二〇世紀に、顕在化することになる。

つまりユルバンの言論は、強者の言語で語ることの限界を感じさせる。それは反植民地主義の先駆とはいえない。むしろ、二〇世紀後半の多文化主義が新たな植民地主義《ネオ・コロニアリズム》と表裏一体の関係におちいる未来を、予告していた[39]。

ユルバンは暴力による革命を願わず、改良によって社会が徐々に変革されるべきことを論じた。残されたことばのほぼすべては、フランス語読者にむかって書かれたものである。したがって史料から浮かび上がる姿が、フランスにからめとられているようにみえるのも当然である[40]。息子宛ての自伝につぎの一節がみられる。

アルジェリアでの三三年間に成し遂げた業績は、私の誠意と人生の一貫性を証言するだろう。私はキリスト教徒であると同時にイスラーム教徒だ。なぜなら私はフランス人であり、この資格こそ、今の私にとって、宗教的、文明的にもっとも高みにあるものなのだ[41]。

素直に読めば、フランス人であることこそが宗教と文明のちがいを越えた普遍性への道をひらくという主張である。これはまさに現代の思想が問題としてきた態度、すなわち、「強者による偽りの普遍主義」とナショナリズムとの融合にほかならない。[42] この一面だけを強調すれば、ユルバンの姿は、一九世紀から二〇世紀に植民地とかかわった典型的な西欧人にかさなる。それでは、ユルバンは結局フランスにとりこまれたのであり、普遍主義の名のもとにおこなわれる植民地支配の一翼を担ったのだと結論してよいだろうか。

たしかにユルバンの思想の中心には、参照軸としてつねにフランスがある。しかしそれは、彼自身が一体化することをゆるされない参照軸だった。だからこそ彼は、息子に対して、「私はフランス人」とあえて書き記す必要があった。イスマイル・ユルバンは遍歴の生涯をつうじて、安全地帯から向こう側を眺めるのではなく、境界線のうえで——あるいは、一定の幅をもつ境界域のなかから——思考している。単一の人種、宗教といった範疇に属さないという立ち位置を、意図して引き受けつづけている。それゆえに彼は、支配者の言説がつくりごとであることを見抜いていた。

ファノンとユルバン

ここまで述べて、ユルバンとフランツ・ファノン（一九二五—一九六一）をつなぐ細い糸についてふれることができる。二〇世紀のポストコロニアル思想の原点に位置づけられるファノンは、カリブ海の仏領マルティニク島で生まれ、フランスで精神医学を学んだ。一九五三年に医師としてアルジェリアに赴任すると、直後に勃発した独立闘争に身を投じてアルジェリア民族解放戦線のイデオローグとなった。ファノンはイブラーヒームという偽名を名乗ったが、[43] イスラームに改宗することはなかった。代表作のひとつ『地に呪われたる者』の出版は一九六一年、ユルバンが『アルジェリア人のためのアルジェリア』を著してからほぼ一〇〇年後のことである。

ファノンは、現実の複雑さを見よという世論に対抗して、支配者と被支配者という二項対立こそが本質であると指弾した[44]。対照的にユルバンは、文明と野蛮の対比が常識となりつつある時代に、二項対立を和らげる道を探った。革命をめざしたファノンとは逆に、ユルバンは、植民地体制のなかで異民族が共存することを夢見た。このような考え方のちがいは、それぞれ急進主義と自由主義の思想的系譜に位置づけることができる。

しかし比較はそこにとどまらない。二人はそれぞれ、ひとつの帝国の時代の始まりと終わりのなかで考え、行動していた。いいかえれば両者は、時間軸の両端からたがいに逆行するようにして、同じ問題に接近をこころみた。そして彼らは対照的な結論に達した。ユルバンをファノンの先駆者というのは正確ではない。二人はむしろ、対偶の関係にあった。ファノンは精神医療の経験から、「黒い皮膚」と「白い仮面」の矛盾を徹底的にほりおこした[45]。まさにその矛盾を生きたユルバンも現場の人だったが、思索を深めることは彼の本領ではなかった。それゆえ対比は形式的なものにとどまらざるを得ないが、ユルバンもまた、植民地社会の暗部をみつめていたことは確かである。

ユルバンは植民地論の練達である。同輩たちが、たがいの発言はつくりごとであることを知りながらそれらを利用しあう事情を知り尽くしていた。現代的な語彙におきかえれば、言説による構築である。ユルバンはその点を衝いた。事実を述べれば虚偽をしりぞけることができるという態度は、いささか素朴すぎたといえるかもしれない。ともあれ彼は、イスラームとのかかわりや植民地の土地所有をめぐって、独自の立場を主張した。根底には、「ヨーロッパ」であれ「イスラーム」であれ、人間の社会に優劣はないという考えがあった。独特の確信にうらづけられたことばは、到達と限界の両面において、一世紀ほど後の思潮と共振する。いやむしろ、一人のなかにある複数の声が不協和音となってそのように感じさせるというべきか。

3　短い一九世紀の終わり

一八八四年の世界

議論が先走りしすぎたかもしれない。まとめに代えて、ユルバンの没年前後の各地の状況を点描しておこう。

ユルバンは、アルジェリアの将来を悲観しながら没した。最晩年にデシュタルにあてられた手紙には、「イスラーム教徒は私たちからますます遠ざかり、諦めとともに報復の時を待っている。私たちは遅かれ早かれ、過ちの代償を支払うことになるだろう(46)」と記される。同じ頃、亡き前妻の墓を訪れたあとで娘バヒーヤに対して送られた手紙に「アルジェリアの現状をみると、お前が子供をパリで育てると決断したのは正しかった。私は死ぬためにここに戻ってきたにすぎない(47)」とあるのも、おなじ心境のあらわれであろう。

ユルバンは、みずからが理想とする政策を実現するための機会がいつ失われたのか、岐路はどこにあったのかという点について、彼なりの意見をもっていたはずである。だがそもそも、失われた機会などというものはあったのだろうか。暴力によって築かれた体制は、抑圧された者の暴力によっていつかは覆される。植民地化の帰結を、晩年のユルバンは予見せざるを得なかった[48]。

憂うべき状況は、アルジェリアだけにかぎられていたわけではない。ユルバンが没した一八八〇年代、さまざまな地域が歴史の転機を迎えていた。内藤湖南が、時評「小世界」で西欧の覇権と日本の将来を論じたのもこの時期（一八八八年）のことである[49]。当時の人々からみても、西洋による世界制覇は目前に迫っていた。

仏領ギアナでは、ユルバンがうるわしい記憶として語ったプランテーションの時代は過ぎ去っていた。一八四八年に奴隷制が廃止された後、ギアナはフランス政府の流刑地として利用された。一九世紀をつうじて数万人の男女が送り込まれ、多くが命を落とした。そのなかにはアルジェリアからの流刑者もいた。世紀後半のギアナ経済を支えたのは、金開発である。一九世紀中葉に砂金鉱床が発見され、一八八〇年代に採掘が本格化する。そこで働いたのはカリブ海域の人々だけでなかった。インド、東南アジア、中国などから募集された人々が年季労働者として住みついた。金開発のはじまりは、密林に住む逃亡奴隷の子孫たちのあいだでも歴史の転換点として記憶される[50]。一九世紀半ばまで外部とかぎられた接触しかもっていなかった人々までもが圧迫にさらされた。地下資源の開発が大量の人の移動を呼びおこし、辺境の人々の暮らしを直接に揺り動かす時代がはじまっていた。

エジプトでは、一八三〇年代にサン＝シモン主義者が企画したスエズ運河が一八六九年に開通した。そのときの支配者は、ムハンマド・アリーが開いた王朝の五代目にあたるイスマーイール・パシャである。彼は、エジプトを欧州列強の一角に位置づけようとした。カイロの都市改造をはじめとする野心的な事業が計画され[51]、外債の発行が財政破綻をまねいた。英仏の影響が強まると、外圧に対する抵抗と改革の気運が高まる。軍人アフマド・オラービーを中心とする政治改革運動がはじまり、動揺のなかでイギリスが軍事介入する。一八八二年、エジプトはイギリスの事実上の支配下におかれた。およそ半世紀前、エジプトを後にしようとしていたユルバンは、イギリス人がこの国を占領しようとすると記していた(第3章)。彼の懸念は長い時間をかけて的中したことになる。

エジプトを先例として改革をすすめたチュニジアでも、財政破綻が一八八一年にフランスによる保護領化へとつながった。だが地中海の南岸の国々において、欧化とその挫折が唯一の経路であったわけではない。オスマン帝国の直轄地として一九世紀後半をむかえたリビアでは、内陸部でサヌースィー教団が支配を広げ、宗教国家の様相を呈しつつあった。ロシュが最初の報告者となったスーフィー教団である。サヌースィー教団はやがて、植民地建設を狙ったイタリアの前に立ちはだかる。イスラーム運動から発展した政治体が、西洋の圧力と対抗する勢力となった。チュニジアとリビアの対照的な歴史は、海のマグリブと陸のマグリブの対比が二〇世紀に至るまで生き続けたことの一例である。

ユルバンが家族をつうじてつながりをもっていたセネガルは、西アフリカの仏領のなかでももっとも重要な拠点となっていた。セネガルでは、サハラ以南アフリカの仏領のなかでは例外的に、都市部の「混血《メティス》」住民に対して政治的な権利が認められていた。一八七一年にはフランスの国会で一議席がセネガルにわりあてられ、地方議会には「混血《メティス》」の人々が多く参加した(52)。白人と黒人という範疇にはおさまらない人々が政治的な存在感を発揮した。これは、異民族婚がきわめて少なかったアルジェリアと対照的である。

ただしそうした状況は、セネガルの都市部にかぎられていた。一八七〇年代以降、内陸部へのフランスの進出が本格化し、軍事力による支配が広がった。領土拡大に際しては、公式には廃止されていたはずの奴隷取引が当局によって黙認された。アフリカ大陸全体をみわたせば、一八八〇年代は列強による領土獲得が加速した時代であった。いわゆる「アフリカ分割」である。そのきっかけとなったコンゴ問題をめぐる国際会議がベルリンで開幕したのは一八八四年の末、ユルバンが没した一〇ヶ月後のことであった。

とはいえ一九世紀末という時代を、西洋の覇権という一面のみに要約するべきではない。同じ頃には、複数の帝国と植民地圏を横断する反植民地主義的な想像力が生まれている。時期が符合する例として、イスラーム改革思想家アフガーニー（一八三九—一八九七）の活動をあげよう。アフガニスタン、イラン、イラクなどを遍歴し、英領インドに滞在して植民地主義に対する問題意識を深め、オスマン帝国、エジプトで改革思想家として名声を博したアフガーニーが、パリを拠点として雑誌『固き絆』を創刊したのも、やはり一八八四年のことであった。この雑誌に代表される改革思想は、欧米列強に対抗するための連帯を生み、他方でアラブ社会に内在する専制への批判につながる。(53) そうした思想は、地球上各地の虐げられた人々におおきな影響をあたえた。

帝国の自覚とフランス

フランスの政治史のうえでも、一八八〇年代は転換点とみなされる。ユルバン死去の翌年の国会では、インドシナ、チュニジア、マダガスカルにおける政策をめぐってさかんな論戦がおこなわれた。元首相フェリーは、植民地拡大を推進する理由として三つをあげた。第一に、経済的利潤、第二に、優れた人種が劣った人種を支配するという文明論的な義務、第三に、地政学的な力とフランスの威光である。無償教育の実現に情熱を傾けたフェリーは、熱心な植民地主義者でもあった[54]。序章で一部を紹介した彼の発言は、共和政フランスの植民地主義を象徴するものとして知られるが、フェリーに対する明確な反論も提出されていた。たとえばフェリーの政敵クレマンソーは、つぎのように述べる。

優等人種と劣等人種とはよく言ったものです。私がそのような考えを改めたのはいつでしょうか。それは、ドイツの学者が科学的な論証と称して、フランス人はドイツ人より人種として劣るから戦争に負けたと述べるのを耳にしたときです[55]。(一八八五年七月三一日)

この一節につづけてクレマンソーは、インドと中国の文明を高く評価してみせる。フランスだけが文明の優越を誇るのは傲慢だという含意である。議論の構図は、第4章でみた一八三〇年代の論争をくりかえしている。ただし半世紀前の論争はほぼ忘れ去られ、一八八〇年代の政治家は、あたかも新しい状況に対するかのように議論を戦わせている。一九世紀末の政治家たちはおしなべて「文明化の使命」に浮かされていたわけではない。文明化すなわち植民地化という論法は、すでに手垢のついた修辞になっていた。

一九世紀の前半とくらべて、背後にある物質的状況もおおきく異なっている。軍事力と経済力の不均衡は圧倒的であった。世界各地が航路と鉄路でむすばれ、ヨーロッパの介入を容易にした。一八三〇年代のサン＝シモン主義者は、交通の発展が文明間の平和をもたらすと論じた。しかし世紀末の交通は、支配と戦争の道具となっていた。

フランスに住む一般の人々のあいだでも、植民地帝国へのまなざしが変化していた。一八八九年のパリ万国博覧会では、フランスではじめての本格的な植民地の展示がおこなわれた。ギアナから輸送された「原住民」が観客の視線にさらされた[56]。帝国を支配する本国の人々にとって、異境はもはや印刷物のなかにだけあるわけではない。人間の身体が、現前する見世物として搾取される時代がはじまっていた。この時代にフランスを旅したエジプト人たちは、自分たちが「見られる」対象であることを強く感じ、その違和感を記した[57]。身体へのまなざしという意味では、一八九〇年代パリで黒人芸人「ショコラ」として人気を集めたキューバ生まれのアフリカ系男性の一生も、時代の証言といえるだろう[58]。

政治の背後にある圧力も、一九世紀前半とは異なっていた。フランスでは、財界、学界、政界にまたがる圧力団体として、「植民地党」と呼ばれる勢力がかたちづくられた[59]。本国の過剰生産と余剰資本の捌け口として植民地に期待する産業界、金融界の意見は明確であった。パリだけではなく、マルセイユなど地方大都市の商業界も植民地主義を後押しした。学術とのかかわりでは、一八二一年に設立された地理学協会が、植民地利害とむすびついた圧力団体へと変貌していた。

そうした思潮の変化を本国で代表したのは、アルジェリアの人脈である。世代の異なる二人の人名をあげよう。入植者として農場開拓にかかわり、アルジェリアの有力新聞の主幹となったジュール・デュヴァル（一八一三―一八七〇）は、本国では地理学協会の幹部として活動した。兵士の子としてアルジェリアで生まれ、共和派の政治家として一八八一年に国会議員に当選したウジェーヌ・エティエンヌ（一八四四―一九二一）は、第一次世界大戦期まで隠然たる力を発揮した。

第二帝政の実験的な施策の時代は終わり、つぎにやってきたのは、入植者の利益を最優先にした、同化という綱領のもとで現地の社会を破壊する政策の時代である。[60] 定住植民地アルジェリアは、大部分が内務省の管轄下におかれた。本国の「県」としてのアルジェリアは、「フランスの延長」と称された。アルジェリアは名実ともに、そのほかの植民地と異なる最重要の海外領土として、フランスの国制に組み込まれていった。共和主義のもとで入植者たちが選挙権を行使し政治に参加したことが、強硬な入植地拡大政策を後押しした。数で劣る入植者たちにとって、イスラーム教徒の政治参加は論外である。本国では自由主義的な改革案がたびたび提出された。前述のクレマンソーは一九〇六年に首相となると、アルジェリアのイスラーム教徒に限定的な政治参加の道を開こうとした。しかし、改革のこころみは入植者の抵抗にあって頓挫をくりかえした。

境域を生きた人々

ユルバンの没後、一九世紀末から二〇世紀前半のフランスでは東洋への関心がいっそう高まっていった。著名な例をあげれば、作家ロマン・ロランはタゴールをはじめとする多数のインド人と交流し、形而上学者ルネ・ゲノンはフリーメイソン、ヒンドゥー教を経験したのちにエジプトでイスラームに改宗した。[61] このような文化の交流は、政治と社会における分断の深まりと表裏一体であった。しかしどれほど分断が深まろうとも、境界を越えて生きる人々がいなくなったわけではない。

たとえば東洋学の領域では、ムハンマド・イブン・シャナブ（一八六九―一九二九）が筆頭にくる。

二〇世紀の初頭にかけて、アルジェリアはフランス東洋学の一大拠点となった。そこには少数のムスリム学者もいた。ムスリムは東洋学の研究対象であるだけでなく、研究の主体となることもできた(62)。イブン・シャナブはそうした時代を象徴する知識人である。トルコ系の家系に生まれ、アラビア語とフランス語の二言語教育を受けて師範学校を卒業したイブン・シャナブは、語学の資質にすぐれ、ペルシア語、ラテン語、英語、イタリア語、スペイン語まで習得したといわれる。彼は一九〇五年の世界東洋学会議開催に貢献し、アルジェ大学の正規教員となって一九二七年には近代アラビア語講座の教授となった。イスラーム改革運動の旗手イブン・バーディースと交流したが、政治と深いかかわりをもつことはなかった。イブン・シャナブの子孫は、独立後のアルジェリアの文化振興に貢献した。

改宗者は少数にとどまった。キリスト教からイスラームへ改宗した有名な例は、亡命ロシア貴族の子としてスイスで生まれ、多言語教育を受け、二〇歳頃にアルジェリアに渡ったイザベル・エベラール（一八七七—一九〇四）である。遊牧生活を好み、スーフィー教団に加わり、ムスリムを夫として現地の人々と暮らし、若くして事故で亡くなった。彼女の残した報告文や小説は、内側からの貴重な証言として現代に伝わる(63)。男装の改宗者エベラールは、あらゆる意味で植民地の秩序を脅かす。それゆえ彼女は存命中からさまざまな非難を受け、反抗者として世を去った。

それに対して画家エティエンヌ・ディネ（一八六一—一九二九）は、存命中から死後にいたるまで、フランスとアルジェリアの両側から受け入れられた珍しい例である。パリ美術学校を卒業して画家として地位を築いたディネは、一九〇〇年にアルジェリアに移住して数年後に改宗した。改宗を明らかにして活動をつづけたディネは、晩年までアルジェリアの風景と民衆を描きつづけ、イスラーム教徒として霊廟に葬られた。彼の作品は一方ではフランスの東洋趣味を満足させ、他方では現地社会を誠実に描いた芸術としてアルジェリアの民族主義者から賞賛された[64]。このような受容の広がりは、ディネに独特のものである。

逆方向の改宗の証言としては、ファドマ・アムルーシュ（一八八二—一九六七）をあげよう。ベルベル語地域カビリーの山村で生まれたファドマ・アムルーシュは、カトリック修道会の学校で教育を受け、一六歳で改宗した。その頃のアルジェリアに、イスラームからカトリックに改宗した人々は数百人程しかいなかった。夫も同じく改宗キリスト教徒で、フランス軍通訳だった祖父をもち、フランス式の教育を受けさせられた男性であった。ファドマと夫は生活のためアルジェリア、チュニジア、フランスを転々としながら八人の子をもち、カビリーの民謡の翻訳をし、一九四六年に自伝を書いた（死後に出版）。「私はフランス人ともアラブ人とも親密に結びつくことはできなかった。私はずっと亡命者でありつづけた。どの土地も故郷と感じたことはない」と記したファドマは、年齢を重ねるにしたがってカトリック信仰から遠ざかったといわれる[65]。

ファドマの息子の一人が、ジャン・エル・ムフーブ・アムルーシュ（一九〇六—一九六二）である。やはりキリスト教徒として育ったジャンは、教師として過ごしたあと、編集者、ラジオ・ジャーナリストとして糊口をしのぎ、詩や論説を残した。同世代の作家としてアルベール・カミュ（一九一三—一九六〇）がいるが、入植者の子として生まれ育ったカミュはアラビア語もベルベル語も身につけなかった。二人は、ひとつの時代のなかで別の場所に立っていた。アムルーシュが若い時代に発表した詩には、周縁者の苦しみが率直に表現されている。

私のものを語ったことはない、
私のなかにあるものを語ったことはない、
ああ、これの出所を教えてくれ
私のなかで歌うことばの(66)

ことばがみずからに属していない、みずからのなかから出てきたわけでもないと詩人は記した。彼が生きたのは、アルジェリア人のナショナリズムが高揚し、それと呼応して入植者の自意識が硬直していく時代であった。「自分はカビリー語でしか泣くことができない」と言い、フランス語で作品を残したアムルーシュは、自分のような文化的混淆物は歴史に見放されていると嘆じて亡くなったとされる。一九六二年春、八年間にわたる凄惨な独立戦争の末にアルジェリアとフランスの停戦が成立した直後のことである。数世代にわたって住みついてきたヨーロッパ系入植者たちは、独立前後にほぼ根こそぎに別の土地へと移住していった。先住ユダヤ系の人々もほとんどが国を離れた。そしてアラブ＝ベルベル系ムスリムが中心となって困難な国造りがはじまる。植民地解放の歓喜のさらに先にあるものを、アムルーシュが目撃することはなかった。

二〇世紀前半に宗教と言語の境域を生きたアムルーシュとくらべて、ロマン主義の時代のユルバンの詩は一見、単純で素朴である。だがそれが葛藤の浅さをあらわしているとはいいきれない。ユルバンもまた、内側に複数の声をかかえていた。置かれた時代ゆえの表現ということも考えねばならない。

ふたつの文明の合一を語ることができた一九世紀の地中海は、いまだ汪洋としていた。ユルバンの青年時代には、商業と外交でむすばれた近世の海の伝統がまだ残っている。その残照のなかで、若きサン＝シモン主義者は東西文明の合一を夢想した。その後の生涯をつうじて彼が目撃したのは、懐深く開かれた海が、しだいに切り詰められ、狭められていく半世紀である。交通と通信の発達とは裏腹に、文明、人種、民族、国家といった枠組みがそれぞれに磁力を強め、人がそれらの範疇のどれかひとつだけに属することが約束事のようになっていった。めまぐるしい発展と解放の時代としてイメージされがちな一九世紀は、他面において、ゆっくりとした閉塞の時代でもある。

近代の社会において、理念と現実とのへだたりは大きい。その最たるものが、個人のなかにある多様性にもかかわらず帰属先をひとつしか選べないという矛盾である。イスマイル・ユルバンは、その矛盾を生きた最初の世代に属していた。複数の宗教と人種をひとつの身体のなかに引き受けた旅人は、自らを恃《たの》み、地中海の両岸に属して歩もうとした。同志は少なく、孤独な道程である。どこにもない場所をめざす旅路であったかもしれない。それでも彼は、「言葉には事実で」対抗すると記して、時流に抗い、集団の運命を変えようとした。周囲の人々が文明と野蛮の対立を語るなかで、人類社会の多様性を説いた。思想と行動はある面では時代の鏡であり、別の面では古今に独歩する。いずれに重きをおくにせよ、異端の信条をもって体制のなかに生きた生涯はそれ自体がひとつの探索行であった。境域に生きる人々は、歴史上のさまざまな場面で時代の枠を越える想像力を発揮してきた。短い一九世紀の地中海も、そのひとつの舞台である。

注

序章

（1）樺山紘一『地中海——人と町の肖像』岩波書店、二〇〇六年、一—二頁。
（2）アンリ・ピレンヌ『ヨーロッパ世界の誕生——マホメットとシャルルマーニュ』増田四郎監修、中村宏・佐々木克巳訳、講談社、二〇二〇年。フェルナン・ブローデル『地中海』浜名優美訳、全五巻、藤原書店、二〇〇四年。
（3）飯塚浩二「東洋史と西洋史のあいだ」『飯塚浩二著作集　二』平凡社、一九七五年、七六頁。
（4）Peregrine Horden and Nicholas Purcell, *The Corrupting Sea: A Study of Mediterranean History*, Oxford: Wiley-Blackwell, 2000, p. 3.
（5）人の交流に着目した通史として、ディヴィド・アブラフィア『地中海と人間——原始・古代から現代まで』高山博監修・訳、佐藤昇・藤崎衛・田瀬望訳、全二巻、藤原書店、二〇二一年。
（6）本書とおなじく移動を主題とした近著として、長谷部史彦編『地中海世界の旅人——移動と記述の中近世史』慶應義塾大学言語文化研究所、二〇一四年。
（7）北原敦・木村靖二・福井憲彦・藤本和貴夫編『ヨーロッパ近代史再考』ミネルヴァ書房、一九八三年。他方で、国民国家の枠組みではとらえがたい歴史の様相に光をあてようとする研究も多い。たとえば、ジェームズ・C・スコット『ゾミア——脱国家の世界史』池田一人ほか訳、みすず書房、二〇一三年。永原陽子編『人々がつなぐ世界史』ミネルヴァ書房、二〇一九年。
（8）「難民危機」から数年がたち、伝染病対策として国境の往来が制限されるという事態が生じた。そうした出来事もいつかは、ブローデルの顰みにならっていえば、歴史の表面の波立ちとして記憶されることになるかもしれない。ブローデル『地中海　一　環境の役割』、二二頁。

（9）カルロ・ギンズブルグ『歴史を逆なでに読む』上村忠男訳、みすず書房、二〇〇三年、八七頁。

（10）イスマイル・ユルバンについて日本語による最初の本格的考察をおこなった業績は、平野千果子『フランス植民地主義の歴史――奴隷制廃止から植民地帝国の崩壊まで』人文書院、二〇〇二年、第二章「カリブ海からアルジェリアへ――イスマイル・ユルバンを通して」に帰される。フランスの学界で研究に先鞭をつけたのは、以下の二点の研究であった。Marcel Emerit, *Les saint-simoniens en Algérie*, Paris: Les Belles Lettres, 1941 ; Charles-Robert Ageron, « L'Algérie algérienne sous Napoléon III », *Preuves*, février 1961, repris dans Ageron, *Genèse de l'Algérie algérienne*, Paris: Bouchène, 2005, pp. 55-70. 地中海の移動者の系譜に位置づける論考として以下が示唆に富む。Claude Liauzu, *Passeurs de rives: changements d'identité dans le Maghreb colonial*, Paris: L'Harmattan, 2000. 詳細な伝記研究として以下の三点があるが、人物を顕彰しようとする姿勢が目立つ。Michel Levallois, *Ismaÿl Urbain: une autre conquête de l'Algérie*, Paris: Maisonneuve et Larose, 2001 ; id., *Ismaÿl Urbain: Royaume arabe ou Algérie franco-musulmane? 1848-1870*, Paris: Riveneuve, 2012 ; Roland Laffitte et Naïma Lefkir-Laffitte, *L'Orient d'Ismaÿl Urbain, d'Égypte en Algérie*, 2 vols, Paris: Geuthner, 2019.

（11）アミン・マアルーフ『アイデンティティが人を殺す』小野正嗣訳、筑摩書房、二〇一九年、二二―二四頁、四九―五〇頁。

（12）ツヴェタン・トドロフ『われわれと他者――フランス思想における他者像』小野潮・江口修訳、法政大学出版局、二〇〇一年。

（13）ヤーコプ・フォン・ユクスキュル、ゲオルク・クリサート『生物から見た世界』日高敏隆・羽田節子訳、岩波書店、二〇〇五年。

（14）杉田英明『日本人の中東発見――逆遠近法のなかの比較文化史』東京大学出版会、一九九五年、二九四頁。前嶋信次編『メッカ』芙蓉書房、一九七五年、四六―五五頁。

（15）それぞれの名はハッスーナ・ダギーズ、ムハンマド・バルハイル、ウジェーヌ・リュスである。索引を参照。

(16) Natalie Zemon Davis, "Decentering History: Local Stories and Cultural Crossings in a Global World," *History and Theory*, 50–2, 2011, pp. 190–191.

(17) 羽田正『グローバル化と世界史』東京大学出版会、二〇一八年、一五六—一五七頁。ゼバスティアン・コンラート『グローバル・ヒストリー——批判的歴史叙述のために』小田原琳訳、岩波書店、二〇二一年、六二—七一頁。

(18) Mark Gamsa, "Biography and (Global) Microhistory," *New Global Studies*, 11–3, 2017, p. 241. 個人史と世界史的視野をむすびつけた歴史書の例として、山内昌之『スルタンガリエフの夢——イスラム世界とロシア革命』東京大学出版会、一九八六年（再版　岩波書店、二〇〇九年）。羽田正『勲爵士シャルダンの生涯——十七世紀のヨーロッパとイスラーム世界』中央公論新社、一九九九年（再版『冒険商人シャルダン』講談社、二〇一〇年）。

(19) 平野千果子『フランス植民地主義と歴史認識』岩波書店、二〇一四年、一四—一五頁。

(20) エリック・ホブズボーム『市民革命と産業革命——二重革命の時代』安川悦子・水田洋訳、岩波書店、一九六八年。福井憲彦『ヨーロッパ近代の社会史——工業化と国民形成』岩波書店、二〇〇五年。

(21) 山本有造編『帝国の研究——原理・類型・関係』名古屋大学出版会、二〇〇三年。

(22) イマニュエル・ウォーラーステイン『近代世界システムⅣ——中道自由主義の勝利　一七八九—一九一四』川北稔訳、名古屋大学出版会、二〇一三年。

(23) Dipesh Chakrabarty, *Provincializing Europe: Postcolonial Thought and Historical Difference*, Princeton: Princeton University Press, 2007.

(24) 羽田『グローバル化と世界史』、第九章。

(25) 帝国の系譜という観点から世界史をとらえる試みとして以下も参照。Jane Burbank and Frederick Cooper, *Empires in World History: Power and the Politics of Difference*, Princeton: Princeton University Press, 2010; ジョン・ダーウィン『ティムール以後——世界帝国の興亡　一四〇〇—二〇〇〇年』秋田茂

ほか訳、国書刊行会、二〇二〇年。

(26) 古谷大輔・近藤和彦編『礫岩のようなヨーロッパ』山川出版社、二〇一六年。

(27) フランス史における近世と近代の連続性について、以下の示唆を参照。深沢克己『マルセイユの都市空間——幻想と実存のあいだで』刀水書房、二〇一七年、七〇—七一頁。

(28) Frederick Cooper, *Colonialism in Question: Theory, Knowledge, History*, Berkeley: University of California Press, 2005, p. 22.

(29) Jürgen Osterhammel, *The Transformation of the World: A Global History of the Nineteenth Century*, translated by Patrick Camiller, Princeton: Princeton University Press, 2014, pp. 59-62.

(30) 筆者は前著において、一八三〇年から一九一四年までをアルジェリア史の「短い一九世紀」と呼んだ。本書においては、世界史の時代区分としての「短い一九世紀」の範囲を一八三〇年代から一八八〇年代に設定する。工藤晶人『地中海帝国の片影——フランス領アルジェリアの一九世紀』東京大学出版会、二〇一三年。

(31) 新井政美『トルコ近現代史——イスラム国家から国民国家へ』みすず書房、二〇〇一年、四頁。

(32) オスマン帝国の例として以下を参照。藤波伸嘉『オスマン帝国と立憲政——青年トルコ革命における政治、宗教、共同体』名古屋大学出版会、二〇一一年。佐々木紳『オスマン憲政への道』東京大学出版会、二〇一四年。Ali Yaycioglu, *Partners of the Empire: The Crisis of the Ottoman Order in the Age of Revolutions*, Stanford: Stanford University Press, 2016.

(33) 岡田与好「序論」岡田与好編『一九世紀の諸改革』木鐸社、一九七九年、五—七頁。

(34) クリストファー・A・ベイリ『近代世界の誕生——グローバルな連関と比較 一七八〇—一九一四』平田雅博・吉田正広・細川道久訳、名古屋大学出版会、二〇一八年。

(35) Achille Mbembe, « Notes sur le pouvoir du faux », *Le Débat*, 118, 2002, p. 52.

(36) Victor Hugo, *Œuvres complètes*, tome 25, Paris: Ollendorf, 1913, p. 59.

(37) *Journal officiel de la République française, débats parlementaires, chambre des députés, compte rendu*

in-extenso, 28 juillet 1885, p. 1668.

（38） 工藤庸子『ヨーロッパ文明批判序説　増補新装版――植民地・共和国・オリエンタリズム』東京大学出版会、二〇一七年。

（39） 三島憲一『ニーチェ以後――思想史の呪縛を越えて』岩波書店、二〇一一年、九五―九六頁。

（40） 杉本淑彦『文明の帝国――ジュール・ヴェルヌとフランス帝国主義文化』山川出版社、一九九五年。竹沢尚一郎『表象の植民地帝国――近代フランスと人文諸科学』世界思想社、二〇〇一年。

（41） Benita Parry, "Problems in Current Theories of Colonial Discourse," *Oxford Literary Review*, 9-1/2, 1987, p. 54.

（42） エドワード・サイード『オリエンタリズム』今沢紀子訳、平凡社、一九九三年。

（43） Ismayl Urbain, *L'Algérie pour les Algériens*, Paris: Michel Lévy frères, 1861（sous pseudonyme G. Voisin）, rééd. Paris: Séguier, 2000, pp. 29-30. 本書第6章を参照。

（44） Ibid., p. 31.

（45） Ibid., p. 35.

（46） Henry Thomas Buckle, *History of Civilization in England*, London: Parker & Son, 1857-1861. フランス語訳は一八六五年に出版されている。*Histoire de la civilisation en Angleterre*, traduit par A. Baillot, Paris: A. Lacroix, 1865.

（47） 渡辺浩によれば、「文明」の思想が急速に受け入れられた背景には、「西洋」を外敵としてではなくむしろ「西洋」においてこそ儒学的な「道」が実現しているととらえる思想的転換が一八世紀以来準備されていたという前史があった。渡辺浩『日本政治思想史　一七～一九世紀』東京大学出版会、二〇一〇年、三五六―三六〇頁。

（48） この表現は以下から借用した。木村靖二「インサイダーとなったアウトサイダー」喜安朗・北原敦・岡本充弘・谷川稔編『歴史として、記憶として――「社会運動史」一九七〇―一九八五』御茶の水書房、二〇一三年所収。

(49) 吉田静一『サン・シモン復興——思想史の淵から』未来社、一九七五年、四〇—四四頁。

(50) Edmund Burke III, "Thomas Ismail Urbain 1812-84: Indigénophile and Precursor of Négritude," in Wesley Johnson (ed.), *Double Impact: France and Africa in the Age of Imperialism*, Westport: Greenwood Press, 1985, pp. 319-330; Annie Rey-Goldzeiguer, *Le Royaume arabe: la politique algérienne de Napoléon III 1861-1870*, Alger: SNED, 1977, p. 782.

(51) マルク・ブロック『新版　歴史のための弁明——歴史家の仕事』松村剛訳、岩波書店、二〇〇四年、一二三頁。

(52) ユルバンの遺稿類の多くは、フランス国立図書館アルスナル分館（以下、Arsenal）のサン＝シモン主義者関連資料（通称アンファンタン文庫）に収蔵されている。自伝については以下の校訂版がある。Anne Levallois (éd.), *Les écrits autobiographiques d'Ismayl Urbain: homme de couleur, saint-simonien et musulman (1812-1884)*, Paris: Maisonneuve et Larose, 2005. 本書では、この校訂版とあわせてアンファンタン文庫に所蔵された手稿を閲覧し、注には手稿のフォリオ番号を記した。以下、ふたつの自伝を「自叙」（原題 notes autobiographiques、資料番号 MS 13744/75）、「年譜」（原題 notice chronologique、資料番号 MS 13737）と呼ぶ。その他、フランス国立公文書館手稿部門（BNF, Manuscrits）、フランス国立公文書館海外部門（ANOM）、フランス陸軍省史料館（SHD）、フランス外務省史料館（AMAE）の手稿史料を閲覧した。

(53) ルジュンヌにしたがい、人が自身の生涯を回顧的に語った物語で、その物語が個人的な生涯をおもにあつかい、執筆の意図の表明などをつうじてそれが自伝であることが明記されている文章を「自伝」と定義する。フィリップ・ルジュンヌ『自伝契約』花輪光監訳、水声社、一九九三年。自伝は、歴史学の分野でエゴ・ドキュメントとよばれる史料形態の一つである。以下を参照。長谷川貴彦編『エゴ・ドキュメントの歴史学』岩波書店、二〇二〇年。

(54) そうした読者と書き手の関係を「感情の共同体」と呼ぶこともできる。バーバラ・H・ローゼンワイン、リッカルド・クリスティアーニ『感情史とは何か』伊東剛史・森田直子・小田原琳・舘葉月訳、岩波書店、二〇二二年、六一—六二頁。

（55） Peter Burke, “The Rhetoric of Autobiography in the Seventeenth Century,” in Marijke J. van der Wal and Gijsbert Rutten（eds.）, *Touching the Past: Studies in the Historical Sociolinguistics of Ego-documents*, Amsterdam: John Benjamins, 2013, pp. 149–150.

第 1 章

（1） 「自叙」Arsenal, MS 13744/75/1.

（2） 仏領ギアナで作成された出生記録簿にも、アポリーヌの私生子トマ＝ユルバンが一八一二年一二月三一日に生まれたことが翌年三月二日に届けられた記録がある。ANOM, État-civil, http://anom.archivesnationales.culture.gouv.fr/caomec2/, consulté le 30 juin 2021.

（3） Régis Verwimp et Egle Barone-Visigalli, « Amérindiens de Guyane au XVIIIe siècle, de l’exil à l’esclavage », in Jean-Pierre Bacot et Jacqueline Zonzon（éds.）, *Guyane: histoire et mémoire*, Matoury: Ibis rouge, 2011, pp. 157–162.

（4） Arie Boomert, “Agricultural Societies in the Continental Caribbean,” in Jalil Sued-Badillo（ed.）, *General History of the Caribbean. vol. 1. Autochtonous Societies*, London/Paris: Macmillan/Unesco, 2003, pp. 178–181.

（5） ローリ「ギアナの発見」平野敬一訳『イギリスの航海と植民　二　大航海時代叢書 第二期 一八』岩波書店、一九八五年。

（6） Neil L. Whitehead, “Carib Ethnic Soldiering in Venezuela, the Guianas and the Antilles, 1492–1820,” *Ethnohistory*, 37-4, 1990, pp. 367–369.

（7） アフマド・イブン・ファドゥル・アッラー・ウマリーは、マンサー・ムーサーにかんするさまざまな逸話を著作『諸都市の諸王国に関する視覚の諸道』に記した。Ibn Faḍl Allāh al-ʿUmarī, *Masālik al-abṣār fī mamālik al-amṣār*, translated by J. F. P. Hopkins, in: Nehemia Levtzion and J. F. P. Hopkins (eds.), *Corpus of Early Arabic Sources for West African History*, Cambridge: Cambridge University Press, 1981, pp. 268-269. 苅谷康太「一四世紀のスーダーン西部の金産地を巡る情報操作——マンサー・ムーサーの語りの分析を中心に」『アジア・アフリカ言語文化研究』八六号、二〇一三年、五五—八〇頁。

（8） John K. Thornton, *A Cultural History of the Atlantic World, 1250-1820*, Cambridge: Cambridge University Press, 2012, p. 9.

（9） Jean-Frédéric Schaub, "The Case for a Broader Atlantic History," *Nuevo Mundo Mundos Nuevos*, Workshops, 2012, URL: http://journals.openedition.org/nuevomundo/63478, accessed on 30 June 2021.

（10） 深沢克己「植民帝国と世界経済」近藤和彦編『西洋世界の歴史』山川出版社、一九九九年、一七三—一七四頁。

（11） Frédéric Régent, *La France et ses esclaves: de la colonisation aux abolitions, 1620-1848*, Paris: Grasset, 2007, pp. 14-16. フィリップ・オドレール『フランス東インド会社とポンディシェリ』羽田正訳、山川出版社、二〇〇六年。

（12） ケネス・ポメランツ『大分岐——中国、ヨーロッパ、そして近代世界経済の形成』川北稔監訳、名古屋大学出版会、二〇一五年、一九八—二〇一頁。

（13） Slave Voyages, https://www.slavevoyages.org/, accessed on 30 June 2021.

（14） Paul Butel, *Histoire des Antilles françaises, XVIIe-XXe siècle*, Paris: Perrin, 2002, p. 115.

（15） 一八世紀のギアナでは二〇以上の民族集団が知られていたが、そのうち二〇世紀まで存続したのは六つにすぎない。先住民のなかにはフランスの支配下で奴隷にされた人々もいた。イエズス会との接触は一七世紀から一八世紀までつづいたが、大規模な改宗がひきおこされることはなかった。Ciro Flamarion S. Cardoso, *La Guyane française, 1715-1817: aspects économiques et sociaux: contribution à l'étude des sociétés esclavagistes d'Amérique*, Petit-Bourg: Ibis rouge, 1999, p. 64; Régis Verwimp, *Les jésuites en*

Guyane française sous l'Ancien Régime, 1498-1768, Matoury: Ibis rouge, 2010, p. 312.

(16) ヴォルテール『カンディード　他五篇』植田祐次訳、岩波書店、二〇〇五年、三六五頁。

(17) 奴隷を主人公とした先行作品として、イギリスの女性作家アフラ・ベーンによる『オルーノコ』（原著一六八八年、仏訳一七四五年）があり、やはりスリナムを舞台としている。Jean Ehrard, *Lumières et esclavage: l'esclavage colonial et l'opinion publique en France au XVIIIe siècle*, Bruxelles: André Versaille, 2008, pp. 112-117; Jean-Frédéric Schaub, *Oroonoko. Prince et esclave: Roman colonial de l'incertitude*, Paris: Seuil, 2008.

(18) Jean Moomou, « Boni et Amérindiens: relations de dominants/dominés et interculturelles en Guyane (fin XIXe siècle: années 1990) », *Outre-mers*, 98(370-371), 2011, p. 276.

(19) Cardoso, *La Guyane française, 1715-1817*, p. 329.

(20) Régent, *La France et ses esclaves*, pp. 32-33.

(21) Marie Polderman, « L'esclavage en Guyane française sous l'Ancien Régime: sources, repères et éléments d'analyse. Quelques aspects du champ de la question », in Myriam Cottias et als. (éds.), *Les traites et les esclavages: perspectives historiques et contemporaines*, Paris: Karthala, 2010, pp. 64-65.

(22) George Fredrickson, « Mulâtres et autres métis: les attitudes à l'égard du métissage aux États-Unis et en France depuis le XVIIe siècle », *Revue internationale des sciences sociales*, 183(1), 2005, pp. 111-120.

(23) Régent, *La France et ses esclaves*, p. 119.

(24) Jean-François Niort, « L'esclave dans le code noir de 1685 », in Olivier Grenouilleau (éd.), *Esclaves: une humanité en sursis*, Rennes: Presses universitaires de Rennes, 2012.

(25) 訳語とフランス語の対応は、「有色自由人」（libre de couleur）、「自由有色人」（gens de couleur libre）。以下を参照。Abel Alexis Louis, *Les libres de couleur en Martinique des origines à 1815: l'entre-deux d'un groupe social dans la tourmente coloniale*, thèse de doctorat, Université des Antilles et de la Guyane, 2011, pp. 20-30.

（26） Régent, *La France et ses esclaves*, pp. 126–127.

（27） 一七七六年六月一六日、海事国務卿サルティヌからカイエンヌ行政官宛て書簡。Cardoso, *La Guyane française*, 1715–1817, pp. 386–387.

（28） Yves Benot, *Les Lumières, l'esclavage, la colonisation, textes réunis et présentés par Roland Desné et Marcel Dorigny*, Paris: La Découverte, 2005; Ehrard, *Lumières et esclavage, op. cit.*

（29） 浜忠雄『カリブからの問い――ハイチ革命と近代世界』岩波書店、二〇〇三年、第二章。

（30） Yves Benot. *La Guyane sous la Révolution ou l'impasse de la révolution pacifique*, Kourou: Ibis rouge, 1997, pp. 64–70.

（31） 「自叙」Arsenal, MS 13744/75/1.

（32） Marcel Chailley, *Histoire de l'Afrique occidentale française, 1638–1959*, Paris: Berger-Levrault, 1968, pp. 108–114.

（33） Anne Levallois, « Homme de couleur, Saint-simonien, musulman: une identité française », in *Les écrits autobiographiques d'Ismayl Urbain*, p. 138.

（34） *Almanach de la Guyane française pour l'an 1821*, Cayenne: s.n.

（35） 通名としては、アポリーヌの母の再婚相手の姓セヴランを名乗っていた。Levallois, *Les écrits autobiographiques d'Ismayl Urbain*, p. 26.

（36） 「年譜」Arsenal, MS 13737/2.

（37） ユルバンは後述するエジプト滞在の頃に記した文章のなかで、長兄アレクサンドルがプロテスタントとして年下の兄弟たちとちがう教育を授けられたと記している。このことも父親が異なるという推論を補強する。Ismayl Urbain, *Voyage d'Orient suivi de poèmes de Ménilmontant et d'Égypte*, édition, notes et postface par Philippe Régnier, Paris: L'Harmattan, 1993, p. 251.

（38） 「年譜」Arsenal, MS 13737/3.

（39） 「年譜」Arsenal, MS 13737/4.

（40） Roland Caty et Eliane Richard, *Armateurs marseillais au XIXe siècle*, Marseille: Chambre de commerce et d'industrie de Marseille, 1986, pp. 226–229.

（41） 深沢『マルセイユの都市空間』、二七頁。

（42） Pierre Guiral, « Marseille de 1814 à 1870 », in Édouard Baratier（dir.）, *Histoire de Marseille*, Toulouse: Privat, 1973, p. 316.

（43） Marie-Hélène Clavères, « L'enseignement de l'arabe au lycée de Marseille au XIXe siècle », *Documents pour l'histoire du français langue étrangère ou seconde*, 28, 2002, http://journals.openedition.org/dhfles/2691, consulté le 30 juin 2021.

（44） 「自叙」Arsenal, MS 13744/75/5.

（45） ここに登場する「パワー氏」は、ユルバンの叔母（または伯母）の夫で、イギリス人であったとされる。パワーの家族との交流は後々までつづいた（第4章4節参照）。「年譜」Arsenal, MS 13737/6.

（46） Philippe Delisle, *Histoire religieuse des Antilles et de la Guyane françaises*, Paris: Karthala, 2000, pp. 27–29, 55–74.

（47） Denis Lamaison, « La Guyane fut-elle un jour prospère? Idéologie et propagande coloniale au XIXe siècle », in Jean-Pierre Bacot et Jacqueline Zonzon（éds.）, *Guyane: Histoire et Memoire*, Matoury: Ibis rouge, 2001, pp. 363–364.

（48） Laure Bernard, *La Guyane française et l'ordre de Saint-Joseph de Cluny*, Paris: Ducessois, 1834, pp. 7, 16.

（49） ユルバン・ブリュからトマ宛て書簡、一八三一年三月一日。Arsenal, MS 13740/51.

（50） 「自叙」Arsenal, MS 13744/75/5.

（51） 「年譜」Arsenal, MS 13737/6.

（52） Anne Pérotin-Dumon, *La ville aux îles, la ville dans l'île: Basse-Terre et Pointe-à-Pitre, Guadeloupe, 1650–1820*, Paris: Karthala, 2001, pp. 704–711.

（53）ユルバン・ブリュからトマ宛て書簡、一八三一年一月三日。Arsenal, MS 13740/58.
（54）「自叙」Arsenal, MS 13744/75/6.
（55）「自叙」Arsenal, MS 13744/75/6.
（56）*Doctrine de Saint-Simon: exposition, 1re année, 1829*, Paris: au bureau de l'Organisateur, 1829, p. xxviii.

第2章

（1）喜安朗「民衆騒乱の舞台——路上の権利」喜安朗・川北稔『大都会の誕生——ロンドンとパリの社会史』ちくま学芸文庫、二〇一八年。福井憲彦『物語　パリの歴史——「芸術と文化の都」の二〇〇〇年』中央公論新社、二〇二一年。
（2）「自叙」Arsenal, MS 13744/75/6.
（3）「自叙」Arsenal, MS 13744/75/6.
（4）Antoine Picon, « La religion saint-simonienne », *Revue des sciences philosophiques et théologiques*, 87-1, 2003, pp. 23-37.
（5）フランス史の一般的な時代区分として、近世または初期近代（一五—一八世紀）、革命期（フランス革命とナポレオン帝政）、近代（王政復古から第一次世界大戦以前）、現代（第一次世界大戦以降）という四つの時代区分がもちいられることが多い。福井憲彦編『新版世界各国史　フランス史』山川出版社、二〇〇一年。
（6）フランスまたはヨーロッパ「近代」のイメージをめぐっては、遅塚忠躬・近藤和彦編『過ぎ去ろうとしない近代——ヨーロッパ再考』山川出版社、一九九三年。同書所収、谷川稔「反省の弁」、および松浦義弘による書評（『史学雑誌』一〇三巻七号、一九九四年）を参照。
（7）ロジャー・プライス『フランスの歴史』河野肇訳、創土社、二〇〇八年、二一七—二一九頁。

（8） Osterhammel, *The Transformation of the World*, p. 61.
（9） スタンダール『赤と黒』冨永明夫訳、フランクリン・ライブラリー、一九八三年、第一巻、一五―一六頁。
（10） トクヴィル『アメリカのデモクラシー』松本礼二訳、岩波書店、二〇〇八年、第一巻、五一五頁。
（11） 宇野重規『トクヴィル――平等と不平等の理論家』講談社学術文庫、二〇一九年、第二章。
（12） 谷川稔『十字架と三色旗――近代フランスにおける政教分離』岩波書店、二〇一五年、一三―一七頁。宇野重規・伊達聖伸・高山裕二編『社会統合と宗教的なもの――十九世紀フランスの経験』白水社、二〇一一年、一一頁。ベルティエ・ド・ソーヴィニー『ロマン主義時代のキリスト教』上智大学中世思想研究所編訳、平凡社、一九九七年。
（13） ポール・ベニシュー『作家の聖別――フランス・ロマン主義〈一〉一七五〇―一八三〇年――近代フランスにおける世俗の精神的権力到来をめぐる試論』片岡大右・原大地・辻川慶子・古城毅訳、水声社、二〇一五年。
（14） セバスティアン・シャルレティ『サン＝シモン主義の歴史　一八二五―一八六四』沢崎浩平・小杉隆芳訳、法政大学出版局、一九八六年、八―一〇頁。
（15） エンゲルス『空想より科学へ――社会主義の発展』大内兵衛訳、岩波書店、一九六六年。
（16） 中嶋洋平『サン＝シモンとは何者か――科学、産業、そしてヨーロッパ』吉田書店、二〇一八年。
（17） ジャネはサン＝シモンを「思想家というよりはむしろ即興詩人」と評する。Paul Janet, *Saint-Simon et le Saint-simonisme*, Paris: G. Baillière, 1878, p. 71.
（18） サン・シモン「新キリスト教」『産業者の教理問答　他一篇』森博訳、岩波書店、二〇〇一年、二九七―三〇〇頁。サン＝シモンとマルクスの思想との共鳴について以下も参照。吉田『サン・シモン復興』、四八頁。
（19） サン＝シモン主義者以外のおもな後継者として、歴史思想を引き継いだティエリ、社会学の創始者として知られるコントがあげられる。デュルケム『社会主義およびサン＝シモン』森博訳、恒星社厚生閣、一九七七年、二三九―二四〇頁。

(20) アンファンタンはサン＝シモンと一度同席したことがあるだけで、バザールは生前のサン＝シモンと面会したことすらなかったとされる。シャルレティ『サン＝シモン主義の歴史』、三三一―三七頁。

(21) バザールほか『サン＝シモン主義宣言――「サン＝シモンの学説・解義」第一年度、一八二八―一八二九』野地洋行訳、木鐸社、一九八二年、九頁（一部改訳）。

(22) 「第一年度」は数千部が印刷され重版を重ねた。「第二年度」の流通はかぎられていた。*Doctrine de Saint-Simon: exposition, 1re année, 1829*; *Doctrine de Saint-Simon: exposition, 2e année, 1829–1830*, Paris: au bureau de l'Organisateur, 1830.

(23) シャルレティ『サン＝シモン主義の歴史』、五二頁（一部改訳）。

(24) ピエール・ミュッソ『サン＝シモンとサン＝シモン主義』杉本隆司訳、白水社、二〇一九年、一四三―一四四頁。

(25) Madame Suzanne V., *Souvenirs d'une fille du peuple ou la saint-simonienne en Égypte, 1834 à 1836*, Paris: E. Sauzet, 1866, p. 77.

(26) Christine Planté, « Les féministes saint-simoniennes: possibilités et limites d'un mouvement féministe en France au lendemain de 1830 », in Jean-René Derré (éd.), *Regards sur le saint-simonisme et les saint-simoniens*, Lyon: Presses universitaires de Lyon, 1986, pp. 73–102.

(27) シャルレティ『サン＝シモン主義の歴史』、一五〇頁。

(28) Michel Bourdeau et Béatrice Fink, « De l'industrie à l'industrialisme: Benjamin Constant aux prises avec le Saint-Simonisme: une étude en deux temps », *Œuvres et Critiques*, 33–1, 2008, p. 70.

(29) 傍点は原文でイタリック。礼拝と訳した原語は culte。*Le Globe*, 28 novembre 1831.

(30) 上野喬『ミシェル・シュヴァリエ研究』木鐸社、一九九五年。

(31) Jean Walch, *Michel Chevalier, économiste saint-simonien: 1806–1879*, Paris: Vrin, 1975, p. 13.

(32) 初出は『地球』一八三二年一月二〇日、三一日、二月五日、二月一二日。以下の再版がある。Michel Chevalier, « La paix est aujourd'hui la condition de l'émancipation des peuples », in *Le Saint-simonisme,*

l'Europe et la Méditerranée, Paris: Manucius, 2008, pp. 99–133.
（33） Michel Chevalier, « La paix est aujourd'hui la condition de... », p. 108.
（34） Ibid., p. 113.
（35） Ibid., p. 129.
（36） Jean Amrouche, « Note pour une esquisse de l'état d'âme du colonisé », in *Un Algérien s'adresse aux Français: ou l'histoire d'Algérie par les textes*（*1943–1961*）, Paris: L'Harmattan, 1994, p. 52.
（37） Michel Chevalier, « La paix est aujourd'hui la condition de... », p. 114.
（38） Ibid., p. 116.
（39） Ibid., pp. 128–129.
（40） シャルレティ『サン＝シモン主義の歴史』、一五〇頁。
（41） 中嶋『サン＝シモンとは何者か』、二二三―二二四頁。杉本隆司『民衆と司祭の社会学――近代フランス〈異教〉思想史』白水社、第六章も参照。
（42） そのためにサン＝シモン主義に対する批判は反ユダヤ主義と結びつくこともあった。レオン・ポリアコフ『反ユダヤ主義の歴史　第三巻　ヴォルテールからヴァーグナーまで』菅野賢治訳、筑摩書房、二〇〇五年、四八七―四八八頁。
（43） ユルバンからシュヴァリエ宛て書簡。一八三二年一月二二日。Arsenal, MS7607/129.
（44） BNF, Manuscrits, NAF 24614/11.
（45） *Religion saint-simonienne: procès en la cour d'assises de la Seine, les 27 et 28 août 1832*, Paris: Librarie Saint-simonienne, 1832, pp. 29, 176.
（46） 「自叙」Arsenal, MS 13744/75/2.「年譜」Arsenal, MS 13737/2.
（47） 古くは一八世紀のオステルヴァルト訳、近い時代ではノディエによる訳詩も「褐色」（brune）としている。Charles Nodier, *Poésies diverses de Ch. Nodier, recueillies et publiées par N. Delangle*, Paris: Delangle frères, 1827, p. 41.

（48）ユゴーの小説「ビュグ・ジャルガル」（一八二六年）はサン・ドマングの奴隷蜂起を背景とした作品で、男性奴隷の主人公ピエロが白人の娘マリーに恋する。ユルバンの詩「南！」にもマリーという女性が登場する。Ismayl Urbain, *Voyage d'Orient*, p. 212.

（49）Ibid., p. 396.

（50）Hervé Le Bret, *Les frères d'Eichthal: le saint-simonien et le financier au XIXe siècle*, Paris: Presses de l'Université Paris-Sorbonne, 2012, pp. 29-41.

（51）Le Bret, *Les frères d'Eichthal*, p. 102.

（52）デシュタルからユルバン宛て書簡。一八三二年一一月八日。Arsenal, MS 13741/2.

（53）ペレール兄弟は投資銀行クレディ・モビリエを創設したことで知られる。中川洋一郎『暴力なき社会主義？ フランス第二帝政下のクレディ・モビリエ』学文社、二〇〇四年。

第3章

（1）「自叙」Arsenal, MS 13744/75/9.

（2）ジョン・ダーウィン『ティムール以後——世界帝国の興亡　一四〇〇—二〇〇〇年』秋田茂ほか訳、国書刊行会、二〇二〇年、三一七頁。

（3）新井政美編著『イスラムと近代化——共和国トルコの苦闘』講談社、二〇一三年、二九頁。

（4）小笠原弘幸『オスマン帝国——繁栄と衰亡の六〇〇年史』中央公論新社、二〇一八年、二七〇頁。

（5）Yaycioglu, *Partners of the Empire*, pp. 18, 55, 64.

（6）オスマン帝国とヨーロッパ諸国の歴史の重なりを強調する立場の例として以下を参照。Daniel Goffman, *The Ottoman Empire and Early Modern Europe*, Cambridge: Cambridge University Press, 2002, p. xiv.

（7）黒木英充「オスマン帝国における職業的通訳たち」真島一郎編『だれが世界を翻訳するのか——アジ

ア・アフリカの未来から』所収、人文書院、二〇〇五年、二一九―二二〇頁。

（8） 山内昌之『世界の歴史二〇　近代イスラームの挑戦』中央公論新社、二〇〇八年、五四頁。

（9） フランス語では « Nous sommes aussi des vrais musulmans » と « Nous sommes amis des vrais musulmans » の数文字のちがいにすぎない。 Shaden M. Tageldin, *Disarming Words: Empire and the Seductions of Translation in Egypt*, Berkeley: University of California Press, 2011, p. 33.

（10） Albert Hourani, *Arabic Thought in the Liberal Age, 1798–1939*, Cambridge: Cambridge University Press, 1983, pp. 69 et seq. 小杉泰『現代イスラーム世界論』名古屋大学出版会、二〇〇六年、一九一―二〇一頁。

（11） Samir Saul et Jacques Thobie, « Les militaire français en Égypte des années 1820 aux années 1860 », in Daniel Panzac et André Raymond (dir.), *La France et l'Égypte à l'époque des vice-rois 1805–1882*, Le Caire: IFAO, 2002, pp. 175, 216–221.

（12） 手稿（Arsenal, MS 13736）とレニエによる校訂版（Ismayl Urbain, *Voyage d'Orient suivi de poèmes de Ménilmontant et d'Égypte*, édition, notes et postface par Philippe Régnier, Paris: L'Harmattan, 1993）を参照し、注には手稿のフォリオ番号を記した。

（13） 「東方滞在記」Arsenal, MS 13736/1.

（14） Jérôme Debrune, « La part de l'Autre dans la quête de soi: à propos de la conversion à l'islam de Thomas Ismayl Urbain », *Cahiers d'études africaines*, 42(166), 2002, p. 374.

（15） 「東方滞在記」Arsenal, MS 13736/6.

（16） Daniel Goffman, "Izmir: from Village to Colonial Port City," in Edhem Eldem, Daniel Goffman and Bruce Masters, *The Ottoman City between East and West*, Cambridge: Cambridge University Press, 1999, p. 128.

（17） 「東方滞在記」Arsenal, MS 13736/28.

（18） フランスの詩人ラマルティーヌも直前にキプロスを通過していた。ラマルティーヌの『東方紀行』が出版されたのは一八三五年である。石井洋二郎『異郷の誘惑——旅するフランス作家たち』東京大学出版会、二〇〇九年、第二章。

(19) 「東方滞在記」Arsenal, MS 13736/36-37.

(20) Urbain, *Voyage d'Orient*, p. 51, note 38.

(21) 「東方滞在記」Arsenal, MS 13736/45.

(22) Saul et Thobie, « Les militaire français en Égypte des années 1820 aux années 1860 », p. 184.

(23) Roger Owen, *Cotton and the Egyptian Economy, 1820-1914: A Study in Trade and Development*, Oxford: Oxford University Press, 1969, pp. 44-45.

(24) 「東方滞在記」Arsenal, MS 13736/53.

(25) 「東方滞在記」Arsenal, MS 13736/75.

(26) 「東方滞在記」Arsenal, MS 13736/75.

(27) 「年譜」Arsenal, MS 13737/10.

(28) ユルバンは二〇年ほどのちにみずからの改宗体験をもとにした雑誌記事を執筆したが、そのなかにハーネムについての記述がある。Ismayl Urbain, « Une conversion à l'islamisme », *Revue de Paris*, juillet 1852, p. 115.

(29) 「東方滞在記」Arsenal, MS 13736/68.

(30) *Le Siècle*, le 30 août 1837.

(31) アンファンタンからユルバン宛て書簡。一八三四年九月一四日。Arsenal, MS 13740/68.

(32) Arsenal, MS 7789/52.

(33) 「東方滞在記」Arsenal, MS 13736/75.

(34) 「東方滞在記」Arsenal, MS 13736/89.

(35) John Tolan, *Faces of Muhammad: Western Perceptions of the Prophet of Islam from the Middle Ages to Today*, Princeton: Princeton University Press, 2019, pp. 171-173.

（36） Diego Venturino, « Un prophète « philosophe »? Une vie de Mahomed à l'aube des Lumières », *Dix-huitième siècle*, 24, 1992, p. 328.

（37）「東方滞在記」Arsenal, MS 13736/99.

（38） レッシングの作品においては、イスラームは虚偽として断罪されるのではなく、キリスト教、異教、ユダヤ教、イスラームそれぞれが複数の「真理」として存在していることが示唆される。笠原賢介『ドイツ啓蒙と非ヨーロッパ世界――クニッゲ、レッシング、ヘルダー』未来社、二〇一七年、一八二頁。

（39）「東方滞在記」Arsenal, MS 13736/77.

（40）「東方滞在記」Arsenal, MS 13736/79.

（41）「東方滞在記」Arsenal, MS 13736/103.

（42）「東方滞在記」Arsenal, MS 13736/90.

（43） アレクサンドリア総領事ミモからユルバン宛て書簡、一八三五年一二月八日、Arsenal, MS 13739/217.

（44） Urbain, *Voyage d'Orient*, p. 179, note 140.

（45）「東方滞在記」Arsenal, MS 13736/167.

（46）「東方滞在記」Arsenal, MS 13736/167.

（47）「東方滞在記」Arsenal, MS 13736/53.「自叙」Arsenal, MS 13744/75/10.

（48）「自叙」Arsenal, MS 13744/75/11.

第4章

（1）「年譜」Arsenal, MS 13737/12-13.

（2） Levallois, *Ismaÿl Urbain: une autre conquête de l'Algérie*, p. 65.

（3）「自叙」Arsenal, MS 13744/75/14.

（4） Gabriel Camps, *Les Berbères: mémoire et identité*, Arles: Actes Sud, 2007, pp. 95–96.
（5） 石原忠佳『ベルベル語とティフィナグ文字の基礎——タリーフィート語入門』春風社、二〇一四年、二〇—二七頁。
（6） イブン・ハルドゥーンが歴史書を書き起こしたのは、現在のアルジェリア中部の高原地帯に隠遁していた時期といわれる。イブン＝ハルドゥーン『歴史序説』森本公誠訳、岩波書店、二〇〇一年。
（7） James McDougall, *A History of Algeria*, Cambridge: Cambridge University Press, 2017, pp. 57–58.
（8） 私掠をさす言葉はフランス語でコルセール、トルコ語でクルサンなど、地中海周辺の各言語に共通の語源をもつ語がある。工藤『地中海帝国の片影』第一章参照。
（9） ブローデル『地中海』第三巻、三四八頁。
（10） Lemnouar Merouche, *Recherches sur l'Algérie à l'époque ottomane. 2. La course, mythes et réalité*, Paris: Bouchène, 2007.
（11） Daniel Panzac, *Les corsaires barbaresques: la fin d'une épopée 1800–1829*, Paris: CNRS Éditions, 1999, pp. 32–35.
（12） Mohamed Amine, « Géographie des échanges commerciaux de la régence d'Alger à la fin de l'époque ottomane 1792–1830 », *Revue d'histoire maghrébine* 71/72, 1993, pp. 287–373.
（13） Akihito Kudo and Atsushi Ota, "Privateers in the Early-Modern Mediterranean: Violence, Diplomacy and Commerce in the Maghrib, c. 1600–1830," in Atsushi Ota (ed.), *In the Name of the Battle against Piracy: Ideas and Practices in State Monopoly of Maritime Violence in Europe and Asia in the Period of Transition*, Leiden: Brill, 2018, pp. 40–41.
（14） Charle-André Julien, *Histoire de l'Algérie contemporaine. 1. La conquête et les débuts de la colonisation, 1827–1871*, Paris: PUF, pp. 21–29.
（15） Pierre Guiral, *Marseille et l'Algérie 1830–1841*, Gap: Ophrys, 1956.
（16） 大沼保昭『人権、国家、文明——普遍主義的人権観から文際的人権観へ』筑摩書房、一九九八年、七六頁。

(17) 工藤晶人「一八三〇年代フランスの植民地論争と「アラブのナショナリテ」」『西洋史学』二一〇号、二〇〇三年、一八—二九頁。

(18) ANOM F80/9, Mémoire de Si Hamdan, imprimé dans Georges Yver, « Si Hamdan ben Othman Khodja », *Revue africaine*, 57, 1913, pp. 122–138. Emer de Vattel, *Le droit des gens ou principes de la loi naturelle appliqués à la conduite et aux affaires des nations et des souverains*, London: s.n., 1758, tome 1, pp. 302–303; ibid., tome 2, pp. 224–225.

(19) *Aperçu historique et statistique sur la régence d'Alger, intitulé en arabe le miroir*, Paris: Goetschy fils, 1833, rééd. Hamdan Khodja, *Le Miroir: aperçu historique et statistique sur la Régence d'Alger*, Paris: Sindbad, 1985.

(20) Edmond Pellissier de Reynaud, *Annales algériennes, nouvelle édition*, 3 vols, Paris: Dumaine, 1854, tome 1, p. 259.

(21) Georges Yver, « Si Hamdan ben Othman Khodja », pp. 98–99; Abdeljelil Temimi, « A propos du « miroir » de Hamdan Khudja », in *Recherches et documents d'histoire maghrébine: la Tunisie, l'Algérie et la Tripolitaine de 1816 à 1871*, Tunis: Publication de l'Université de Tunis, 1971, pp. 111–116.

(22) Ian Coller, "Ottomans on the Move: Hassuna D'Ghies and the "New Ottomanism" in the 1830s," in Maurizio Isabella and Konstantina Zanou (eds.), *Mediterranean Diasporas: Politics and Ideas in the Long Nineteenth Century*, London: Bloomsbury, 2016, pp. 52–75; Abdeljelil Temimi, « Le tripolitain Hassuna Daghis et l'affaire du Major Laing », in *Recherches et documents d'histoire maghrébine*, pp. 241–303.

(23) Bentham to Marc René Argenson, 2 January 1823, in *The Correspondence of Jeremy Bentham, vol. 11. January 1822 to June 1824*, Oxford: Oxford University Press, 2000, p. 181.

(24) 戒能通弘『世界の立法者、ベンサム——功利主義法思想の再生』日本評論社、二〇〇七年、第五章。デイヴィッド・アーミテイジ『思想のグローバル・ヒストリー——ホッブズから独立宣言まで』平田雅博ほ

か訳、法政大学出版局、二〇一五年、第一〇章。

（25）Hassuna D'Ghies, *A Letter Addressed to James Scarlett... on the Abolition of the Slave Trade. Translated from the French, by Dr. Kelly*, London: Printed for the Author, 1822.

（26）Ian Coller, *Arab France: Islam and the Making of Modern Europe, 1798–1831*, Berkeley: University of California Press, 2010.

（27）Hamdan Khodja, *Le Miroir*, p. 38.

（28）Ibid., p. 38.

（29）アレクサンドル・ドゥ・ラボルドの発言、一八三六年六月九日。*Archives parlementaires*, 2e série, t. 105, p. 144.

（30）デジュヴェルジェ・ドゥ・オランヌの発言、一八三六年六月九日。*Archives parlementaires*, 2e série, t. 105, p. 153.

（31）Alexis de Tocqueville, *Œuvres complètes. III-1. écrits et discours politiques: écrits sur l'Algérie, les colonies, l'abolition de l'esclavage, l'Inde*, Paris: Gallimard, 1962, p. 329.

（32）書簡のなかでは、万民法にあたる言葉としてシュルート・アル＝インサーニーヤ（人間の条件）、フクーク・アル＝バシャル（人々の権利）といったアラビア語がもちいられた。James McDougall, "Sovereignty, Governance, and Political Community in the Ottoman Empire and North Africa," in Joanna Innes and Mark Philp (eds.), *Re-Imagining Democracy in the Mediterranean, 1780–1860*, Oxford: Oxford University Press, 2018, p. 127.

（33）近藤和彦『イギリス史一〇講』岩波書店、二〇一三年、二一一頁。

（34）Alain Messaoudi, « Orientaux orientalistes: les Pharaon, interprètes du Sud au service du Nord », in Colette Zytnicki et Chantal Bordes-Benayoun (dirs.), *Sud-Nord cultures coloniales en France, XIXe–XXe siècles*, Toulouse: Privat, 2004, pp. 243–255.

（35）「年譜」Arsenal, MS 13737/13.

(36) ロシュとイスラームとのかかわりについてふれた日本語文献として、前嶋信次『メッカ』芙蓉書房、一九七五年、四六―五五頁。杉田『日本人の中東発見――逆遠近法のなかの比較文化史』、二九四頁。ロシュの自伝にそった伝記として以下がある。矢田部厚彦『敗北の外交官ロッシュ――イスラーム世界と幕末江戸をめぐる夢』白水社、二〇一四年。

(37) Alain Messaoudi, « Une figure transitoire aux frontières d'un empire colonial: Léon Roches, consul de France（1845-1867）», in Fabrice Jesné（éd.）, *Les consuls, agents de la présence française dans le monde. XVIIIe-XIXe siècles*, Rennes: Presses Universitaires de Rennes, 2017, pp. 106-107.

(38) Léon Roches, *Trente-deux ans à travers l'Islam*（*1832-1864*）, 2 tomes, Paris: Firmin-Didot, 1884; Léon Roches, *Dix ans à travers l'Islam, 1834-1844*, Paris: Perrin, 1904.

(39) Marcel Emerit, « La légende de Léon Roches », *Revue africaine*, 91, 1947, p. 105.

(40) Roches, *Trente-deux ans à travers l'Islam*, tome 1, p. 65.

(41) Ibid., pp. 65-66, 155-156.

(42) Adrien Berbrugger, *Voyage au camp d'Abd-el-Kader, à Hamzah et aux montagnes de Wannourhah*（*province de Constantine*）*, en décembre 1837 et janvier 1838*. Toulon: Eugène Aurel, 1839, p. 55.

(43) 使者としてアブドゥルカーディルを訪問したフランス軍人ドマは、ロシュがアブドゥルカーディルにフランスの新聞記事を読み聞かせ、輜重について助言をするなどしていたと伝えている。Georges Yver, *Correspondance du Capitaine Daumas*, Paris: Paul Geuthner, 1912.

(44) Marcel Emerit, « La légende de Léon Roches », p. 85.

(45) Roches, *Trente-deux ans à travers l'Islam*, tome 2, p. 27; Emerit, « La légende de Léon Roches », p. 92; Paul Tirand, *Edmond Combes: l'Abyssinien 1812-1848*, Paris: L'Harmattan, 2010, chap. 7.

(46) Marcel Emerit. « La légende de Léon Roches », p. 85.

(47) ロシュからビュジョー宛て書簡、一八四一年一〇月二四日。SHD GR 1H78.

(48) Alain Messaoudi, *Les arabisants et la France coloniale. 1780-1930: savants, conseillers, médiateurs,*

Paris: ENS Éditions, 2015, tome 1, pp. 263–266.

(49)「自叙」Arsenal, MS 13744/75/14.

(50) Alain Messaoudi, « Renseigner, enseigner. Les interprètes militaires et la constitution d'un premier corpus savant « algérien »（1830–1870）», *Revue d'histoire du XIXe siècle*, 41, 2010, p. 104.

(51) Gustave d'Eichthal et Ismayl Urbain, *Lettres sur la race noire et la race blanche*, Paris: Paulin, 1839, p. 23.

(52) D'Eichthal et Urbain, *Lettres sur la race noire et la race blanche*, p. 25.

(53) ユルバンからデシュタル宛て書簡、一八三八年四月六日。Arsenal, MS 13745/5.

(54) デシュタルからユルバン宛て書簡、一八三八年四月二五日。Arsenal, MS 13741/19.

(55)「自叙」Arsenal, MS 13744/75/13.

(56)「自叙」Arsenal, MS 13744/75/17.

(57)「自叙」Arsenal, MS 13744/75/22.

(58)「年譜」Arsenal, MS 13737/16.

(59)「自叙」Arsenal, MS 13744/75/25.

(60) Rebecca Rogers, *A Frenchwoman's Imperial Story: Madame Luce in Nineteenth-Century Algeria*, Stanford: Stanford University Press, 2013, p. 80.

(61)「自叙」Arsenal, MS 13744/75/25–26.

(62)「年譜」Arsenal, MS 13737/29–30.

(63) ルイーズはもともとバヒーヤの友人であった。ルイーズの生年月日はユルバンとの結婚証書と死亡証書の記載が異なり、前者によれば結婚当時二六歳。後者の日付が事実であるとすると、結婚当時ルイーズは一五歳（民法上の結婚可能年齢）に達したばかりだった。ANOM, État civil, http://anom.archivesnationales.culture.gouv.fr/caomec2/, consulté le 30 juin 2021.

(64)「自叙」Arsenal, MS 13744/75–76.

第5章

（1）ヴェルネの作品と、この時代の美学とイデオロギーのかかわりについては以下を参照。阿部良雄「アブドル・カーディルの降伏」『社会史研究』六号、一五四―一八三頁。

（2）「年譜」Arsenal, MS 13737/21.

（3）Charles-Robert Ageron, « L'Algérie algérienne sous Napoléon III », in *Genèse de l'Algérie algérienne*. Paris: Bouchène, 2005, p. 55.

（4）「自叙」Arsenal, MS 13744/75/22.

（5）James McDougall, "'Abd al-Qādir, Amīr," in: *Encyclopaedia of Islam, THREE*, 2014, dx.doi.org/10.1163/1573-3912_ei3_COM_24657, accessed on 30 June 2021. 大塚和夫「イスラームのアフリカ」福井勝義・赤阪賢・大塚和夫『世界の歴史二四　アフリカの民族と社会』中央公論新社、二〇一〇年、四四六―四五二頁。私市正年『マグリブ中世社会とイスラーム聖者崇拝』山川出版社、二〇〇九年。東長靖『イスラームとスーフィズム――神秘主義・聖者信仰・道徳』名古屋大学出版会、二〇一三年。

（6）Paul Azan, *L'émir Abd el Kader, 1808–1883: du fanatisme musulman au patriotisme français*, Paris: Hachette, 1925, pp. 156–158.

（7）Susan Gilson Miller, *A History of Modern Morocco*, Cambridge: Cambridge University Press, 2013, pp. 16–18.

（8）Amira K. Bennison, *Jihad and Its Interpretations in Pre-colonial Morocco: State-Society Relations during the French Conquest of Algeria*, London: Routledge Curzon, 2002, pp. 154–155.

（9）Benjamin Brower, *A Desert Named Peace: The Violence of France's Empire in the Algerian Sahara, 1844–1902*, New York: Columbia University Press, 2009, p. 23.

（10）フランス兵の死者については、戦場における死者と戦傷や病気による死者をふくめて、一八三〇―一八四八年の期間に約一〇万人であったと推定されている。Kamel Kateb, *Européens, « indigènes » et juifs en*

Algérie (1830–1962): représentations et réalités des populations, Paris: INED, 2001, pp. 38–39, 46–47.

（11） Kateb, *Européens, « indigènes » et juifs en Algérie (1830–1962)*, p. 18.

（12） Brower, *A Desert Named Peace*, pp. 22–23. 大西洋を越える思想の往還はこれにとどまらない。一九世紀アルゼンチンを代表する政治家、作家サルミエントは、一八四〇年代にアルジェリアを訪問している。彼はアルゼンチンにおいても古い文化の遺制を排除しなければならないと論じて、「アメリカのベドウィンを滅ぼさなければならない」と記した。Ricardo Cicerchia, “Journey to the Centre of the Earth: Domingo Faustino Sarmiento, a Man of Letters in Algeria,” *Journal of Latin American Studies*, 36–4, 2004, p. 670.

（13） ビュジョーからラリュ将軍宛ての書簡、一八四六年三月五日。ANOM 2EE/12.

（14） Enfantin, *Colonisation de l’Algérie*, Paris: P. Bertrand, 1843.

（15） Emerit, *Les saint-simoniens en Algérie*, p. 108 et seq.

（16） Enfantin, *Colonisation de l’Alg*érie, pp. 92–93.

（17） Ibid., pp. 174–175.

（18） Amédée Marion, *Lettre sur la constitution de la propriété en Algérie: adressée à M. Enfantin, ... par M. A. Marion*, Alger: impr. de Brachet et Bastide, 1842, p. 57.

（19） Baron Baude, *L’Algérie*, Paris: Arthus Bertrand, 1841, tome 2, p. 394.

（20） Ordonnance du 1er oct 1844; Ordonnance du 21 juil. 1846. Jean-Louis Harouel, *Histoire de l’expropriation*, Paris: PUF, 2000, chap. 3 et 4.

（21） John Ruedy, *Land Policy in Colonial Algeria: The Origins of the Rural Public Domain*, Berkeley: University of California Press, 1967, p. 98 et seq.

（22） 以下、工藤『地中海帝国の片影』、一五一—一五七頁を参照。

（23） Pierre Genty de Bussy, *De l’établissement des Français dans la Régence d’Alger et des moyens d’en assurer la prospérité*, Paris: Firmin-Didot, 1835, tome 1, pp. 352–354.

(24) Auguste Warnier, *Des moyens d'assurer la domination française en Algérie par M. le lieutenant-général baron de Létang: Examen, par M. le docteur Warnier*, Paris: Guyot, 1846, p. 53.

(25) Emerit, *Les saint-simoniens en Algérie*, pp. 166–167.

(26) 「年譜」Arsenal, MS 13737/23.

(27) 「年譜」Arsenal, MS 13737/26.

(28) 「年譜」Arsenal, MS 13737/27.

(29) 「自叙」Arsenal, MS 13744/75/35.

(30) 「自叙」Arsenal, MS 13744/75/20.

(31) Susan Gilson Miller, "Introduction," in *Disorienting Encounters: Travels of a Moroccan Scholar in France in 1845–1846: The Voyage of Muḥammad Aṣ-Ṣaffār*, translated and edited by Susan Gilson Miller, Berkeley: University of California Press, 1992.

(32) Ibid., p. 32.

(33) *Disorienting Encounters*, pp. 207–208.

(34) Sylvie Thénault, « Une circulation transméditerranéenne forcée: l'internement d'Algériens en France au XIXe siècle », *Criminocorpus*, 2015, http://criminocorpus.revues.org/2922, consulté le 30 juin 2021.

(35) Levallois, *Ismaÿl Urbain: une autre conquête de l'Algérie*, pp. 553–554.

(36) Ahmed Bouyerdene, *La guerre et la paix: Abd el-Kader et la France*, Paris: Vendémiaire, 2017, p. 360.

(37) Ibid., p. 362.

(38) Rebecca Rogers, *A Frenchwoman's Imperial Story: Madame Luce in Nineteenth-Century Algeria*, Stanford: Stanford University Press, 2013, p. 65.

(39) Ibid., pp. 91–92.

(40) ユルバンは、アブー・タンマームによる詩集（ハマーサ）（アラビア語版とラテン語訳が、ドイツの東洋学者フライタークによって出版されていた）や、後述するハリール・イブン・イスハークの法学書（ペロンによるフランス語訳）を届けた。アブドゥルカーディルが依頼したのは、シハーブ・アル＝ハファージーによるハディース註釈書だった。Levallois, *Ismaÿl Urbain: Royaume arabe ou Algérie franco-musulmane? 1848–1870*, pp. 107–109.

（41）「年譜」Arsenal, MS 13737/27.

（42）Bouyerdene, *La guerre et la paix*, p. 81.

（43）Léon Roches, *Trente-deux ans à travers l'Islam*, tome 1, p. 485.

（44）Bouyerdene, *La guerre et la paix*, pp. 492–494.

（45）所（栃堀）木綿子「アブドゥルカーディルのキリスト教徒認識」『イスラーム世界研究』六号、二〇一三年、二五七—二七三頁。

（46）Ahmed Bouyerdene, *Abd el-Kader par ses contemporains: fragments d'un portrait*, Paris: Ibis Press, 2008；François Pouillon, « Du témoignage: à propos de quelques portraits d'Abd el-Kader en Oriental », *Revue des mondes musulmans et de la Méditerranée*, 132, 2012, url: http://journals.openedition.org/remmm/7892, consulté le 30 juin 2021.

（47）杉田英明「『オリエンタリズム』と私たち」サイード『オリエンタリズム』第二巻所収、三四三—三七七頁。

（48）サイード『オリエンタリズム』上、二一頁。

（49）James G. Carrier, *Occidentalism: Images of the West*, Oxford: Clarendon Press, 1995.

（50）Baber Johansen, "Islamic Studies: The Intellectual and Political Conditions of a Discipline," in Youssef Courbage et Manfred Kropp（éds.）, *Penser l'Orient: traditions et actualité des orientalismes français et allemand*, Beyrouth: Presses de l'Ifpo, 2004, pp. 65–93；Karla Mallette, *European Modernity and the Arab Mediterranean: Toward a New Philology and a Counter-Orientalism*, Philadelphia: University of Pennsylvania Press, 2010.

（51）エドワード・サイード『文化と帝国主義　一』大橋洋一訳、みすず書房、一九九八年、六四—六五頁。

(52) 竹沢『表象の植民地帝国——近代フランスと人文諸科学』。杉本淑彦「フランスにおける帝国意識の形成」北川勝彦・平田雅博編『帝国意識の解剖学』世界思想社、一九九九年。

(53) 三島『ニーチェ以後——思想史の呪縛を越えて』、七一—八一頁。

(54) Dirk Vandewalle, *A History of Modern Libya*, 2 ed., Cambridge: Cambridge University Press, 2012, pp. 15-17.

(55) 大塚和夫「イスラームのアフリカ」、三九九—四〇一頁。

(56) Jean-Noël Tardy, *L'âge des ombres: complots, conspirations et sociétés secrètes au XIXe siècle*, Paris: Les Belles Lettres, 2015.

(57) Jean-Louis Triaud, *La légende noire de la Sanusiyya*, 2 vols, Paris: Maison des Sciences de l'Homme, 1995, tome 2, pp. 928-929.

(58) ANOM 16H55.

(59) Triaud, *La légende noire de la Sanusiyya*, tome 1, pp. 52-53.

(60) ANOM 16H55.

(61) Triaud, *La légende noire de la Sanusiyya*, tome 1, pp. 45, 54.

(62) Ibid., tome 1, pp. 110-111.

(63) Henri Duveyrier, *Les Touareg du Nord*, Paris: Challamel aîné, 1864, p. 300.

(64) Triaud, *La légende noire de la Sanusiyya*, tome 1, pp. 17-18.

(65) Ismayl Urbain, « Précis de jurisprudence musulmane de Khalil Ibn Ishak, traduit de l'arabe par M. Perron », *Revue de Paris*, novembre 1851, pp. 208-220.

(66) Nicolas Perron, « Aperçu préliminaire », in Khalîl ibn-Ishâk, *Précis de jurisprudence musulmane, ou principes de législation musulmane civile et religieuse, selon le rite malékite, traduit de l'arabe par M. Perron*, 6 vols, Paris: Imprimerie nationale, 1848-1854, tome 1, p. vii.

(67) 批判を加えたのは、地元のムスリムのてほどきでイスラーム法を学んだとされるアルジェリア在住のフランス人フランソワ・カドズであった。ただし彼の批判は、同時代に話題となることはほとんどなかった。工藤『地中海帝国の片影』、第五章を参照。

(68) Ismayl Urbain, « Une conversion à l'islamisme », *Revue de Paris*, juillet 1852, p. 122.

(69) Ibid., p. 126.

(70) 原語はそれぞれ狂信的（fanatique）と寛容（tolérant）。クルアーンの章節番号はユルバンのテキスト通り。カジミルスキ訳のクルアーンが参照されている。Ismayl Urbain, « De la tolérance dans l'islamisme », *Revue de Paris*, 1er avril 1856, pp. 68–73.

(71) Urbain, « De la tolérance dans l'islamisme », p. 74. 引用部分の原典は以下。William Robertson, *Histoire de la règne de Charles Quint*, traduit par J. B. A. Suard, Paris: Janet et Cotelie, 1817, tome 1, p. 199.

(72) Urbain, « De la tolérance dans l'islamisme », p. 77.

第6章

(1) *Le Moniteur universel*, le 6 février 1863.

(2) 工藤『ヨーロッパ文明批判序説』、二〇一七年、三二六―三二八頁。

(3) ユルゲン・オースタハメル『植民地主義とは何か』石井良訳、論創社、二〇〇五年、二一九―二二一頁。

(4) 染田秀藤『ラス・カサス伝――新世界征服の審問者』岩波書店、一九九〇年。

(5) 山崎利男「イギリスのインド統治機構の再編成――一八五八―一八七二年」中央大学人文科学研究所編『アジア史における法と国家』中央大学出版部、二〇〇〇年、四〇九―四一〇頁。Barbara D. Metcalf and Thomas R. Metcalf, *A Concise History of Modern India*, 3rd ed., Cambridge: Cambridge University Press, 2012, pp. 119–120.

(6) Francis Démier, *La France du XIX siècle. 1814–1914*, Paris: Seuil, 2000, pp. 272–273.

（7） Ismaÿl Urbain, *L'Algérie française, indigènes et immigrants*, Paris: Challamel aîné, 1862（publié sous l'anonymat）, réédition, Paris: Séguier Atlantica, 2002, p. 57.

（8） フェルナン・ブローデル『地中海世界　一　空間と歴史』神沢栄三訳、みすず書房、一九九〇年、一〇頁。

（9） Khelifa Chater, *Dépendance et mutations précoloniales: la régence de Tunis de 1815 à 1857*, Tunis: Publications de l'Université de Tunis, 1984; Léon Carl Brown, *The Tunisia of Ahmad Bey, 1837–1855*, Princeton: Princeton University Press, 1975, reed., 2016.

（10） Ahmad ibn Abi Diyaf, *Consult them in the Matter: A Nineteenth-Century Islamic Argument for Constitutional Government: The Muqaddima*（*Introduction*）*to Ithaf Ahl al-Zaman bi Akhbar Muluk Tunis wa 'Ahd al-Aman*（*Presenting Contemporaries the History of the Rulers of Tunis and the Fundamental Pact*）, translated by L. Carl Brown, Fayetteville: The University of Arkansas Press, 2005.

（11） たとえばホブズボームが研究したシチリアとアンダルシアの農民運動において原動力となったのは、中世にさかのぼる宗教的心性であった。エリック・ホブズボーム『素朴な反逆者たち——思想の社会史』水田洋ほか訳、社会思想社、一九八九年。

（12） Kenneth Perkins, *A History of Modern Tunisia*, 2nd ed., Cambridge: Cambridge University Press, 2014, pp. 30–31.

（13） 石井孝『明治維新の国際的環境　増訂版』吉川弘文館、一九七三年。青山忠正『明治維新』吉川弘文館、二〇一二年。

（14） Alain Messaoudi, « Une figure transitoire aux frontières d'un empire colonial: Léon Roches, consul de France（1845–1867）», p. 113.

（15） 石井『明治維新の国際的環境　増訂版』、六一六—六一七頁。

（16） Meron Medzini, *French Policy in Japan during the Closing Years of the Tokugawa Regime*, Harvard: Harvard University Press, 1971, p. 72.

（17） リチャード・シムズ『幕末・明治日仏関係史　一八五四—一八九五年』矢田部厚彦訳、ミネルヴァ書房、二〇一〇年、六七頁。

（18） ロシュとサン＝シモン主義とのつながりを示唆した柴田三千雄と、それに懐疑的な権上康男のやりとりを参照。権上康男「フランス資本主義と日本開港」とそれに対するコメント、石井寛治・関口尚志編『世界市場と幕末開港』東京大学出版会、一九八二年、一七七、一八三頁。

（19） シムズ『幕末・明治日仏関係史』、五七頁。

（20） 渡辺浩『東アジアの王権と思想　増補新装版』東京大学出版会、二〇一六年、一九四—一九五、二〇四—二〇六頁。

（21） 石井『明治維新の国際的環境　増訂版』、七〇七頁。

（22） Emerit, *Les saint-simoniens en Algérie*, 1941, p. 254.

（23） 原語では égalité という名詞が用いられている。Ibid., p. 265.

（24） égal という形容詞を（法的な）同等と訳した。Ibid., p. 270.

（25） 書籍に印字された出版年は一八六一年だが、じっさいには一八六〇年末に発行されていたとみられる。Urbain, *L'Algérie pour les Algériens*, p. 29.

（26） Ibid., p. 27.

（27） Ibid., p. 28.

（28） Ibid., pp. 30–31.

（29） Ibid., p. 35.

（30） Ibid., pp. 149–150.

（31） Urbain, *L'Algérie française*, pp. 52–53.

（32） 工藤『地中海帝国の片影』、七五—七六頁および以下を参照。Yerri Urban, « Empire colonial et droit à la nationalité », in Alexandre Deroche, Eric Gasparini et Martial Mathieu (éds.), *Droits de l'homme et colonies: de la mission de civilisation au droit à l'autodétermination*, Aix-en-Provence: Presses

Universitaires d'Aix-Marseille, 2017, pp. 363–374.

(33) Urbain, *L'Algérie française*, p. 9.

(34) Ibid., p. 57.

(35) 四〇〇頁におよぶ論考「貧困女性がみた貧困女性」で応募したドビエは、その後も社会活動にかかわりながらパリ大学で勉強をつづけ、一八七一年に文学士の学位を得た。このとき彼女は四七歳であった。Raymonde Albertine Saliou Bulger, « Les démarches et l'exploit de Julie Victoire Daubié, première « bachelière » de France, à Lyon, sous le Second Empire », *The French Review*, 71–2, 1997, pp. 204–212.

(36) ピエール・ギラール『フランス人の昼と夜　一八五二—一八七九——資本主義黄金期の日常生活』尾崎和郎訳、誠文堂新光社、一九八四年、六二—六三頁。

(37) アンソニー・リード『世界史のなかの東南アジア　歴史を変える交差路』太田淳・長田紀之監訳、名古屋大学出版会、二〇二一年、下巻、四二二—四二三頁。

(38) James William B. Money, *Java; or How to Manage a Colony, Showing a Practical Solution of the Questions Now Affecting British India*, London: Hurst & Blackett, 1861, vol. 2, pp. 208–209.

(39) Robin Moore, "Imperial India, 1858–1914," in Andrew Porter (ed.), *Oxford History of British Empire III: The Nineteenth Century*, Oxford: Oxford University Press, 1999, pp. 422–424.

(40) Money, *Java*, vol. 2, pp. 9–10, 252–254.

(41) Urbain, *L'Algérie française*, pp. 120–121.

(42) Kenneth M. Cuno, "Was the Land of Ottoman Syria Miri or Milk? An Examination of Juridical Differences within the Hanafi School," *Studia Islamica*, 81, 1995, pp. 137–142; Sabrina Joseph, *Islamic Law on Peasant Usurfruct in Ottoman Syria: 17th Century to Early 19th Century*, Leiden: Brill, 2012.

(43) Urbain, *L'Algérie pour les Algériens*, p. 97.

(44) Idem.

(45) Urbain, *L'Algérie pour les Algériens*, p. 101.

（46） Ibid., p. 121.
（47） Ibid., p. 95.
（48） Ibid., p. 124.
（49） Emerit. *Les saint-simoniens en Algérie*, p. 284.
（50） Didier Guignard, « Conservatoire ou révolutionnaire? : Le sénatus-consulte de 1863 appliqué au régime foncier d'Algérie », *Revue d'histoire du XIXe siècle*, 41, 2010, pp. 87–88.
（51） Didier Guignard, « L'indigénophilie dans l'esprit et dans la pratique: Ismaÿl Urbain et la réforme foncière de 1863 en Algérie », in Michel Levallois et Philippe Régnier（éds.）, *Les saint-simoniens dans l'Algérie du XIXe siècle*, Paris: Riveneuve, 2016, pp. 260–264.
（52） 「年譜」Arsenal, MS 13737/73.
（53） Djilali Sari, *La dépossession des fellah*, Alger: SNED, 1978, p. 51; Ageron, *Les Algériens musulmans et la France*, Paris: PUF, 1968, tome 1, p. 97.
（54） Marcello Musto, *The Last Years of Karl Marx: An Intellectual Biography*, translated by Patrick Camiller, Stanford: Stanford University Press, 2020, p. 20.
（55） 松尾弘「日本における土地所有権の成立——開発法学の観点から」『慶應法学』四一号、二〇一八年、一一〇頁。
（56） Ageron, *Les Algériens musulmans et la France*, tome 1, p. 773.

終章

（1） 「自叙」Arsenal, MS 13744/75/76.
（2） Jules La Beaume, *Le Koran analysé d'après la traduction de M. Kasimirski et les observations de*

plusieurs autres savants orientalistes, Paris: Maisonneuve, 1878.

（3）「年譜」Arsenal, MS 13737/45-46, 48.

（4）遺言状の元の日付は一八八一年一〇月七日、追記の日付は一八八三年四月二六日。Arsenal, MS 13739/3.

（5）*Journal des débats*, le 4 février 1884. Arsenal, MS 13744/70.

（6）Arsenal, MS 13744/54.

（7）「自叙」Arsenal, MS 13744/75/64-66.

（8）原語は、unité religieuse dans la multiplicité des croyances. Arsenal, MS 13739/3.

（9）ルイーズ・ユルバンからデシュタル宛て書簡、一八八四年一〇月二三日。Arsenal, MS 13744/66.

（10）デシュタルからルイーズ・ユルバン宛て書簡、一八八四年一二月一〇日。Arsenal, MS 13740/1.

（11）Arsenal, MS 13744/38.

（12）アルジェ文科学校校長エミール・マクレの『ジュルナル・デ・デバ』への寄稿。一八九一年九月二六日。以下を参照。Ageron, *Les Algériens musulmans et la France*, tome 1, pp. 397-398.

（13）フランス外務省ロシュ個人書類。一八六九年六月一六日、一八七〇年六月一日。AMAE, 393QO/3506.

（14）Alpinus, *Quelques pages sur Léon Roches*, Grenoble: Allier frères, 1898.

（15）Pierre Loti, *Madame Chrysanthème*, Paris: Calmann-Lévy, 1887.

（16）Cheikh Si Hamza Boubakeur（éd.）, *Trois poètes algériens: Moḥammed Balkhayr, Abdallah Ben Karriou, Moḥammed Baytâr*, Paris: Maisonneuve & Larose, 1990, p. 29; Pierre Boyer, « L'Odyssée d'une tribu saharienne: les Djeramna（1881-1929）», *Revue de l'occident musulman et de la Méditerranée*, 10, 1971, pp. 28-29.

（17）サイイドは預言者の親族に対する尊称。シャイフ・ベン＝ドゥイーナはバルハイルとともに虜囚となっていた戦友の名。「ふたつの海」という表現はクルアーンにも登場し、その場合には紅海とインド洋、地中海と大西洋、アカバ湾と紅海などとさまざまな意味に解釈される。カーフィルとされる範囲はさまざまな考え方があるが、この場合にはキリスト教徒をさしている。*Trois poètes algériens*, pp. 174, 179. Mohamed Belkhair, *Etendard interdit, poèmes de guerre et d'amour*, recueillis, présentés et traduits par Boualem Bessaïh, 2e éd., Paris: Sindbad, 2003, p. 94. マグリブ方言詩の解釈にかんして、アラブ＝ベルベル文学研究者の鵜戸聡氏のご教示に深く感謝する。訳文に不適切な点があるとすればそれらはすべて著者の責任である。

(18) ブロック『新版　歴史のための弁明』、一六頁。

(19) 「自叙」Arsenal, MS 13744/75/44.

(20) 「自叙」Arsenal, MS 13744/75/13.

(21) 「年譜」Arsenal, MS 13737/4.

(22) 「年譜」Arsenal, MS 13737/10.

(23) Levallois, *Ismaÿl Urbain: une autre conquête de l'Algérie*, p. 284.

(24) 鈴木英明『解放しない人びと、解放されない人びと——奴隷廃止の世界史』（シリーズ・グローバルヒストリー2）東京大学出版会、二〇二〇年、二一三—二一五頁。

(25) Nelly Schmidt, *La France a-t-elle aboli l'esclavage?*, Paris: Perrin, 2009, p. 237.

(26) ユルバン家の「ネグレス」が奴隷として購入された人であったのか、使用人として雇われていたのかは判然としない。「年譜」Arsenal, MS 13737/25. 以下も参照。Raëd Bader, *Une Algérie noire?: traite et esclaves noirs en Algérie coloniale: 1830–1906*, thèse de doctorat, Université de Provence, 2005.

(27) 「自叙」Arsenal, MS 13744/75/72.

(28) 「年譜」Arsenal, MS 13737/49.

(29) 「自叙」Arsenal, MS 13744/75/9.

(30) Arsenal, MS 13739/3.

(31) ジョン・ヒック『宗教多元主義——宗教理解のパラダイム変換　増補新版』間瀬啓允訳、法蔵館、二〇〇八年。

（32） Rita Hermon-Belot, *Aux sources de l'idée laïque: révolution et pluralité religieuse*, Paris: Odile Jacob, 2015. ユルバンがプロテスタンティズムにどれほどの関心をもっていたかは明らかではないが、『ル・タン』紙の創設者オーギュスト・ネフツェルを例としてあげて、プロテスタンティズムに一定の共感を表明したことがある。ユルバンからデシュタル宛て書簡（一八六一年六月八日）。Arsenal, MS 13745/190.

（33） 伊達聖伸『ライシテ、道徳、宗教学——もうひとつの一九世紀フランス宗教史』勁草書房、二〇一〇年、七—一〇頁、二三八頁。

（34） Jean-Marie Guyau, *L'irréligion de l'avenir: étude sociologique*, Paris: Félix Alcan, 1887, pp. xv–xvii.

（35） 工藤『地中海帝国の片影』、第八章。

（36） Urbain, *L'Algérie pour les Algériens*, p. 31.

（37） Ibid., p. 32.

（38） Duncan Bell, "John Stuart Mill on Colonies," *Political Theory*, 38-1, 2010, pp. 34-64.

（39） 西川長夫『〈新〉植民地主義論——グローバル化時代の植民地主義を問う』平凡社、二〇〇六年、一五七頁。

（40） 平野『フランス植民地主義の歴史』、一三五頁。

（41） 「自叙」Arsenal, MS 13744/75/10.

（42） 三島『ニーチェ以後——思想史の呪縛を越えて』、九五頁。

（43） David Macey, *Frantz Fanon: A Biography*, London: Verso, 2012, p. 355.

（44） フランツ・ファノン『地に呪われたる者』鈴木道彦・浦野衣子訳、みすず書房、一九九六年。同書所収のサルトルによる「序」、二一—二二頁も参照。

（45） フランツ・ファノン『黒い皮膚・白い仮面』海老坂武・加藤晴久訳、みすず書房、一九九八年。

（46） Ageron, « L'Algérie algérienne sous Napoléon III », in *Genèse de l'Algérie algérienne*, Paris: Bouchène, 2005, p. 68.

（47） Arsenal, MS 13744/24.

(48) トクヴィルが「アルジェリアはおそかれはやかれ、ふたつの民族が相手を倒すまで容赦なく戦う闘技場となってしまうかもしれない」と述べたのは一八四七年のことである（第4章）。

(49) 内藤湖南「小世界」『内藤湖南全集一』筑摩書房、一九九六年、四三四―四三六頁。

(50) Frédéric Piantoni, « La question migratoire en Guyane française », *Hommes & Migrations*, 1278, 2013, pp. 201–202; Jean Moomou, « Les Bushinenge en Guyane: entre rejet et intégration de la fin du XVIIIe siècle aux dernières décennies du XXe siècle », in S. Mam Lam Fouck (dir.), *Comprendre la Guyane d'aujourd'hui*, Matoury: Ibis rouge, 2007, p. 59.

(51) ユージン・ローガン『アラブ五〇〇年史』白須英子訳、白水社、二〇一三年、上巻、一六一頁。

(52) Hilary Jones, "Rethinking Politics in the Colony: The Métis of Senegal and Urban Politics in the Late Nineteenth and Early Twentieth Century," *The Journal of African History*, 53–3, 2012, pp. 342–343.

(53) 岡崎弘樹『アラブ近代思想家の専制批判――オリエンタリズムと〈裏返しのオリエンタリズム〉の間』東京大学出版会、二〇二一年、第三章。

(54) Raoul Girardet, *L'idéé coloniale en France de 1871 à 1962*, Paris: La Table ronde, 1972, pp. 81–86.

(55) Ibid., p. 92.

(56) Odon Abbal, *L'Exposition coloniale de 1889: la Guyane présentée aux Français*, Matoury: Ibis rouge, 2010.

(57) ティモシー・ミッチェル『エジプトを植民地化する――博覧会世界と規律訓練的権力』大塚和夫・赤堀雅幸訳、法政大学出版局、二〇一四年。

(58) ジェラール・ノワリエル『ショコラ――歴史から消し去られたある黒人芸人の数奇な生涯』舘葉月訳、集英社インターナショナル、二〇一七年。

(59) Charles-Robert Ageron, *France coloniale ou parti colonial?*, Paris: PUF, 1978.

(60) Fanny Colonna, *Instituteurs algériens 1883–1939*, Alger: Office des publications universitaires, 1975, p. 22.

(61) ルネ・ドゥ・ベルヴァル『パリ一九三〇年代——一詩人の回想』矢島翠訳、岩波書店、一九八一年、一九—二一頁。

(62) Edmund Bruke III, "First Crisis of Orientalism 1890-1914," in Jean-Claude Vatin et al. (éd.), *Connaissances du Maghreb: sciences sociales et colonisation*, Paris: Éditions du CNRS, 1984, p. 217 et seq.

(63) イザベル・エベラール『砂漠の女』中島ひかる訳、晶文社、一九九〇年。

(64) Claude Liauzu, *Passeurs de rives: changements d'identité dans le Maghreb colonial*, pp. 42-44.

(65) ファドマ・アムルシュ『カビリアの女たち』中島和子訳、水声社、二〇〇五年。

(66) Jean Amrouche, *Étoile secrète*, Paris: L'Harmattan, 1983, p. 39.

あとがき

一九世紀は、民族、人種、宗教といった現代につながるアイデンティティの観念が確立していった時代である。そのような時代に、複数の範疇にまたがって生きるとはどのような体験であったのか。文化の多様性を認めることと人類の同一性を信じることは両立しえたのだろうか。これらが、本書を貫く問いである。もちろん過去の状況には固有の文脈があり、現代との単純なアナロジーは控えるべきだろう。それでも歴史書の矩《のり》を踰《こ》えて付け加えるとすれば、そのような難題に直面した過去の人々の到達点を理解し、彼らの限界を受け止め、その先を展望することが私たちに課されている。

歴史書らしからぬという点では、表紙についても説明が必要である。二一世紀初頭のアルジェを撮した写真作品は、一見、地中海の穏やかな表情を伝えているようにみえるかもしれない。だが作品が撮影された当時、街にはまだ内戦の記憶が生々しく、豪雨のために数百人が亡くなるという惨事も起きていた。画面の静けさは、逆説的に、暴力の連鎖というシングル・ストーリーによってアルジェリアが語られてきたことを浮き彫りにする。そしてこの海と空と地勢は、本書の登場人物たちが生きた時代とつながっている。過去と十分な距離をとるというのは歴史学の常識だが、現在との近さを想起することも忘れてはならない。

時代の流れに棹さしながらもそこからはみだしていく個人の歴史を描くために、一人の生涯に複数の時間軸を交差させて各章を構成した。読者に遠回りを強いるようではあるが、迂回しながら進む構成自体に主張がこめられている。落ち穂拾いはするな、野心を抱けという先達の励ましに応えることができたかどうか、今はこれが精一杯である。

企画時から長い時間をかけて議論を重ねてきた羽田正先生と東京大学出版会の山本徹さんにようやくお礼を伝えることができる。フランス植民地史の開拓者である平野千果子先生にも心からの敬意を捧げる。平野先生が切り開いた道がなければ、ここまで来ることはできなかった。前職の学習院女子大学で授業に参加してくれた学生のみなさん、あたたかく見守ってくださった同僚の方々、そして学界の友人たちの存在はおおきな励みだった。すべてのお名前をあげることはできないが、神田典城先生、根占献一先生、荘林幹太郎先生、小澤実氏、鬼丸武士氏にとくに深謝する。現職の学習院大学では歴史学専攻の学科に初めて身を置くことになり、日々刺激を受けている。同僚の先生方と意見を寄せてくれたゼミ生のみなさんにお礼を伝えたい。

二〇二一年春

工藤晶人

本書はＪＳＰＳ科研費 25101004、26370760、17H02239、19K00946 の成果である。

索　引

人名索引

あ 行

アジュロン，シャルル・ロベール　148
アフガーニー　→ジャマールッディーン・アフガーニー
アブドゥルカーディル・アル＝ジャザーイリー　109, 129, 132-134, 147, 149-153, 161, 162, 166-171, 183
アブドゥルラフマーン［モロッコのスルターン］　152
アフマド・オラービー　251
アフマド・ベイ［チュニジアの支配者］　191
アポリーヌ　44-47, 52, 74, 227, 237
アムルーシュ，ジャン・エル・ムフーブ　70, 257-258
アムルーシュ，ファドマ　257
アリ・ビチン　116
アルレス＝デュフール，フランソワ＝バルテルミ　211
アンファンタン，プロスペル　58, 63, 65-68, 93, 99, 100, 130, 155-158, 160, 163, 214, 240
イエス　101
石井孝　193
イスマーイール［旧約聖書のイシュマエル］　96
イスマーイール・パシャ　250
イブン・イドリース　174
イブン・バーディース　256
イブン・ハルドゥーン　113
ヴァッテル，エメール・ドゥ　119, 120
ヴィクトリア女王　188
ウェーバー，カール・マリア・フォン　238
ヴェルネ，オラス　147, 148
ヴェレ，ジャンヌ＝デジレ　66
ヴォルテール　35, 101, 102
ヴォルネ　89, 92
ウォルムス，マイエール・グドショ　214
ヴォワルカン，シュザンヌ　65, 98
ウトレ，マクシム　194
エティエンヌ，ウジェーヌ　254
エベラール，イザベル　256
エリザベス一世　29
オスターハンメル，ユルゲン　13
オスマン，ジョルジュ＝ウジェーヌ　57
オランド＝ロドリーグ，バンジャマン　63, 72, 79

か 行

カボット　32
カミュ，アルベール　257
ガリバルディ，ジュゼッペ　88
カント　78
ガンドルフ，マリ＝レーヌ　66
ギース，フランソワ・ラザール　137
ギュイヨ，ジャン・マリ　241
クーパー，ジェイムズ・フェニモア　155
クーパー，フレデリック　13
グラッドストン，ウィリアム　126
栗本鋤雲　194
クレール，アルフレッド　227
クレマンソー，ジョルジュ　253, 255

クロ・ベイ(アントワーヌ・クロ)　87
ゲノン，ルネ　255
ゴビノー，アルテュール・ドゥ　236
コルベール，ジャン＝バティスト　33, 34
コロンボ，クリストフォロ(コロンブス)　28, 30, 32
コンスタン，バンジャマン　66
コント，オーギュスト　77, 78
コンブ，エドモン　135
コンラッド，ジョゼフ　173

さ　行

サイード，エドワード　19, 71, 172, 173
サヴァリ，クロード　89
サディーク・ベイ[チュニジアの支配者]　190-192, 199
サン＝シモン　21, 53, 54, 58, 62, 63, 72, 74
ジャヴエ，アンヌ＝マリ　49
ジャバルティー　86
ジャマールッディーン・アフガーニー　252
ジャルムーナ・ビント・マスウード・アッ＝ズバイリー[イスマイル・ユルバンの妻]　110, 111, 138, 141, 143-146
シャルレティ，セバスティアン　65
シュヴァリエ，ミシェル　67-71, 73, 126
ショコラ(ラファエル・パディヤ)　254
スタンダール　60
スタンホープ，ヘスター　90
スライマーン・パシャ(ジョゼフ・セヴ)　87, 102
セリム三世　85

た　行

ダーウィン，ジョン　83
ダヴィド男爵　198, 200
タゴール，ラビンドラナート　255
タフターウィー　→リファーア・アル・タフターウィー
タミジエ，モーリス　135
タラボ，エドモン　71, 73
チャクラバルティ，ディペシュ　10
デイヴィス，ナタリ＝ゼーモン　7
ディネ，エティエンヌ　256
デシュタル，ギュスターヴ　22, 49, 72, 77, 78, 139-141, 145, 163, 227, 229, 230, 236, 237, 249
デマール，クレール　65
デュヴァル，ジュール　254
デュヴェリエ，アンリ　177
デュヴェリエ，シャルル　145, 177
デュサップ，シャルル　93, 97
デュサップ，ハーネム　97-99
デュサップ，ハリーマ　97
デュルケム，エミール　62, 241
トクヴィル，アレクシ・ドゥ　5, 61, 125
徳川慶喜　195
ドビエ，ジュリ＝ヴィクトワール　211
ドマ，ウジェーヌ　149
ドマール公，アンリ・ドルレアン　130, 147, 161, 162, 185, 197

な　行

内藤湖南　250
ナポレオン　43, 59, 85, 86, 103
ナポレオン公　→ボナパルト，ジェローム＝ナポレオン
ナポレオン三世(ルイ＝ナポレオン・ボナパルト)　4, 6, 42, 103, 162, 169, 185-188, 199-201, 203, 221, 230, 244
ニーチェ　241
ニボワイエ，ウージェニー　66

は　行

バートン，リチャード・フランシス　133

ハイエク，フリードリヒ　62
ハイルッディーン・アル＝トゥーニスィー　191
ハイレッディン・バルバロス　115, 116
バザール，サンタマン　63, 65-68
バックル，ヘンリ　21
ハッスーナ・ダギーズ　119-122, 124, 126, 150, 207, 244
羽田正　11
ハムダーン・ホージャ　119-122, 124, 126, 150
ハリール・イブン・イスハーク　179
バロー，エミール　79, 88, 161, 198
パワー，ドナルド　49, 142
ピット，ウィリアム　91
ビュジョー，トマ　109, 130, 135, 152, 154, 157, 162
ピョートル大帝　85
ピレンヌ，アンリ　2
ファノン，フランツ　21, 247, 248
ファラオン，エリアス　127
ファラオン，ジョアニ　127
ブー・アマーマ　153
ブーランヴィリエ　102
フェリー，ジュール　16, 17, 252
福澤諭吉　21
フサイン・デイ［アルジェリアの支配者］　121
プリス＝ダヴェンヌ　178
ブリュ，アンドレ　44, 45
ブリュ，ユルバン　44-46, 48, 53, 229
ブルクハルト，ヨハン・ルートヴィヒ　135
フルネル，アンリ　145, 226
ブローデル，フェルナン　2, 116
ブロック，マルク　22, 235
ベイリ，クリストファー＝アラン　15
ヘーゲル，ゲオルク・ヴィルヘルム・フリードリヒ　78
ベートーヴェン，ルートヴィヒ・ヴァン　238
ベニシュー，ポール　61
ペリシエ，エマブル　198, 201, 219
ベルクール，ギュスターヴ・ドゥ　194
ヘルダー，ヨーハン・ゴトフリート・フォン　78
ベルナール，ロール　49-51
ベルブリュゲル，アドリアン　133, 137, 138
ペレール，イザーク　226
ペロン，ニコラ　87, 88, 178, 179
ベンサム，ジェレミ　122
ボナパルト，ジェローム＝ナポレオン　199, 200
ホブズボーム，エリック　8
ボワソネ，エステーヴ・ロラン　167, 168

ま　行

マクシミリアン一世［メキシコ皇帝］　221
マクシム・デュ・カン　179
マザラン枢機卿　33
マシュロ，フィリップ＝ジョゼフ　105
マネー，ジェームズ・ウィリアム　212, 213
マフムト二世　85
マルクス，カール　5, 222
マンサー・ムーサー　30
ミル，ジョン＝ステュアート　244
ムハンマド［預言者］　101, 102
ムハンマド・アリー　69, 81, 83, 93, 101-103, 135, 250
ムハンマド・イドリース　175
ムハンマド・イブン・アブドゥッラー・サッファール　165
ムハンマド・イブン・アリー・アッ＝サヌースィー　174-177
ムハンマド・イブン・シャナブ　255
ムハンマド・バルハイル　232, 234, 235

ムハンマド・ベイ［チュニジアの支配者］ 191, 192
メフメト・アリー　→ムハンマド・アリー
メルメ＝カション，ウジェーヌ　194
メンデルスゾーン，アブラハム　78
メンデルスゾーン，フェリックス　238
モーツァルト，ウォルフガング　238

や　行

ユグ，ヴィクトル　42, 43
ユゴー，ヴィクトル　16, 17
ユルバン，イスマイル　4, 5, 7, 18, 20–22, 25, 26, 44–46, 48, 51–54, 57, 72–74, 78, 82, 83, 88, 89, 91–107, 109, 138–141, 143, 145, 146, 197–200, 203–213, 215–222, 225, 226, 228–231, 233, 235–252, 258, 259
ユルバン，オヴィド［イスマイルの弟］ 45, 47, 53, 142, 226, 227
ユルバン，オヴィド［イスマイルの息子］ 225, 227
ユルバン，バヒーヤ　141–146, 168, 226, 249
ユルバン，リズ　45, 142
ユルバン（旧姓ロラ），ルイーズ　146, 228–229
横井小楠　195

ら行・わ行

ラクロワ，フレデリック　198, 200, 212, 213, 219
ラス＝カサス　187
ラパセ　200
ラボルド　124
ラマルティーヌ，アルフォンス・ドゥ　91
ランベリ，ニコラ　137
リシュリュー枢機卿　33
リファーア・アル・タフターウィー　5, 87, 105, 106, 165
リュス，ウージェニー　144, 167, 168
ルイ＝フィリップ　60, 147, 167
ルイ一三世　33
ルイ一四世　33
ルイ一六世　59, 85
ルイ一八世　59
レセップス，フェルディナン・ドゥ　91
レッシング　102
ローリ，ウォルター　29
ロシュ，レオン　6, 7, 18, 128–136, 164, 165, 169, 170, 175, 176, 189, 190, 192–197, 230–232, 235, 251
ロティ，ピエール　232
ロバートソン，ウィリアム　181
ロラン，ロマン　255
ロラン夫人　128
ワルニエ，オーギュスト　159, 160, 177, 178, 198, 222

事項索引

あ 行

アーヘン会議　117
『赤と黒』　60
アシュケロン　91
アステカ　28, 32
アズハル学院　135
アフガニスタン　252
アフリカ分割　9, 252
アヘン戦争　9, 126
アマゾン川　26, 28, 30
アミール・アル＝ムウミニーン　151
アメリカ合衆国　38, 117
アメリカ独立革命(独立戦争)　9, 62
『アメリカのデモクラシー』　61
「アラブ王国」　186, 188, 201
アルジェ　4, 118, 119, 141, 156, 185, 227
アルジェリア(人)　4, 6, 8, 12, 13, 112, 114, 115, 117, 118, 125, 150, 152–154, 186, 214, 215, 250, 251, 254–258
『アルジェリア人のためのアルジェリア』　203, 204, 209, 213, 247
アルジェリア独立戦争　13, 234
アルジェリア民族解放戦線　247
アルメニア　90
アレクサンドリア　81, 90–92, 94, 106, 107, 194
アンナバ　157
アンボワーズ　147
アンボワーズ城　166, 169
イエズス会　175
イギリス(人)　11, 37, 38, 71, 90, 106, 116, 162, 173, 250, 251
イギリス産業革命　9
イスタンブル　69, 71, 81, 89, 111, 114, 118, 121, 126, 137
イズミル　81, 89, 90
『イスラーム遍歴三二年』　131, 231
イスラーム法　179, 202, 217, 222
イタリア　71, 143, 162, 174, 251
イマズィゲン　→ベルベル
イラク　252
イラン　252
インカ　28, 32
インド　124, 188, 212, 214, 252
インドシナ　252
インド大反乱　188, 212
ヴァイキング　30
ウィーン　85
ヴェネツィア　116
ヴェルサイユ宮殿　147, 165
『英国文明史』　21
英仏通商条約(コブデン＝シュヴァリエ条約)　68
エジプト(人)　4, 8, 81, 85–87, 110, 135, 165, 214, 250–252, 254
エッサウィーラ　152
王政復古[フランス]　59, 60
オーストラリア　222
オスマン帝国(オスマン朝)　3, 11, 14, 31, 83, 114, 117, 121, 191, 192, 251, 252
オラン　109, 156, 233, 234
オランダ(人)　33, 116, 212
オランダ領インドネシア　212
オリエンタリズム　8, 17–19, 71, 171–173, 183, 243, 245
オリノコ川　26–29

か 行

カーディリー教団　151

カイエンヌ　26, 27, 34-36, 40, 43, 44, 46, 48-50, 73, 74, 142
カイルアーン　135
カイロ　30, 71, 92, 94, 105, 106, 118, 135, 174, 180, 250
『雅歌』　75
革命　59
カタリ派　72
割礼　82, 99, 101, 110, 180
カビリー　153, 257, 258
カルヴィ　233, 234
カルボナリ　63, 88
環世界　5
『カンディード』　35
ギアナ　4, 8, 26-29, 32, 34-38, 40-43, 47, 49-52, 206, 237, 238, 250
ギニア湾　36
キプロス　91
キューバ　254
教会婚　228
強制栽培制度[オランダ領インドネシア]　212
ギリシア　47, 78, 84
グアドループ　38, 42
区画限定(カントヌマン)　160
クリミア＝ハン国　83
クルアーン　89, 95, 101, 181, 215, 226
グルノーブル　128
クレオール　48, 49
啓蒙思想家　41
『原住民と移民』　204, 209
皇帝　219
『黒色人種と白色人種に関する書簡』　139
黒人法典　34, 38
国民国家　1, 3, 9-14, 59
コルシカ　47, 79, 233, 234
ゴレ　40, 41, 142, 238
コンゴ　36
コンゴ問題　252
コンスタンティーヌ　111, 126, 137, 138, 141, 145, 156
コンスタンティノープル　→イスタンブル

さ　行

サヴォワ　199
サトウキビ　50, 212
サヌースィー教団　174-177, 251
サハラ　31
サファヴィー帝国(サファヴィー朝)　11, 83
サルデーニャ　88, 116
サン＝シモン主義　4, 7, 21, 53-55, 58, 63, 65-70, 73, 74, 82, 85, 98, 100, 103, 130, 135, 155, 226, 227, 236, 240, 250, 253
『サン＝シモンの教理　解説』　64
サン・クリストフ会社　33
サン・ドマング　→ハイチ
『産業者の教理問答』　62
ジェッダ　194
ジェノヴァ(人)　31, 32
自然法　61
七月王政　60
七月革命[フランス]　57, 68
七年戦争　37, 40
自伝　22, 23
ジハード　151, 152
ジブラルタル　71
ジャヴァ　212, 213
シャルボヌリ　63
十字軍　31
『自由女性』　66
自由貿易帝国主義　9
小アンティル諸島　27, 28
植民地主義　7, 15, 17, 19, 69, 253, 254
『諸人種の不平等に関する試論』　236
シリア　214

『シリア・エジプト旅行記』　89
私掠　116, 117
清　11
『新キリスト教』　62
人種(論, 主義)　4, 5, 7, 15-17, 19, 78, 92, 98, 138-140, 187, 188, 206, 218, 235-237, 247, 253, 259
スエズ運河　71, 79, 93, 250
スクランブルエッグの帝国・目玉焼きの帝国　11-13, 242
スペイン(人)　29, 31, 32, 71, 109, 114, 116, 143
スリナム[オランダ領]　35
『生産者』　63
セネガル　31, 36, 40, 41, 44, 238, 251
セネガル川　30
セルビア　84
一八五一年六月一六日法　158, 159
一八六三年四月二三日の元老院議決　202, 222
一八六五年七月二二日の元老院議決　202
洗礼　82, 99, 143-145, 168
総督府評議会　220

た　行

大アンティル諸島　28
第一次エジプト・トルコ戦争　81
大西洋革命　9
第二帝政[フランス]　79, 162, 195, 199, 211, 223, 225, 244, 254
多文化主義　244, 246
ダマスクス　30, 127, 153, 194
ダミエッタ　→ディムヤート
タンジェ　130, 152, 164
『地球』　54, 65, 68
地券制度[明治期日本]　223
地中海革命　14, 15, 81, 86, 197, 235
「地中海体制論」　67-71, 79
『地に呪われたる者』　247
チュニジア(人)　6, 112, 115, 117, 134, 189-193, 251, 252
チュニジア一八六一年憲法　192, 193, 195
チュニス　130, 137, 190, 194
地理学協会　254
ディムヤート　82, 93, 94, 105, 106
ドイツ　71, 162, 173
トゥーロン　109, 142, 153
同化主義　20, 223
東方問題　83, 117
トゥルーズ　79
独仏戦争　221
トリエステ　130
トリポリ[リビア]　121, 122, 130, 174
トルコ　214
奴隷(制, 貿易)　4, 7, 8, 28, 29, 31, 33-42, 45, 46, 49, 50, 52, 54, 74, 76, 96, 97, 118, 122, 142, 235, 237, 238, 251
奴隷制廃止協会　124
トレンズ法　222, 223

な　行

ナイル川　81
長い一九世紀　8-10
ナショナリズム　3, 17, 125, 126, 246, 258
ナポレオン戦争　4, 43, 47, 59, 116, 152
ナント　34
ニース　88
二月革命[フランス]　162
ニジェール川　30
二重革命　9
ネーション　9, 123
ネオコロニアリズム　246
ネグリチュード　21

は　行

バイエルン　77

ハイチ　33, 34, 38, 42
バグダード　71
パナマ運河　71
ハブス　158, 159
ハプスブルク帝国　11
パリ　53, 57, 62, 73, 77, 78, 85, 107, 109, 121, 122, 129, 141, 145, 152, 164, 165, 252, 254
パリ東洋語学校　127
パリ万国博覧会(一八八九年)　254
『パリ評論』　178, 180
東インド会社[フランス]　33
フーリエ主義　137
フェズ　174
フサイン朝　190, 191
ブラジル　31
フランクフルト　77
フランス(人)　4, 6, 8, 11-13, 32-34, 37, 38, 41, 59-61, 71, 85, 101, 104, 105, 116-118, 143, 207, 209-211, 213, 216-218, 242, 246, 251-254, 258
フランス革命(一七八九年)　9, 12, 41, 47, 68, 116, 128
プランテーション　35, 36, 39, 44, 49, 52, 238, 250
フリーメイソン　40, 255
「文明化の使命」　16, 69, 145, 242, 253
ベイルート　90, 194
ベル・エポック　4
ベルベル(人)　112, 114, 200
ベルリン　78, 85
ベルリン会議　252
ボーヌ　→アンナバ
ポーランド　122, 123, 173
保護盟約[チュニジア]　192
ポストコロニアリズム　8, 17, 247
ポルトガル(人)　31-33, 36, 43

ま　行

マグリブ　112-117, 251
マスカラ　→ムアスカル
マダーニー教団　176
マダガスカル　252
マムルーク　103, 191
マヨルカ人　31
マリ　30
マリ王国　30, 31
マルセイユ　42, 44, 46-49, 52, 53, 73, 79, 81, 88, 107, 114, 118, 122, 129, 142, 164, 233, 234, 254
マルタ　143
マロン派　91
短い一九世紀　13, 14, 18
民事婚　144-146, 228
ムアスカル　151
ムガル帝国(ムガル朝)　11, 83
ムスタガネム　174
ムラービト朝　112
ムワッヒド朝　112
メッカ　30, 96, 135, 174
『モニトゥール・オットマン』　69, 126
『モヒカン族の最後』　155
モルダヴィア　84
モロッコ(人)　6, 112, 117, 121, 151, 152, 163-165, 169

や行・ら行

有色自由人　38-42, 51, 52, 235
ラ・シオタ　44, 47, 107, 137
『ラ・リベルテ』　226
ライシテ　241
リヴォルノ　118
理工科学校　63, 65, 67, 76
立憲制　59, 122
リビア(人)　6, 112, 115, 121, 174, 251
リモージュ　67

『両世界評論』　178
リヨン　79, 128, 194
『レ・ミゼラブル』　16, 58
レグニコル　209, 210
レスボス島　115
レバノン　91
ロートシルト(ロスチャイルド)家　78
ローマ　135
ローマ帝国　112
ロシア　11, 71, 83, 84
ロレーヌ　77
ロンドン　85, 118, 121

わ　行

ワクフ　→ハブス
ワッハーブ派　84
ワラキア　84
ワルニエ法　222
ワンドロップ・ルール　38

略年表

年	イスマイル・ユルバン	関連事項
17世紀		仏領ギアナの建設.
1794		仏領植民地における奴隷制廃止.
1802		ナポレオン, 植民地の奴隷制を復活.
1809		ポルトガル, 仏領ギアナを占領(-1817)
1812	ギアナでトマ=ユルバンとして誕生.	
1814		ナポレオン退位, 王政復古.
1820	マルセイユに移転.	
1830	ギアナに一時帰郷.	5月, フランス軍のアルジェリア上陸. 7月, 七月革命. 8月,『サン=シモンの教理 解説 第一年度』刊行.
1831		第一次エジプト・トルコ戦争(-1833)
1832	パリでサン=シモン主義者の共同生活に参加.	レオン・ロシュ, アルジェリアに移住.
1833	エジプト渡航. 1836年まで滞在.	ハムダーン・ホージャ『鏡』刊行.
1834		フランス政府, アルジェリア併合を決定. 陸軍省の下に総督を置く.
1835	イスラームに入信, イスマイルを名乗る. 翌年フランスに帰国.	トクヴィル『アメリカの民主主義』刊行開始(-1840)
1837	陸軍通訳官としてアルジェリアに赴任.	ロシュ, アブドゥルカーディルの陣営に合流. 1839年まで同行.
1839	デシュタルとの共著『黒人種と白人種に関する書簡』刊行.	
1840	ムスリム女性ジャルムーナとイスラーム式の結婚.	ロシュ, 陸軍通訳官に採用. 翌年, チュニジア・エジプト方面に派遣.
1843	長女バヒーヤ誕生.	12月, アブドゥルカーディルの降伏.
1845	陸軍省アルジェリア担当局事務官となる. パリ赴任.	
1846		ロシュ, 外務省に移籍, タンジェ赴任.
1848	アンファンタンと疎遠になる.	2月, 二月革命で第二共和政成立. 4月, 仏領植民地における奴隷制廃止.
1849	抑留中のアブドゥルカーディルを数度にわたり訪問(-1851).	ロシュ, トリエステに赴任.
1851	『パリ評論』に寄稿(-1856).	12月, ルイ=ナポレオンのクーデタ.
1852	アルジェリア東部に農地300haの払い下げを受ける.	ロシュ, トリポリに赴任. 12月, ナポレオン三世の即位. 第二帝政成立.
1853		ゴビノー『人種不平等論』刊行開始(-1855).
1855		ロシュ, チュニスに赴任.

年	イスマイル・ユルバン	関連事項
1856		カビリー地方の蜂起（-1857）
1857	パリでジャルムーナと民事婚．バヒーヤは教会で洗礼を受ける．	インド大反乱（-1858）． バックル『英国文明史』刊行開始（-1861）
1858	アルジェリア植民地省課長となる．	アルジェリア植民地省設置．
1860	『アルジェリア人のためのアルジェリア』刊行．12月，アルジェリア総督府評議会報告参事官に任命．	9月，ナポレオン三世のアルジェ訪問．11月，アルジェリア植民地省廃止．アルジェリア総督府の再設置．
1861	1月，アルジェに着任．	4月，チュニジア憲法発布．
1862	『原住民と移民』刊行．	
1863		2月，ナポレオン三世の「アラブ王国」公開書簡．4月23日，アルジェリアの土地制度に関する元老院議決．
1864	1月，ジャルムーナ死去．	4月，ロシュ，在日本公使として着任．1868年6月まで滞在．
1865	ナポレオン三世のアルジェリア視察に随行．	5-6月，ナポレオン三世のアルジェリア視察．7月22日，アルジェリアの身分制度に関する元老院議決．
1867	8月，カトリック女性ルイーズと民事婚．10月に教会婚．	
1869	7月，ナポレオン三世と最後の面会．	スエズ運河開通．
1870	11月，総督府を辞職．南フランスに転居．	7月，独仏戦争開戦．9月，ナポレオン三世退位．第三共和政成立．10月，アルジェリア総督府が内務省に移管．
1871	2月，長男オヴィド誕生．6月，第一の自伝「自叙」擱筆．	3月，ムクラーニーの蜂起（-1872）．
1876	『ラ・リベルテ』に寄稿（-1880）	
1881		4月，ブー・アマーマの蜂起（-1908）．5月，フランスがチュニジアを保護領化．
1882	長男オヴィド死去．	9月，イギリスがエジプトを軍事占領．
1883	アルジェ転居．2月，第二の自伝「年譜」擱筆．	
1884	1月，死去．アルジェのカトリック墓地に埋葬．	アフガーニーらの評論誌『固き絆』パリで創刊．ロシュ『イスラーム遍歴32年』刊行（-1885）．8月，清仏戦争（-1885）．11月，ベルリン会議（-1885）．

図版一覧

図 1　ドゥノによるカイエンヌと周辺地図（18 世紀）．フランス国立図書館蔵．
https://gallica.bnf.fr/ark:/12148/btv1b53103641w
図 2　ブノワ『蘭領ギアナ紀行画集』（1839 年）より．フランス国立図書館蔵．
https://gallica.bnf.fr/ark:/12148/btv1b23001443
図 3　ヴィンク版画コレクションより．フランス国立図書館リシュリュー館蔵．
https://gallica.bnf.fr/ark:/12148/btv1b53006083x
図 4　レモルニエ『メニルモンタンのサンシモン主義者の屋敷』（1869 年）．カルナヴァレ博物館蔵．
https://www.parismuseescollections.paris.fr/fr/musee-carnavalet/oeuvres/habitation-des-saintsimoniens-a-menil-montant
図 5　マシュロによる速写画．フランス国立図書館アルスナル館アンファンタン文庫蔵．
図 6　マシュロによる速写画．フランス国立図書館アルスナル館アンファンタン文庫蔵．
図 7　デュテルトゥル『ダミエッタ支流付近の村』（1790 - 1800 年代）．フランス国立図書館蔵．
https://gallica.bnf.fr/ark:/12148/btv1b10514320p
図 8　ルサンによる海図帳（17 世紀）．フランス国立図書館蔵．
https://gallica.bnf.fr/ark:/12148/btv1b55002478c
図 9　『イリュストラシオン』1844 年．エスケ『アルジェリア歴史図録』（1929 年）より．
図 10　ゴルス《コンスタンティーヌの風景》．エスケ『アルジェリア歴史図録』より．
図 11　ヴェルネ《アブドゥルカーディルの移動陣屋の攻略》（1844 年）．ヴェルサイユ宮殿蔵．https://photo.rmn.fr/archive/18-531838-2C6NU0AC7MXA9.html（Photo ©RMN-Grand Palais（Château de Versailles）/Daniel Arnaudet/Jean Schormans/distributed by AMF）
図 12　ダヴィド《アブドゥルカーディルの肖像》（1852 年）．ヴェルサイユ宮殿蔵．
https://photo.rmn.fr/archive/80-001377-02-2C6NU0HVHL0H.html（Photo ©RMN-Grand Palais（Château de Versailles）/Gérard Blot/Hervé Lewandowski/distributed by AMF）
図 13　《皇妃大通り建設後のアルジェ》．エスケ『アルジェリア歴史図録』より．
図 14　個人蔵写真，エスケ『アルジェリア歴史図録』より．
図 15　アラブ担当局オラン管区（1857 年）．エスケ『アルジェリア歴史図録』より．
図 16　フランス国立図書館蔵．
https://gallica.bnf.fr/ark:/12148/bpt6k732162

著者略歴
1974 年　東京都生まれ
1996 年　東京大学文学部卒業
2000 年　プロヴァンス大学 DEA 課程修了
2004 年　東京大学大学院人文社会系研究科博士課程単位取得退学
日本学術振興会特別研究員，大阪大学大学院特任研究員，学習院女子大学専任講師，同准教授を経て
現　在　学習院大学文学部教授

主要著書
『地中海帝国の片影——フランス領アルジェリアの 19 世紀』（東京大学出版会，2013 年，サントリー学芸賞受賞）

シリーズ・グローバルヒストリー3
両岸の旅人——イスマイル・ユルバンと地中海の近代

2022 年 6 月 9 日　初　版

［検印廃止］

著　者　工藤晶人《くどうあきひと》

発行所　一般財団法人　東京大学出版会

代表者　吉見俊哉
153-0041 東京都目黒区駒場4-5-29
http://www.utp.or.jp/
電話　03-6407-1069　Fax 03-6407-1991
振替　00160-6-59964

組　版　有限会社プログレス
印刷所　株式会社ヒライ
製本所　誠製本株式会社

ISBN 978-4-13-025173-0　Printed in Japan